国家社会科学基金项目（批准号：14BGJ041）"基于包容性价值链构建的中国海外粮食直接投资研究"的研究成果

基于包容性价值链构建的中国海外粮食直接投资研究

李援亚 著

图书在版编目(CIP)数据

基于包容性价值链构建的中国海外粮食直接投资研究/李援亚著.—武汉：武汉大学出版社,2021.8
ISBN 978-7-307-22382-0

Ⅰ.基… Ⅱ.李… Ⅲ.粮食行业—海外投资—直接投资—研究—中国 Ⅳ.F326.11

中国版本图书馆 CIP 数据核字(2021)第 118444 号

责任编辑：詹 蜜　　责任校对：李孟潇　　版式设计：马 佳

出版发行：**武汉大学出版社**　（430072　武昌　珞珈山）
（电子邮箱：cbs22@whu.edu.cn　网址：www.wdp.com.cn）
印刷：武汉邮科印务有限公司
开本：720×1000　1/16　印张：18.75　字数：294 千字　插页：1
版次：2021 年 8 月第 1 版　　2021 年 8 月第 1 次印刷
ISBN 978-7-307-22382-0　　定价：58.00 元

版权所有，不得翻印；凡购我社的图书，如有质量问题，请与当地图书销售部门联系调换。

目　录

第一章　绪论 ··· 1

第一节　研究背景和关键词解读 ······································ 1
一、研究背景 ··· 1
二、关键词解读 ··· 3

第二节　中国海外粮食包容性投资的必要性 ···················· 5
一、资源的约束性视角 ··· 6
二、环境的约束性视角 ··· 7
三、人均收入增长改善粮食消费结构导致对外依存度急剧上升 ······ 7
四、人口持续增长带来对粮食需求量的刚性增长 ················· 8
五、FDI 有助于改善全球粮食供给缺口 ······························ 9
六、包容性投资才能带来可持续发展 ································· 10

第三节　中国海外粮食包容性投资的可行性 ···················· 12
一、政府积极进行政策协调和信息提供 ······························· 12
二、全球农业资源开发的国际合作意愿强烈且潜力巨大 ······· 14
三、中国庞大的外汇储备是对外粮食与农业投资的强力支撑 ······ 14
四、中国拥有粮食和农业生产的比较优势 ···························· 14

五、中国是全球粮食生产、消费和贸易的主要驱动者 ················ 15
六、中国在广大发展中国家长期积累的包容性农业合作经验 ········ 15

第四节　文献综述及本书的创新 ·· 16
一、粮食价值链文献综述 ·· 16
二、包容性发展文献综述 ·· 18
三、海外粮食直接投资文献综述 ·· 20
四、粮食价值链跨国公司文献综述 ···································· 23
五、文献评述及本书创新 ·· 25

第五节　本书的内容安排 ·· 26
一、本书的研究逻辑 ·· 26
二、本书的基本结构 ·· 28

第二章　公共政策与包容性粮食价值链投资 ················ 30

第一节　跨国粮食投资的政治经济学分析 ··························· 31
一、新自由粮食体制的背景与特点 ···································· 31
二、构建应对粮食危机的另类选择 ···································· 34

第二节　美国的海外粮食与农业投资政策及实践 ·················· 37
一、美国粮食战略演进的国际粮食体制背景 ······················· 38
二、美国的海外粮食投资战略演变 ···································· 39
三、20世纪美国农场投资和杠杆周期 ································ 45

第三节　巴西1960—2010年的粮食政策与投资实践 ············· 49
一、1960—2010年巴西经济发展概况 ······························· 49
二、1960—2010年不同阶段的农业发展政策 ······················ 52
三、1960—2010年巴西的粮食与农业投资 ························· 57
四、巴西的农业投资对粮食安全和减贫的政策意义 ·············· 63
五、巴西1960—2010年阶段农业投资的经验教训 ··············· 64

第四节 粮食短缺经济体的海外粮食投资：以日本为例 ………… 67

第五节 本章小结 ……………………………………………………… 70

第三章 包容性粮食价值链上游投资：以种子和植保企业为例 …… 72

第一节 粮食价值链上游生产资料环节的全球并购和市场势力 … 73
一、粮食价值链生产资料环节种子与植保行业的全球并购 ……… 73
二、粮食价值链上游的市场集中度趋势 …………………………… 76
三、种子和植保行业近年三大并购 ………………………………… 79
四、种子与植保行业重组的历史观察 ……………………………… 83

第二节 粮食价值链上游跨国企业对外投资的包容性模式观察 … 92
一、拜耳作物科学的可持续发展策略 ……………………………… 92
二、科迪华农业科技的可持续发展战略 …………………………… 99
三、先正达的可持续发展战略 ……………………………………… 101

第三节 粮食价值链上游企业海外投资机理及策略 ……………… 105
一、粮食价值链上游企业的海外投资的理论解释 ………………… 105
二、跨国种业和植保公司在中国的投资策略 ……………………… 110

第四节 中国粮食价值链上游植物保护和种子企业海外投资实践 …………………………………………………………… 115
一、中国种业及种子企业概况 ……………………………………… 115
二、代表性种子企业隆平高科的海外投资实践 …………………… 119
三、中国植物保护产品生产企业概况 ……………………………… 121
四、代表性植物保护企业安道麦的海外投资实践 ………………… 126

第五节 本章小结 …………………………………………………… 128

第四章　包容性粮食价值链中游投资：后现代农业生产模式 …… 130

第一节　粮食生产方式的演变过程及哲学思想渊源 ………… 131
一、粮食生产方式演变过程 ………………………………… 131
二、后现代农业的哲学思想渊源 …………………………… 134
三、全球负责任农业投资原则及可持续发展倡议 ………… 136

第二节　美国和以色列的后现代农业实践 …………………… 144
一、以色列的后现代农业实践观察 ………………………… 145
二、美国"低投入可持续"农业发展模式观察 …………… 147
三、不同粮食生产方式的包容性 …………………………… 149

第三节　全球粮食价值链中游投资状况素描 ………………… 150
一、全球粮食价值链中游农地投资和生产投资的来源 …… 151
二、发展中国家粮食价值链中游直接投资的趋势 ………… 153
三、粮食价值链中游跨国投资的影响分析 ………………… 155

第四节　价值链中游环节粮食生产的包容性商业模式 ……… 158
一、包容性商业模式的发展潜力 …………………………… 158
二、农业市场演变与粮食生产模式的选择 ………………… 160
三、粮食生产包容性商业模式的类型及特点 ……………… 162
四、粮食与农业投资包容性模式的价值与限制 …………… 165

第五节　粮食价值链中游包容性海外投资的地理选择 ……… 167
一、中国海外粮食生产投资的地理选择逻辑 ……………… 167
二、利用全球人均耕地面积指标筛选粮食生产投资对象 … 171
三、全球耕地面积大小及排名 ……………………………… 178
四、全球农地投资成交金额和成交土地面积 ……………… 180
五、粮食价值链中游包容性投资的地理目标选择建议 …… 182

第六节　本章小结 ……………………………………………… 183

目录

第五章 包容性粮食价值链下游投资：对跨国粮商价值链活动的分析 ········ 186

第一节 全球主要跨国粮商的经营概况 ············ 186
一、ADM 的经营概况 ············ 188
二、邦吉的经营概况 ············ 189
三、嘉吉的经营概况 ············ 190
四、路易达孚经营概况 ············ 191
五、丸红的经营概况 ············ 192
六、丰益国际的经营概况 ············ 194
七、奥兰国际的经营概况 ············ 196

第二节 跨国粮商的全球价值链观察 ············ 198
一、ADM 的全球价值链 ············ 198
二、邦吉的全球价值链 ············ 212
三、嘉吉的全球价值链 ············ 216
四、路易达孚的全球价值链 ············ 223

第三节 粮商的本质及粮食价值链一体化 ············ 227
一、粮商的本质 ············ 227
二、价值链一体化 ············ 229
三、粮商的价值链纵向一体化 ············ 232
四、粮食价值链一体化整合模式 ············ 234
五、跨国粮商的价值链构建共性 ············ 237

第四节 中粮集团海外粮食投资实践分析 ············ 239
一、中粮的实业化、国际化战略演进 ············ 240
二、中粮国际的粮食价值链 ············ 244
三、中粮集团粮食价值链投资特点 ············ 247

四、中粮集团与主要跨国粮商的比较 …………………………………… 248

　　第五节　本章小结 ………………………………………………………… 255

第六章　包容性海外粮食直接投资的原则、策略和实施要点 …… 257

　　第一节　包容性海外粮食直接投资的内外部环境协调 ……………… 257

　　　一、基于包容性价值链构建的海外粮食直接投资内部环境协调 ……… 258

　　　二、基于包容性价值链构建的海外粮食直接投资国际协调 …………… 260

　　　三、基于包容性价值链构建的海外粮食直接投资目标国法律
　　　　　及政策协调 ……………………………………………………………… 261

　　第二节　中国企业海外粮食直接投资的包容性价值链构建原
　　　　　则及策略 ………………………………………………………… 263

　　　一、中国企业海外粮食直接投资的包容性价值链构建原则 …………… 263

　　　二、中国企业海外粮食直接投资的包容性价值链构建策略 …………… 264

　　第三节　粮食价值链上、中、下游企业包容性海外投资的实
　　　　　施要点 …………………………………………………………… 270

　　　一、粮食价值链上游企业生产资料环节的包容性海外投资实施要点 … 271

　　　二、粮食价值链中游企业生产环节的包容性海外投资的实施要点 …… 273

　　　三、粮食价值链下游粮商企业海外包容性投资的实施要点 …………… 276

　　第四节　本章小结 ………………………………………………………… 279

参考文献 …………………………………………………………………… 281

第一章 绪 论

第一节 研究背景和关键词解读

一、研究背景

国家"十二五"规划提出"确保谷物基本自给、口粮绝对安全",中国粮食总产量一直处于稳中有升的状态,继2018年中国粮食总产量65 789万吨后,2019年66 384万吨为历史最高产量[①]。尽管如此,中国人均收入增长带来的消费结构变化,耕地和淡水等资源约束产生的结构性粮食供需缺口,全球粮食价格倒挂等原因都要求合理利用全球粮源。十八大以来,党中央提出了"以我为主,立足国内,确保产能,适度进口,科技支撑"的中国粮食安全战略,基于中国的资源禀赋和当前的粮食消费状况,有效利用国内外市场和资源,调节结构性供需缺口,保障粮食安全。表1-1是2013—2018年中国谷物、木薯、大豆、菜籽、肉类及水产进口的数据(除水产外,其他类别出口数据较小,忽略不计),这一期间表中所列项目每年进

---

① 中华人民共和国中央政府网.2019年全年粮食产量66384万吨 比上年增加594万吨[EB/OL].[2020-02-28].http://www.ce.cn/xwzx/gnsz/gdxw/202002/28/t20200228_34361851.shtml.

口量合计都在一亿吨以上,其中大豆是进口量最大的商品。

表 1-1 2013—2018 年中国粮油肉进口情况(单位:万吨)

项目	2013 年	2014 年	2015 年	2016 年	2017 年	2018 年
水稻	227.11	257.9	337.69	356	403	308
小麦	553.51	300	300.6	341	442	287.6
玉米	326.6	259.8	473	317	283	310.7
大麦	233.5	541.3	1073	500	886	667.2
高粱	108	578	1070	665	506	364.7
谷物及谷物粉	1 458	1 951	3 270	2 199	2 559	1 938.2
木薯	739	865	937.6	770.4	812.8	453
大豆	6 338	71 40.3	8 169.2	8 391	9 554	8 803
油菜籽	384.6	508	447	356.5	474.7	475.6
肉类	304.6	279.4	281.5	460.4	427.4	421.7
水产	451.5	408	415.4	388.3	408.9	522.2
食用植物油	810	650.2	676.5	553	577	629
DDGS	400	541	682	307	39.1	13
进口合计	10 146.7	12 342.9	14 879.2	13 425.6	14 852.9	13 255.7

数据来源:国家统计局及联合国 UN comtrade database,2018 年数据来自网络公开报道,由作者自行收集。要注意的是,每年水产品进出口的总量都比较大,比如 2018 年水产品出口量为 432.2 万吨,这一点与其他粮肉产品不同。

2008—2009 年和 2010—2011 年出现两次快速的全球粮食价格飙升,全球粮食价值链上的投资热情被点燃,并购活动此起彼伏,上游环节如 2011 年中国化工收购 ADAMA,2015 年陶氏化学与杜邦合并,2016 年中国化工收购先正达,2018 年德国拜耳完成收购孟山都;下游环节如 2013 年丸红收购高宏控股,中粮 2014 年收购尼德拉和来宝农业整合成为中粮国际都是全球粮食价值链上重要的并购事件;中游环节的农地收购项目,仅从土地矩阵网站(Landmatrix)所统计的已完成 1204

个项目交易就涉及4220万公顷农地。

粮食进口国深刻体会到粮食保障的重要性,纷纷探索粮食保障之道。中国作为一个粮食消费大国和粮食生产大国,除了通过继续加大耕地和水资源保护、农业基础设施投入、农业科技研发投入等措施保障粮食自给能力外,也在加强与部分重要产粮国开展政府合作,鼓励企业"走出去",建立可靠稳定的进口粮源保障体系。由于单纯的粮食贸易面临着粮源供给不稳定、相关国家粮食政策不断变化等问题,为减少不确定性,粮食进口主体筹划加强粮食价值链的深度融合,改变过去单纯的贸易为投资合作关系,进行粮食价值链布局,从根本上提升粮食出口国的粮食供应能力。海外粮农投资是个敏感领域,2008年之后投资规模飙升就曾引起西方媒体和舆论有关"掠夺资本主义"和"新殖民主义"的质疑,这些舆论持续发酵对中国海外粮食直接投资产生了非常大的干扰。

中国的海外粮食直接投资实践存在很多亟待修正的地方,从企业投资实践看,企业大规模购买农地或超长期租赁土地、部分企业实力不足不能保证持续的资金投入、缺乏对粮食和农业项目投资回收期的客观判断、投资项目的价值链一体化程度不够,对投资东道国政府、社区、环境的包容性关注不够,具有明确跨国战略筹划和强大战略执行能力的粮食价值链投资主体屈指可数;从政府的政策、法律协调角度看,缺少对外粮农投资的专门信息和服务平台,缺少对外投资的法律保障和政策协同,缺乏海外粮食投资规划,还没有形成多维度可持续发展的成熟模式等。

在这样的背景下,基于政治、经济、社会和环境的包容性开展中国海外粮食直接投资研究具有重要的理论意义和现实意义。遵循负责任投资原则,构建包容性价值链是中国企业海外可持续运营的必要举措。在接下来的本章内容中,首先对关键词进行解释和说明,然后讨论中国进行海外粮食直接投资、包容性粮食价值链构建的必要性和可行性,最后在文献综述的基础上,对本书的基本结构和逻辑进行说明。

二、关键词解读

包容性。包容性(inclusiveness)的本意是指在政策、规划或实施的项目中要考虑那些被排除掉或被边缘化的人或群体的利益,要体现政策的公平性。2000年9月联合国千年首脑会议基于包容性原则商定了千年发展目标(MDGs),2007年亚洲开发银行提出了"包容性增长",2010年胡锦涛提出"包容性发展",倡导弱势群体的普惠发展,都能从经济和社会发展中受益。粮食价值链包容性的对象包括投资主体、母国政府、东道国政府、社区以及原住民等利益相关者,体现在政治、经济、社会、技术和环境等层面的可持续性,政治层面符合政策法律规定,经济层面有利润且能持续,社会层面增进其他相关者利益,技术层面是指技术的使用对粮食生产效率的提升、粮食产品品质的改善有直接的作用,能够经受自然容忍度、社会伦理的长期检验,环境层面指项目实施后生态环境处于持续的改善中。

粮食指什么?"粮食"通常包括三个方面的作物产品,即谷物(小麦、稻谷、玉米、谷子、高粱和大麦等,与国际通用的谷物概念一致)、薯类(主要指甘薯、马铃薯、木薯等)和豆类(包括大豆、绿豆、红小豆等)[①]。本书认为粮食除了国家统计局所统计的谷物、豆类和薯类外,还应该包括畜禽产品、糖、奶制品、油籽(如菜籽、棉籽、芝麻等)及油脂产品等,也就是能够给人类提供能量的基本动植物食品原料。

粮食价值链。价值链涉及价值创造和价值增值的上游、中游和下游环节,粮食价值链具体指上游的农业生产资料的提供(如种子、化肥、农机和植保产品等),中游的农地投资及粮食生产,下游的粮食加工(粮食粗加工和精深加工以及副产品的综合利用)及仓储运输商品的品牌运营、渠道建设、市场营销以及金融服务等。以小麦价值链为例,把小麦加工成面粉增值为原始值的1.2倍,加工成挂面增值到2.4倍,制成方便面增值到4.8倍,加工成锅巴增值到5.2倍,加工成饼干增值到5.9倍[②],从精深加工与粗加工的增值相比较,加工程度越深附加值越高。供应链是从物流的角度,价值链是从价值增值的角度,产业链是一个中观层次的概念,可以看做价值链系统。粮食价值链系统如谷物价值链、油脂价值链共同构成了粮食产业链。价值链整合或者价值链一体化能够更好地实现价值增值、抵御来自价值链外

---

① 国家统计局界定。
② 何伟.关于农业发展战略的几个问题[J].理论视野,2003(1).

的风险,它是所谓"全产业链"基础和前提,没有价值链整合的经验和技术,全产业链整合就可能成为空中楼阁,即便跨国粮商代表嘉吉,也仅仅在有限的粮农领域进行了全价值链整合或价值链一体化。

海外直接投资(对外直接投资、国际直接投资),是指投资者以控制企业部分产权、直接参与经营管理为特征,以获取利润为主要目的的资本对外输出。一般表现为,投资者输出资本,直接在国外新建分支机构,或兼并收购当地原有企业,或与当地政府、企业合作,取得各种直接经营企业的权利。动机包括获取或利用资源、寻求知识与技术、建立销售渠道与扩大市场份额、降低成本、实现规模经济、稳定国内客户等。粮食价值链上中下游不同细分环节具有不同的特点,中国公司在技术研发、人才储备、市场渠道等方面的具体情况不同,而投资标的可能受到相关法律或政策约束的限制,最终可能选择新建或收购等不同的投资模式。新建项目从投资合约达成到项目建成正式开工运转需要一定的周期,而采用并购方式可以快速切入到新的产业中。托宾的 Q 值理论提出新建和并购两种方式的选择取决于企业市值与重建资本的比值是否大于 1,而在对外投资实践中具体采用哪种方式,需要结合投资者自身的业务整合能力、资源禀赋状况和文化融合能力而确定。处于不同粮食价值链环节的企业对外投资方式有差异,同一企业在东道国的发展不同阶段采用的方式也有差异,比如植保产品和种子行业的企业进入一个新的市场时,通常先合资入股建立战略合作关系,逐步熟悉市场后收购当地企业或控股新建项目。

第二节 中国海外粮食包容性投资的必要性

讨论包容性海外粮食投资的必要性,分为两个层面,一是海外粮食投资的必要性,二是包容性海外粮食投资的必要性。中国进行海外粮食投资必要性遵循的是以下逻辑:首先中国自身对粮食需求的缺口需要来自海外供应补充才能填补,而粮食商品来源分散化的要求以及中国粮食进口量的巨大规模对贸易持续性提出了挑战,中国需要通过主动在全球具有粮食生产潜力的地区选择东道国分别进行结构性布局,一定程度上保障中国粮食供给品种结构和地理结构相对合理性;其次是中国国民收入的不断提升、饮食结构的不断变化以及庞大的消费市场为粮食和农业综合性企业提供了巨大的商机,中国粮商在为中国消费者提供商品和服务中需要构建自己的核心竞争力,不仅在于掌握贸易渠道,还在于根据国内消费结构的变化灵活快捷地调整产品结构以及粮食产品季节性供应的全球地理安排,这些需要中国的粮商在全球进行价值链构建,甚至需要和粮食价值链上游的生产资料供应商、中游的粮食生产企业一起开疆拓土。而贸易和投资具有紧密关联性,通过包容性投资才可能带来可持续贸易。而海外粮食投资要坚持包容性原则的原因主要是为了实现海外粮食投资的可持续性、尽量降低海外投资的交易成本、提高投资效率,在符合投资国和东道国政府发展战略前提下,实现投资主体、东道国政府、社区和原住民的经济利益共沾、促进社会和谐,并积极推动环境的优化和生态的可持续。

一、资源的约束性视角

从耕地供给的数量上来看,1990年以来,中国耕地面积累计减少超过1000万公顷以上,每年减少约69万公顷[①]。目前中国的人均耕地面积已不足1.5亩,中国的城镇化率为58.5%[②],到2020年我国要实现常住人口城镇化率达到60%左右,随着城镇化的推进,中国耕地总面积减少的趋势仍不可避免[③]。2014年后,我国每年有1500多万农村人口进入不同规模的城镇,必然带来农产品消费数量的增加,并促使城乡居民消费结构升级[④]。目前保持我国农产品供求平衡的格局,至少需要2.33亿公顷以上的种植面积,而目前国内实际能够提供的种植面积不足1.67亿公顷,缺口近30%[⑤]。

[①] 罗翔,罗静,张路.耕地压力与中国城镇化:基于地理差异的实证研究[J].中国人口科学,2015(4):47-59.
[②] 杨月,郭园园.过去近40年间中国城镇化率的增速达3.08%[EB/OL].[2018-08-06].中国青年网.
[③] 陈瑜琦,李秀彬.1980年以来中国耕地利用集约度的结构特征[J].地理学报,2009,64(4):469-478.
[④] 沈贵银,张雯丽.新常态、新趋势与我国现代农业发展[J].现代经济探讨,2016(2).
[⑤] 陈锡文.农产品要全部自给将有20%播种面积缺口[EB/OL].[2012-11-29].中国新闻网.

二、环境的约束性视角

我国虽然用全球 7%耕地养活了全球 20%的人口,却使用了全球 35%的化肥,2014 年农药使用量 184.3 万吨,2015 年打响农业面源污染攻坚战后,最近 4 年农药使用量才持续下降。高强度的耕地利用模式虽然提升了粮食产量,但同时也显著恶化了耕地质量(耕地板结、土壤酸化和水体污染),降低了耕地的利用潜力和生产的持续性[①],不利于中国的长期粮食安全。保证粮食安全要以一定的耕地承载力为基础,耕地的单位粮食产出要以人均粮食需求为基准,亩产也并非越多越好,片面追求亩产上升会导致化肥的滥用,损害耕地的利用潜力[②]。

三、人均收入增长改善粮食消费结构导致对外依存度急剧上升

如果按照一亩地生产 1000 斤粮食估算,每年 1 万亿斤粮消费就需要 10 亿亩,蔬菜水果的种植需要五六亿亩土地,再加上饲料供应土地 5~6 亿亩土地(按照人均一年肉类消费 40 公斤,13 亿人需要 5000 万吨肉类,根据 1∶4 饲肉比,那就需要 2 亿吨饲料),所以仅仅依靠中国自己的农地是很难满足需求的,每年都需要进口饲料或者粮食[③]。中国谷物及谷物粉进口量从 1998 年的 388 万吨上升到 2017 年 2559 万吨,增长了 5 倍多;1996 年中国开始成为大豆净进口国,从 1998 年进口 319.7 万吨上升到 2017 年的 9554 万吨(最高年份),中国大豆进口依存度达到 85%,2018 年下降 7.9%为 8803 万吨,仍然处于历史高位水平。我国从谷物、大豆、油菜籽到木薯、DDGS 以及肉类呈现全面的进口,背后与中国居民人均收入的增长带来

---

① Tscharntke T,et al.Landscape perspectives on agricultural intensification and biodiversity: Ecosystem service management[J].Ecology Letters,2005,8(8):857-874.

② 罗翔,曾菊新,朱媛媛,张路.谁来养活中国:耕地压力在粮食安全中的作用及解释[J].地理研究,2016(12).

③ 黄奇帆,关于建立房地产基础性制度和长效机制的若干思考[EB/OL].[2017-05-28].http://finance.qq.com/a/20170528/011641.htm? pgv_ref=aio2015&ptlang=2052.

中国家庭饮食结构的变化紧密关联,肉类消费的增长引致饲料需求的增长,进而饲料原料及肉类进口量大增。

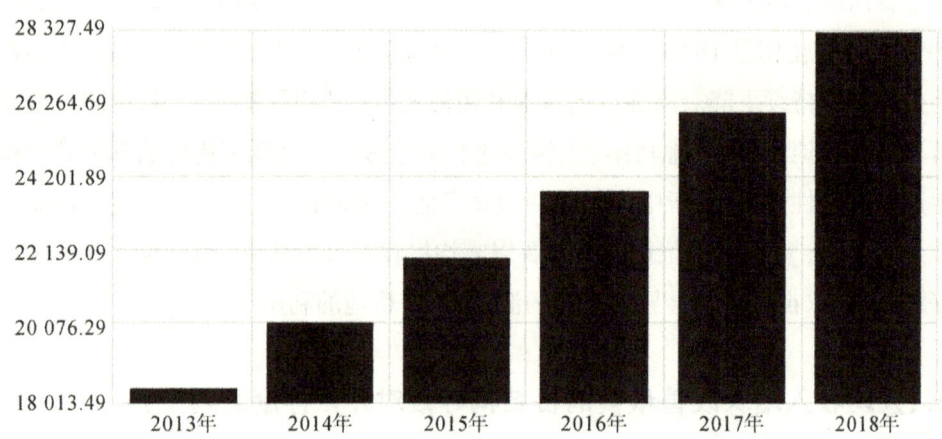

图1-1 中国居民人均收入(2013—2018年)(单位:元)

数据来源:中国统计局数据库,http://data.stats.gov.cn/easyquery.htm? cn=C01.

四、人口持续增长带来对粮食需求量的刚性增长

根据《国家人口发展规划(2016—2030年)》,2020年中国人口达到14.2亿,未来十几年特别是2021—2030年,我国人口发展进入关键转折期,人口数量将在2030年前后达到峰值14.5亿。从人口数量持续上升的角度看,中国粮食消费量的大幅度下滑的预期并不现实。图1-2描述了中国2008年以来的人口自然增长率变化,2017年的人口自然增长率比2016年有所下降,为5.32‰,2018年下降为3.81‰,人口总量处于平稳增长中。

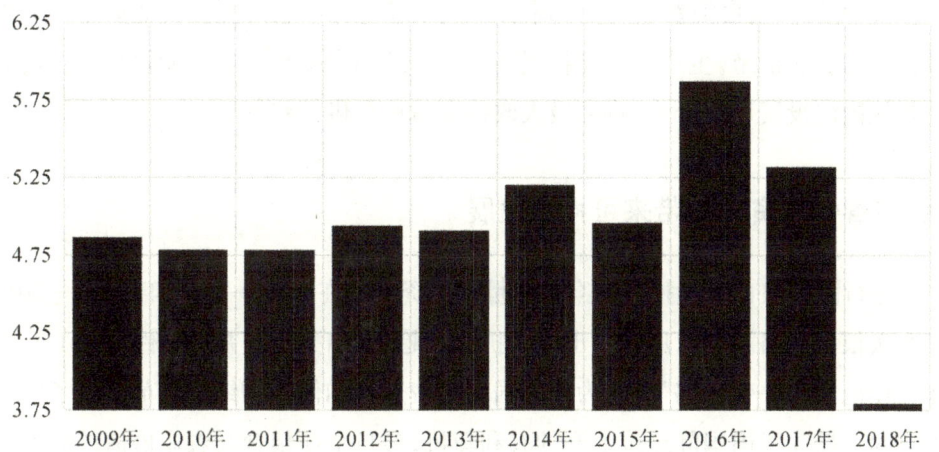

图 1-2 中国人口自然增长率（2009—2018 年）

数据来源：中国统计局数据库，http://data.stats.gov.cn/easyquery.htm? cn=C01.

五、FDI 有助于改善全球粮食供给缺口

中国的海外粮食直接投资有助于发展中国家的粮食与农业投资状况的改善。到 2050 年地球人口将达到 98 亿，比当前的 73 亿多出 25 亿人[①]。要保持 98 亿人的生存和健康，全球中产阶级需求预计将提高 73%，粮食产量必须到 2050 年末增长 70% 以上[②]。目前的年度投资（私人和公共投资）大约为 2200 亿美元，显著地低于实现可持续性发展目标（SDG2）所要求的年度 4800 亿美元的投资[③]。这个数字包括农业基础设施投资、自然资源开发投资、研究以及粮食安全网投资。为满足 93 个发展中国家在 2050 年的农产品需求，每年平均需要增加投资 2090 亿美元，但在这些国家尤其是在农村贫困与饥饿问题最为突出的区域，农业工人的人均资本投入止步不前，仅靠国内资本难以满足投资需求，海外农业投资显得尤为必要

---

① FAO.2018 global food policy report.
② FAO. How to Feed the World in 2050, 2009.
③ UNCTAD.World Investment Report 2014(Geneva and New York：2014).

（FAO，2012）。粮食消费量的80%来自发展中经济体小农的提供[①]，假如小农采用可持续的农业措施，生产力预计将提高79%。外国直接投资如果能够和小农投资及其他国内投资形成合力，将会极大改善全球粮食供给状况。

六、包容性投资才能带来可持续发展

进行海外粮食直接投资的案例数量及投资金额在2008—2009年，2010—2011年两次粮食价格波动以后呈现出急速扩大的趋势，相关重要并购事件见表1-2。中非合作论坛、"一带一路"倡议为满足国内消费升级和供给侧结构改革提供了广阔的空间。抓住我国国际地位上升的有利契机，参与全球粮食与农业价值链分工合作，充分利用国际国内两个市场、两种资源，才能形成和增强比较优势[②]。中国的资本、中国的消费需求和广大的具有粮食与农业潜力的国家之间的对接合作可以形成双赢，中国投资在追逐利润的同时兼顾社会责任、坚持负责任投资原则、关注当地社区和居民的诉求，就能很大程度上实现包容性和可持续发展。自2014年至今，中资在海外农业和食品领域发起的海外并购超过120起，标的涉及全球近30个国家，仅从2018年至今，中资在这一领域发起的交易数量就超过30起[③]。粮食海外直接投资涉及的资产类别呈现多样性，有的是粮食价值链上游的农机、农药、种子、化肥，有的是粮食价值链中游的农地投资和粮食生产，有的是粮食价值链下游的加工、仓储及运输贸易、分销和品牌；从粮食投资涉及的品种上看涉及谷物、糖、豆、奶、肉等；从动机上看，可能包括获取土地资源、利用廉价的劳动力资源或者发挥技术优势和资本优势、从行业领先公司获取技术、销售渠道、品牌及占领市场。

---

① FAO and World Resources Institute—World Food Price Watch, February 2014.
② 张红宇.做强做优中国特色现代农业[N].人民日报,2017-03-19.
③ 中企在海外农业及食品领域投资快速增长,农业走出去公共信息服务平台[N].[2019-06-18].

表1-2 最近10年中国企业主导的粮食价值链并购重要事件

日期	买家	标的	金额(美元)
2011年4月	重庆粮食集团	巴西大豆生产基地—一期	4.04亿
2011年6月	中粮集团	澳大利亚塔利糖业	1.1亿
2011年10月	中国化工	以色列马克西姆—阿甘公司	24亿
2011年10月	宏迪集团	墨西哥west glory	—
2012年1月	长江生命科技	澳大利亚peaty贸易集团	3300万
2012年4月	光明集团	英国维他麦	11.38亿
2013年3月	太平洋恩利	秘鲁camposol	1380万
2013年5月	双汇国际	斯密斯菲尔德	71亿
2013年6月	中海化学	太平洋西钾公司	2810万
2013年6月	中海国际、海南橡胶等	塞拉利昂农业公司	4500万
2013年9月	中投公司	俄罗斯乌拉尔钾肥公司	20.3亿
2014年3月	中粮集团	荷兰尼德拉集团	12亿
2014年3月	上海鹏欣	新西兰弗立明牧场	6470万
2014年4月	中粮集团	来宝集团	16.4亿
2015年1月	达康牧业	新西兰弗立明牧场	2169万
2015年3月	新疆天山畜牧	澳大利亚明加哈牧场	1943万
2015年4月	大康牧业	澳大利亚佩尼牧场	3261万
2015年5月	光明乳业	以色列Tnuva食品	10.31亿欧元
2016年7月	沙隆达	以色列ADAMA	28亿
2017年6月	中国化工集团	瑞士先正达	430亿
2018年1月	北京三元食品+复星国际	法国健康食品品牌StHubert公司	6.25亿欧元
2018年2月	蓝星安迪苏	智利饲料添加剂Nutriad Holding B.V.	1.93亿
2018年7月	鼎晖投资	新西兰蜂蜜生产商Manuka Health	3亿
2019年2月	联想控股旗下佳沃集团	智利三文鱼公司Australis Seafoods S.A	8.8亿

续表

日期	买家	标的	金额
2019年3月	伊利集团	新西兰乳业合作社 Westland Co-operative Dairy Company 100%股权	2.46亿新西兰元
2019年4月	西王集团	澳大利亚艾莫德粮食公司（Emerald Grain Pty Ltd）80%股权	5亿美元

数据来源：互联网公开报道，除特别标明，金额单位为美元。

第三节 中国海外粮食包容性投资的可行性

中国企业在海外从事粮食价值链各环节的投资，在实现国家粮食保障目标比如充分利用目标国农地资源、弥补粮食结构性缺口的同时，可以构建自己的包容性粮食价值链和可持续商业发展模式。就像跨国粮商那样利用自己在粮食价值链一体化运作的技术和经验以及资源整合的能力，和生产资料供应商一起合作在粮食价值链上游购买农场或种植园、销售种子、化肥和农药，或在中下游投资仓库、港口、船队和车辆，在粮食生产国建立强大的粮食输送能力和储藏能力，利用先进的加工能力和产品研发能力为东道国消费者提供产品，在东道国建立品牌、渠道，完成自己在全球的粮食价值链布局，从而获取价值链纵向一体化、资源全球化整合的好处。中国以粮商为主体的海外粮食投资实际上是一个新系统工程，不仅需要企业与自身发展战略配合的长期规划、人力资源、技术储备和执行力，还需要来自于母国和东道国政府政策、法律、信息、市场和金融方面的配合，来自全球化贸易及投资的广泛共识和稳定和谐的国际贸易及投资环境。以下我们尝试从几个方面进行中国包容性粮食海外投资可行性的分析。

一、政府积极进行政策协调和信息提供

中国政府的高度重视是保证政策协调的关键。国家层面专门出台了促进农业"走出去"的文件，建立了由农业部牵头的农业对外合作部际联席会议制度，加强

境外农业合作示范区和农业对外开放合作试验区"两区"建设,发挥以点带面的作用。在"一带一路"倡议下与沿线国家开展深入的农业和粮食合作,把"中非合作论坛"作为一个凝聚非洲兄弟国家、实现经济合作共赢的平台发挥了重大作用。2017年5月四部委(农业部、商务部、发改委和外交部)发布《共同推进"一带一路"建设农业合作的愿景与行动》,以农业科技交流合作作为先导,深化新亚欧大陆桥、中蒙俄、中国—中亚—西亚、中国—中南半岛、中巴、孟中印缅等六大经济走廊的农业贸易投资合作,加大农业基础设施和生产、加工、储运、流通等全价值链环节投资。农业合作成为"一带一路"沿线国家和地区共建利益共同体和命运共同体的最佳结合点之一,中国农业部已同沿线48个国家签署101个合作协议[①]。推动沿线国家之间开展农业双向投资,鼓励本国企业参与沿线国家农业发展进程,帮助所在国发展农业、增加就业、改善民生、履行社会责任[②]。2000年10月成立的中非合作论坛,将"一带一路"建设同非盟《2063年议程》、联合国2030年可持续发展议程、非洲各国发展战略紧密对接。2018年峰会通过了《关于构建更加紧密的中非命运共同体的北京宣言》和《中非合作论坛—北京行动计划(2019—2021年)》两个重要成果文件。其中与粮食和农业直接投资有关的部分包括:中国决定在华设立中国—非洲经贸博览会;鼓励中国企业扩大对非投资,在非洲新建和升级一批经贸合作区;支持非洲在2030年前基本实现粮食安全,同非洲一道制定并实施中非农业现代化合作规划和行动计划,实施50个农业援助项目,向非洲受灾国家提供10亿元人民币紧急人道主义粮食援助,向非洲派遣500名高级农业专家,培养青年农业科研领军人才和农民致富带头人;支持成立中国在非企业社会责任联盟;继续加强和非洲国家本币结算合作,发挥中非发展基金、中非产能合作基金、非洲中小企业发展专项贷款作用。2019年前5个月,中国对非洲投资额同比增长19.5%。这一增速明显高于中国同期对欧洲(18.9%)和北美洲(2.7%)投资额的同比增速。而在2019年前4个月,中国对非洲投资额同比增速更是高达40.2%。

---

① 农业全球治理中的中国担当[EB/OL].[2017-10-17].http://www.gjs.moa.gov.cn/gdxw/201904/t20190418_6184361.htm.
② 农业部等四部委,共同推进"一带一路"建设农业合作的愿景与行动[N].农民日报,2017-05-12.

二、全球农业资源开发的国际合作意愿强烈且潜力巨大

全球农业资源开发和农业技术进步的增产潜力仍然较大,在世界粮农组织2012年发布的《全球粮食不安全状况》报告中指出,全球尚有可耕地资源总量超过14亿公顷,其中适合种植稻谷、小麦、玉米、大豆的面积均超过10亿公顷,增产潜力达8%~10%。其中,小麦的增产潜力主要来自发达国家和转型经济体,稻谷、玉米和大豆的增产潜力主要来自发展中国家[①]。非洲的部分国家深受粮食供给不足和营养不良问题的困扰,东南亚、中亚、拉美等国家和地区的农业发展,在单产水平、基础设施建设、优质农资供应等方面还存在较大短板,世界农业产业链条还有区域空白和环节缺口,这些都为全球的农业投资合作提供了空间和机遇[②]。

三、中国庞大的外汇储备是对外粮食与农业投资的强力支撑

中国进入2000年之后持续的国际收支双顺差导致国家外汇储备的快速增长,峰值在2014年达到3.99万亿美元,为海外直接投资提供了坚实的资本基础。虽然最近几年中国外汇储备有所下降,但是基本稳定在3万亿美元以上,而且国际收支账户保持在略有盈余、基本平衡状态,这就为中国企业进行海外粮食投资获得足够资金支持奠定了坚实基础。

四、中国拥有粮食和农业生产的比较优势

中国自身能够发挥在全球农业和粮食投资存在巨大缺口背景下的比较优势,比如资本、技术等,而很多具有粮食生产潜力的地区如南部非洲、南美洲和东欧地区的国家具有良好的自然资源条件和生产率提升空间,与这些地区的国家合作具

---

① FAO.The state of food insecurity in the world,2012[EB/OL].http://www.fao.org/docrep/016/i3027e/i3027e00.htm.

② 商务部.中国对外投资发展报告 2018[EB/OL].http://images.mofcom.gov.cnfec/201901/20190 12815.

有双赢的可能。相对于美国、加拿大、巴西、澳大利亚等农业资源禀赋丰裕的国家，我国农业资源总量不足、人均资源少。但由于我国农业资源存在多种类型、物种多样化特征明显，可以充分利用这种独具特色的农业比较资源优势；我国农业资源的多种类型决定了各地农业产业结构的多样性，这种比较产业优势对于其他具有不同自然资源的国家有选择有重点地发展不同产业，推动形成分工适度、布局合理、总量平衡的现代农业产业格局具有非常强的借鉴意义。

五、中国是全球粮食生产、消费和贸易的主要驱动者

中国消费的小麦、水稻和玉米资源总量分别占全球的16%、30%和20%，而中国每年大豆进口量对全球大豆市场具有至关重要的影响。中国人口增长和人均收入增加的共同作用，导致肉类、玉米、糖、棕榈油和大豆的人均消费量增长迅速。关键是这些趋势很可能会持续，参照其他国家的人均收入增长与动物蛋白消费增长的关系，中国在较长一段时间内依然是全球粮食生产、消费和贸易的主要驱动者[1]。

六、中国在广大发展中国家长期积累的包容性农业合作经验

中国在广大发展中国家具有长期农业合作的历史和坚实的农业合作成果。中国已经达成多项双边、地区性和多边投资协议，为海外粮食和农业投资奠定了良好基础。在技术交流合作方面，中国迄今已在非洲建成了多个援非农业示范中心，并持续派遣高级农业专家帮助非洲掌握相关农业生产技术。2001—2017年，中非双边农产品贸易总额从6.28亿美元增加到59.94亿美元，增长了8.5倍[2]。产业链条不断延伸，2017年只从事生产环节的企业有208家，占比24.4%，比2015年减少50%；同时经营两种以及两种以上业务活动的企业数量占到51.8%，从事科研、生产、加工、仓储和物流全产业链投资的企业有45家，占比5.3%。2017年，我国对南

---

[1] 盛夏.共垦非洲[N].农经,2010-09-05.
[2] 田志宏,潘彪.扩大中非农业贸易 助推双边互利共赢[N].中国贸易报,2018-09-16.

美洲农业投资3亿美元,占比13.4%,以中粮等大型企业的仓储物流投资为主;对非洲投资1.5亿美元,虽然非洲政治、自然风险较高,投资体量较小,但投资潜力较大[①]。以中粮集团和中国化工集团为代表的粮食价值链企业通过发布可持续报告披露负责任投资行为和可持续运营方式,与利益相关者和潜在投资者进行充分交流,积累了不断增长的包容性运作经验。

第四节 文献综述及本书的创新

一、粮食价值链文献综述

波特1985年提出价值链的概念,认为价值链是企业在设计、生产、销售、发送和辅助其产品的过程中进行的种种活动,是产品或服务从源头经过生产和加工过程等转化成最终消费品的一系列活动和功能,Kaplinsky and Morris(2001)进一步扩展,加进了处理和循环利用过程。价值链的思想被波特普及,强调关注在价值增值活动中企业竞争优势的重要性。由于价值链越来越在地理分布上呈现出全球化的趋势,经常被学者称为全球价值链(Kaplinsky,2013)。Gereffi(1994,2001)把价值链分为买方推动型和生产者推动型两种类型。治理和升级成为全球价值链框架解释价值链运动的中心,有五种治理方式:市场治理、模块治理、关系治理、垄断治理和层级治理(Gereffi et al,2005);市场治理是利用市场机制,层级治理是纵向一体化中的显著特点,这两者处于两端,另外三种治理模式取决于价值链上龙头企业和供应商之间权利不对称的程度。升级是指在全球价值链上不同参与者反应竞争性位置的运动和变化,价值链升级的四种可能:产品升级、加工升级、功能升级和链条升级(Humphrey and Schmitz,2000)。从20世纪90年代起,全球

---

① 商务部.中国对外投资发展报告(2018)[EB/OL].http://images.mofcom.gov.cn/fec/201901/20190128155348158.pdf.

农产品价值链开始呈现出差异化,比如印度香米可以根据种植、加工、包装、品牌的差异而成为不同的商品;咖啡也由于不同战略的采用而可以被赋予不同的商品特点,雀巢和卡夫主要的差异化策略是针对家庭消费,星巴克和海岸咖啡追求的是以店面空间、个性化服务、位置为核心的店面消费。Fitter and Kaplinsky(2001)认为差异化很大程度上会有利于跨国公司,但是很少会对来自发展中国家的农场主带来好处。发展中国家的经济主体面临着参与全球粮食价值链的巨大约束,因为大多是非正式主体,规模小,不具有跨国公司通常具备的所有权优势,或者不具备成为农产品全球价值链供应商的所有权优势。一些学者强调了全球价值链价值和收入分布的不平等(Kaplinsky and Morris 2001;Gereffi,2014),他们把这种状况描述为悲惨性增长,也就是虽然总体经济活动增长,带来更多的产出和更多就业机会,但是经济收益下降。大多数发展中国家在农产品全球价值链上遭遇的难题是如何实现东道国收入与就业增长的方案和跨国公司净收益之间的平衡。

粮食全球价值链的增长让处于外围的发展中国家获得了通常只能期望通过外国直接投资才能得到的好处,比如建立新的生产能力、技术转移的溢出、技能升级以及就业机会和国民收入的潜在增长。但 FDI 和农产品全球价值链到目前为止对发展中国家带来的有利的效应仍然存在问题(Narula and Drifeld,2012)。来自于发达国家的跨国公司不断扩张他们在发展中国家农产品方面的直接参与,采购关键的原料,以保证更低的成本、更高的质量、更丰富的品种等(Gereffi,2014)。而发展中国家由于薄弱的制度、基础设施以及缺乏正规参与者,大多数参与者是在种植区内从事传统农业或小规模加工的个体或家庭,他们缺少资本、缺少符合跨国公司要求的知识以及粮食全球价值链业务运作能力。来自于发展中国家的国内主体面临着两方面的挑战:一是进入全球价值链,二是在参与全球价值链期间的升级。发展中国家进入全球价值链可能带来对粮食安全挑战,比如从事高价值农产品的生产,可能会牺牲大宗粮食作物的产量,从而导致本国粮食供给不足。跨国粮商和连锁超市的发展可能会与发展中国家的开发方案相冲突,跨国公司利用低成本劳动力和自然资源获得效率,有时候会挑战政府政策在劳动力条件和环境保护方面的规定。最后国内参与者可能面临农产品价值链越来越复杂的标准,比如质量标准、安全性标准、真实性标准(原产地或传统加工)以及生产过程标准(与劳动力、环境、有益于公平交易等有关的良好做法),这就提高了来自于发展中国家的小规模参与者的复杂性和成本。

二、包容性发展文献综述

2016年1月1日启动的《2030可持续发展议程》呼吁各国为实现17项可持续发展目标而努力。可持续发展目标的独特之处在于呼吁所有国家,包括穷国、富国和中等收入国家,共同采取行动,促进繁荣并保护地球。目标兼顾了可持续发展的三个方面:经济、社会和环境,以可持续的方式生产、消费和使用空气、土地、水等各种自然资源。可持续发展,需要具有支持包容性经济增长、社会发展、环境保护和消除贫困与饥饿所需要的民主、良政和法治,也需要有利的国内和国际环境。

农业发展严重依赖于自然资源,在环境、生物多样性方面发挥着重要的影响,全球粮食产量到2050年翻倍才能满足全球粮食需求(Bruinsma,2011),满足这个目标提升了对粮食系统生态影响的关注(Ericksen,2008),粮食生产对人类导致的环境足迹造成影响(FAO,2014a;Garnett,2013),比如在欧盟各种环境影响超过20%归因于粮食(European Commission,2006)。提升生产的社会影响也不得不考虑,粮食体系为全球超过10亿人提供收入和社会福利(FAO,2012)。愈演愈烈的生态和社会压力强调需要一个平衡的、可持续的粮食系统的发展,自然生态系统的保持、保护和提升,基于从事粮食生产的人们的生活和福利的保护和改善(FAO,2014)。最终,可持续性可以被视为长期保持粮食安全的一个前提条件(Berry et al,2015)。农业部门需要提高资源使用生产率和弹性,以保证农业的"可持续集约化"或"绿色增长"。FAO(2010,2011)提出过一个"气候智能农业"的概念,在广泛的生产体系中同时解决生产力和环境关切,建立生产体系对气候变化的弹性,从小农混作到集约耕作实践,比如大规模单一作物和集中动物饲养,也能有助于解决将来的挑战。Wilfrid Legg(2018)提出要鼓励研发、知识的传播以促进生产效率,以及绿色增长政策要关注的三个重要因素:在整个供应链上改善资源使用效率,促进功能完好的市场运转,清楚界定和实施产权。

对商业可持续性的广泛理解的支撑是三重底线概念(Elkington,1999),一个可持续价值主张包含利益相关者的利益,代表可持续性的三个支柱:商业、社会和自然(Hart and Milstein,2003)。Maloni and Brown(2006)提出了8维度的粮食可持续性指标：动物福利、生物科技、健康和安全、劳动和人权、采购、公平贸易、社区以及环境。联合国粮农组织(FAO,2013)提出118项指标,体现在四个维度：环境完整性、经济弹性、社会福利和良好治理。

把可持续思维嵌入传统商业安排要求不仅考虑社会和自然的利益,也要求企业商业模式的转变(Stubbs and Cocklin,2008)。许多学者认为单个企业的努力对这些转变而言是不够的,可持续要通过价值链成员的共同表现(Boons,2012;Lassalede Salins et al,2014;Soosay and Hyland,2015)。Humphrey and Memedovic(2006)表述粮食价值链正越来越被价值链关系所主导,零售商和品牌销售商执行着纵向协调。这些合作典型地与权力不平衡相联系(Hartmann,2011)。权力不平衡对参与者之间的合作和信任产生负面影响(Kähkönen,2014)。同时,合作被视为提高粮食价值链可持续表现的关键原则(Touboulic and Walker,2015;Varsei et al.,2014)。尽管大型主体在价值链上具有更多来源和权力来推动可持续,权力不平衡导致的缺乏合作可能对价值链总体可持续表现具有负面影响(Touboulic and Walker,2015)。这样可持续思维意味着要在价值链主体之间建立一种新的沟通和协调形式来重新考虑价值链。可持续价值来自于价值链参与者在一个共同的可持续战略下分享可持续观点和意愿的协同效应。Porter and Kramer(2010)通过"分享价值"(shared value)的概念重新界定了价值链生产力。在价值链上应用的一些做法被视为可持续价值的创造。Beske et al.(2014)总结了通常在可持续供应链管理中使用的做法,战略导向(显示公司的提出可持续价值的决心)、连续性(主体之间长期关系的结构方面)、合作(描述技术的和物流活动的一致性和信息流动)、风险管理(可能风险的缓解,包括与来自利益相关者的外部压力相关的那些风险)以及积极主动性(表明利益相关者的合作和对变化的开放性)。

粮食安全和可持续发展是全球关注的焦点,粮食与营养不安全是影响全球几十亿人口的重大问题。气候变化和人口增长对农业资源带来了巨大的压力(Godfray et al,2010),同时农业在大多数发展中世界是收入的主要来源(Townsend et al,2013)。粮食供应链不断增加的投资是粮食安全和降低贫困的一条有效方式。因此,粮食体系的负责任投资和跨国公司在全球和当地的价值链影响,比如大零售商和小规模生产商的相互作用,需要解决可持续问题、发展问题和信息充分的政策工具和管理决策问题(Lall and Narula,2004)。整个供应链的投资,从农场到粮食分销公司和公共品的提供对于提升生产力和粮食系统的效率都非常重要。跨国公司领导的全球价值链在连接小农场主和全球粮食分销链和技术网络方面扮演着至关重要的作用(Rama and Wilkinson,2008,Oman et al,1989)。OECD(2012)[①]的报告承认农业综合性企业价值链有生产者推动和购买者推动两者模式,他们都是由跨国公司主导的。Gereffi and Christian(2009)指出粮食全球价值链涉及两个维度:一是跨国公司代表的全球维度,一是当地农场主、生产者、牧场主,特许商和零售商为代表的当地维度。全球和当地粮食价值链的相互作用对全球社会产生了两个主要的挑战:一个是与当地价值链中的利益相关者的竞争和授权的恢复相关的挑战,另一个挑战关注跨国公司领导的全球价值链的质量标准的保障,比如2014年百事可乐接受土地使用权负责任治理的自愿指引,同时Kelloggs,Nestle和其他公司停止以儿童为对象推广不健康食物广告,跨国公司的负责任投资是实现质量标准的中心。在这种精神下,粮食安全和营养新联盟承诺"提高非洲农业的国内和外国负责任私人投资,进行提升农业生产力的创新,降低脆弱经济和社区承担的风险"。2016年出版的OECD-FAO(2016)[②]负责任农业供应链指引指导粮食价值链上的各类企业的最终目标是保持价值链的可持续性。Inter-Agency Task Force (IATF)(2016,p.73)报告强调跨国公司应该坚持具有社会和环境影响,并且可持续运营的商业模式。

三、海外粮食直接投资文献综述

卢新海(2015)总结了海外粮食直接投资6个方面的动机:粮食安全、能源安全、金融逐利、产业控制、资源控制和公共政策,这些动机更多是从主权国家的角度出发的讨论;如果把主体限定在公司,这些动机会简化为资源寻求、市场寻求、技术获取和金融逐利四个方面。Pascal Liu(2014)指出粮食与农业的国内外投资

[①] OECD.Mapping global value chains,2012.
[②] OECD.OECD-FAO guidance for responsible agricultural supply chains,2016.

能够产生广泛的好处,比如更高的生产力、粮食可得性提升、创造就业机会、减少贫困、技术转移、获得资本和进入市场。但是这些好处的获得要很大程度依赖包括投资合同、商业模式、与小农的联系和东道国的政策框架在内的很多因素。而且各类组织对东道国一些新形式的外国直接投资可能的负面影响极为关注,特别是大规模土地兼并。这些交易存在极为复杂的经济、社会、政治和环境问题。农作物和牲畜生产体系必须更为集约以满足增长的需求,而且还必须更具有可持续性(FAO,2011,Save and Grow)。可持续集约化的生产体系是资本密集的,他们要求更多的实物、人力、智力和社会资本以保持和重构内嵌于土地和水资源的自然资本。全球每年的净投资要达到830亿美元才能完成减少贫困和营养不良数量的目标(Schmidhuber,Bruinsma and Boedeker,2009)。以一种保护自然资源可持续的方式,以及有利于长期发展获得更多的资金。发展中国家农业公共支出下降到约7%,非洲更低(Hallam,2011)。在饥饿最广泛地区的投资是停滞的或下降的(FAO,2012)。仅仅公共部门的投资是不够的,还需要私人部门的投资,特别是农民自己投资的上升,农民是农业最大的投资者(Lowder,Carisma and Skoet,2012)。尽管农业的优先性,许多发展中国家还是没有足够的能力填补投资缺口。商业银行对农业贷款在撒哈拉南部非洲低于10%,小额贷款通常太小不适于农业资本形成(Da Silva and Mhlanga,2009)。解决的方案不可能来自于国际捐赠机构,农业领域的政府开发援助已经下降到10%~5%(Hallam,2011)。外国直接投资能够在弥补发展中国家农业投资缺口方面做出贡献。

  FAO(2016)总结了9个OECD国家寻求推动发展中国家负责任农业外国直接投资的好的做法,提供了母国在建立约束性的法律准则和其他机制以保护农业相关投资的趋势的例子。发现政府运用一些特定的条款保护和约束在海外的农业投资私人公司参与者是负责任的,比如对于外国政府官员进行贿赂的行为。被政府控制的公司或寻求政府保护的公司正越来越多地使用与农业投资相关的保护措施。而且公私合作(PPP)作为一种促进负责任农业投资的方式越来越多在开发援助项目中使用。在这些情形下,保护措施通常意味着使用经过磋商的和核准的工具比如土地、渔业和森林使用权负责任治理的自愿原则(VGGT)。农业和粮食体系负责任投资原则(CFS-RAI)在2014年得到世界粮食安全委员会的批准,可能成为一个主要的指导工具。

在发展中国家的农业部门投资是减少贫困和饥饿的最有效的方式之一(FAO,2012a),也是提升粮食安全程度的最有效方式之一(Wieck et al.,2014)。当前的资本流动不能满足需求,尽管农业部门的国际开发援助部门自粮食危机后在增长,但从承诺和支付的口径看,农业国际开发援助仍然每年低于100亿美元。而且农业在整个FDI中的份额仍然相当小(FAO,2013;Fiedler and Iafrate,2016;Gerlach and Liu,2010)。尽管在2008年粮食价格危机之后粮食、饮料和烟草的外国直接投资增长率提高了,但流入发展中国家的部分仍然相当小(Fiedler and Iafrate,2016)。而且发展中国家的公共和私人部门经常缺少资源进行充分的投资、提高生产率以及产量。因此,提高私人外国直接投资能够帮助填补当前实际需求的资源和能够得到的资源之间的缺口(Liu,2014;FAO,2013b)。

尽管私人投资对东道国具有显著的积极影响,但它不会自动地出现,而且不是所有的投资都能带来好处(FAO et al.,2010,Liu,2014)。虽然包含小农的包容性商业模式具有积极效果和发展潜力,但大规模土地兼并可能对当地社区、东道国政府和投资者施加显著的风险(Liu,2014;UNCTAD and World Bank,2014)。比如一些涉及大规模土地兼并的投资项目存在侵占、剥夺,对当地粮食安全和环境不利等。而且与当地社区的紧张关系可能产生商业风险,从暂时的项目干扰到撤销项目,带来大量的财务失败(Alforte et al.,2014)。

这些大规模土地兼并吸引了大量的国际关注,但是,在2008年粮食价格危机余波期间,缺少可靠的科学证据和特定的国际行为准则。联合国大会和其他利益相关者号召对促进负责任农业投资现象和倡议进行更多研究。由FAO,IFAD,UNCTAD和世界银行共同组成的跨部门工作组建立以回应两个挑战,对大规模土地兼并和其他形式的农业投资的科学证据作出了显著的贡献(Cotula et al.,2009;FAO,2013b;UNCTAD and World Bank,2014;World Bank,2011),强调有必要促进政府和私人投资者好的做法(Karlsson,2014;Nolte and Voget-Kleschin,2014)。

粮食体系负责任投资原则(CFS-RAI)是最权威的工具,该原则被世界粮食安全委员会在2014年批准,让所有利益相关者包容性地共同保证粮食安全和营养。该原则也考虑了其他相关的指导工具,比如粮农组织的自愿指引VGGT(FAO,

2012）和负责任农业投资原则（PRAI）。VGGT 被粮安会于 2012 年授权，PRAI 由 IWAG 于 2009 年拿出初稿，作为大规模土地兼并的直接指导并有助于对话。这些指导原则工具包括大量的如何组织和减少初级农业投资风险的条款，它们建立于这样的前提之上：农业投资应该尊重合法的土地使用权、增强粮食安全，具有社会、经济和环境可持续性。

四、粮食价值链跨国公司文献综述

最近几十年全球经济的运行模式发生了巨大改变，并对发展中国家带来了极大的影响。经济自由化扮演着重要的角色，比如通过与 WTO 相联系的协议和协定进行跨境的全球贸易规则协调，而且大多数发展中国家从进口替代政策转向更为开放的出口导向政策。在这种不断增长的经济相互依赖性背景下，产生了两个主要的效应（Collinson et al, 2016）：一是不同国家和地区之间经济一体化程度不断加深，二是企业之间的相互依赖不断加深。而跨国公司是在这种趋势中串联的关键。跨国公司具有从跨境市场的内部化中获得发挥他们能力以及在全球多地协调复杂网络的优势。因为通信技术和物流改善，跨国公司作为大的价值链整合者，在不同参与者之间进行协调，而不用像过去完全控制普通所有权，完全依赖全资子公司和外国直接投资。跨国公司利用全球价值链这样一个参与者众多的网络，与特定部门内的股权和非股权方式相连接。从超过一半的全球中间产品和服务出口中可以看出价值链具有在全球越来越分散和分割的趋势（Kaplinsky，2013），跨国公司把以前纵向一体化的活动分解成复杂的网络，于是发展中国家的企业获得了参与跨国公司主导的全球价值链的机会。比如大型一体化的跨国公司如雀巢、联合利华和卡夫，他们依靠所有权优势，品牌、广告和市场能力、研发能力、组织技能、规模经济；规模稍小一些的跨国连锁超级市场，全球前 5 家连锁零售商控制着发达国家 80%的农产品销售（KPMG International，2013），由于市场力量越来越集中于少数跨国连锁公司和大型零售商（Konefal et al，2005），大多数粮食与农产品全球价值链具有买方推动的特点。对发展中国家而言，进入跨国公司主导的全球粮食与农产品价值链是满足各种发展挑战的机会，但是否会带来净经济收益并不确定。

Marina Papanastassiou and George Mergos(2017)提出跨国公司追求利益最大化,通常不会关注利他主义;而政府不是追逐利益最大化的主体,如何让更多的国内参与者加入价值链并升级价值链获得更多的价值、提升收益,为更多包容性增长建立更深入的联系对东道国政府而言是重要的问题。东道国政府和跨国公司之间是相互补充的角色。比如,跨国公司需要政府提供区位优势像法律环境和政策支持、修建基础设施和建立国家创新体系。政府也需要跨国公司帮助刺激增长、就业、收入,以及支持其他重要的开发计划。跨国公司实施商业战略要符合政府政策要求,另一方面,政府政策应该考虑跨国公司的商业利益,允许他们有足够的盈利空间。政府需要审慎地构建政策以消除跨国公司战略对国民经济、社会或环境造成的负面影响,提供连贯的、始终如一的监管以强调国家的公共利益和国家福利,同时保持最优的环境帮助跨国公司实现充分的收益。

过去半个世纪,国际业务是观察跨国公司及其行为的一个重要研究领域,同时Gereffi 和他的合作者(Gerffi et al,1994;Humphrey and Schmitz 2000;Kaplinsky nd Morris 2001;Gereffi et al,2005)已经开发出一个全球价值链的分析框架,把治理和升级放在这个框架的中心。Marina Papanastassiou and George Mergos(2017)探讨了粮食全球价值链中跨国公司的角色,特别关注来自发展中国家供应商的潜力。强调从完全内部化的跨国公司分支机构到非股权模式以及与供应商更远的联系的这种转变主要因为两个因素,一是国内参与者必须是正式组织的部门,能获得金融资本和知识资本;二是东道国提供合适的区位优势为跨国公司与国内企业合作创造条件。这意味着要制定允许跨国公司实施合约和降低成本的稳定和始终如一的制度、与公共品相相联系的必要的基础设施。不幸的是,大多数发展中国家,即使具有很好的自然资源,在所有权优势和必要的区位优势方面也非常欠缺。

跨国公司通常占有三种所有权优势,资产类型的所有权优势,包括品牌、专利、技术和内嵌于人事中的知识;交易性的所有权优势,包括外部市场、制度、关系能力方面的知识以及普通治理优势,跨国公司在不同地方有效地组织内部活动的管理能力;重组优势(Verbeke 2009;Hennart 2009;Narula 2014)。企业从这类资产中获得经济租金的程度取决于他们如何把这些资产和区位优势结合起来。对于跨国粮商,具有两个方面的区位优势,一是与加工产品的原料获取相联系(资源寻求性投资),二是与市场相联系(市场寻求性投资)。前者允许跨国粮商买得更便宜,降低成本,后者是与产品卖得更多相联系,获得更多收入(Narula and Cuervo-Cazurra,2015)。

五、文献评述及本书创新

从上述四个方面的文献梳理看,粮食与农业外国直接投资的研究主要侧重于几个方面:一是侧重于农地投资领域,粮食与农业价值链的上游环节,关注利益相关者中的小农和当地社区的利益、当地环境的可持续问题;二是侧重于讨论可以通过哪些包容性发展模式来实现粮食生产的可持续运作;三是侧重于发展中国家成功案例的解读,希望通过推广成功实践促进粮食与农业价值链的包容性发展;四是侧重于粮食与农业价值链融资的解决,认为制约投资的一个关键是资金的可得性,特别是在商品金融化和经济全球化的今天;五是侧重于包容性、可持续型和负责任投资原则的传播,希望通过具有强烈社会责任感的公司坚持负责任投资原则,进而实现粮食与农业价值链投资的经济、社会、环境、技术的可持续性。

针对以上侧重点,笔者认为有些方面需要继续深入,一是农地投资和粮食生产投资容易招致新殖民主义和土地掠夺的质疑,而且非常容易受到政府更迭、政策变化、社区和原住民情绪的影响;另外,土地购买或长期租赁的同时必须进行大规模的基础设施投资,资金占用大、回收期长;而且全球性跨国公司也很少选择这种投资标的。二是当前文献对粮食与农业价值链包容性模式的探讨集中于粮食生产方式上,很少延伸到第二和第三产业,这就带来一个市场进入可持续的问题和价值增值合理分配的问题。三是过于强调规模化种植的负面影响,比如对原住民的谋生方式的影响、对当地生物多样性的影响等,而很少考虑当地经济发展阶段、方式与资源禀赋的配合问题;四是粮食与农业价值链融资主要缓解的是流动资金紧张问题,基础设施投入、仓库及机械等固定资产投入需要来自于政府公共投入、农民自有资金投入,需要政策性金融、商业性金融和合作性金融的配合,在金融制度不发达的地区民间金融也是一个重要的资金补充渠道。五是负责任投资原则和可持续发展理念需要通过以跨国公司为代表的主体进行示范性吸收和应用,通过以跨国公司为龙头的粮食与农业价值链形成一种从自愿到半强制再到强制性实施的规范和标准,才能真正实现这些原则和理念的广泛普及,进而真正在促进全球粮食保障的同时带来环境改善、生物多样性改善、经济可持续和弱势群体包容性发展的目标。

基于这样的考虑,本书选择以跨国公司为主体,沿着粮食价值链的上、中、下游的关键环节比较分析,突出不同环节的不同主体在实现包容性投资时的方式选择。明确了这样一个认识:包容性粮食价值链的构建涉及诸多环节、诸多主体,在经济可持续、社会可持续、环境可持续、政策可持续以及技术可持续这些可能存在冲突的目标中,寻找最优配合是一件极其考验智慧的事情。因为目前这些理念推动的主体是以世界粮农组织、世界银行、世贸组织等国际性机构,而真正要让这些理念落地并得到广泛实施的主体是以跨国公司为龙头的粮食价值链相关企业。两者之间并不存在强制性的联系纽带,主要依靠跨国性公司的企业社会责任和可持续运营的商业行为来实现。因此,本书尝试以跨国生产资料供应商、跨国粮商为对象并通过对他们对外直接投资行为的观察来思考包容性粮食价值链的构建。

本书创新主要体现在以下几个方面:一是以公司为主体讨论海外粮食投资;二是从粮食价值链的上中下游各个环节的关键点着手开展讨论;三是以跨国公司的年报和可持续发展报告为主要的素材,深入比较分析跨国粮商及跨国生产资料供应商的运作模式、投资模式、投资区位选择及可持续发展原则及实践;四是利用交易成本理论首次对粮商的边界进行了界定,进行了粮商的经济学分析;五是突出应用研究的特点,提出中国海外粮食价值链上中下游投资的原则、策略和实施方案。

第五节 本书的内容安排

一、本书的研究逻辑

中国当前的人口、土地和水资源状况,中国的城镇化进程、中国人均收入水平和饮食结构的变化,以及中国谷物和油脂油料进口的趋势都支持今后较长一段时间中国粮食和食物(包括谷物、油脂油料、肉类和鱼类)的进口将持续。明确粮食的刚性进口结论后,要解决的就是从哪里进口和进口什么的问题。也就是要通过合理设计和规划,尽量避免进口粮食被政治、战争所影响,或作为经济争端的砝码,或由于粮食进口地集中造成可能由于气候变化导致的供给短缺问题。也就是要合理筹划,通过粮食供应的全球来源分散化,通过粮食品种进口的多样化一定程度化解上述风险。粮食国际贸易具有特殊性,很多国家在加入世界贸易组织时就在农业和粮食问题上设定了很高的门槛,以保护本国的农业,避免遭受别国低价粮食冲击,严重影响本国粮食生产。

要想在粮食刚性进口的背景下,最大限度地保持粮食进口的主动性,一个正在广为采用的思路是把贸易与投资结合起来,把进口国、出口国的利益相关者绑成一团,形成一个利益共同体,从对立竞争关系变成协作共赢关系,这样所面临的很多矛盾、对抗、争端就不那么尖锐和突出。这就涉及利益相关者的包容性问题了,也就是说,粮食投资母国农业和粮食战略、对外投资的总体规划和具体的投资目标与东道国的农业及粮食发展战略契合、互补,没有大的冲突。比如某个国家希望通过出口经济作物创汇,粮食作物耕作面积比例低,主要用于本国国民的食用,这就可能存在目标冲突。如果是粮食进口国的国有企业进行投资,目的是出口粮食,而东道国粮食生产效率不高,粮食总产量不足以维持本国的粮食需求,那么很可能引起"新殖民主义"的质疑,严重的话甚至爆发冲突。因此,采取合理、合适的方式进行投资非常重要,比如加大基础设施的投资、提升粮食生产效率、提高粮食生产技术,进而达到粮食产品的自给,最终具备大规模粮食出口的能力;再者与东道国的相关企业合作、合资共享投资收益,形成紧密的利益共同体,同时也减少了投资的不确定性。

因为粮食生产涉及土地权属、劳动力供应、农作物品种、生态环境和文化认同问题,跨国公司的价值链运作一般是绕开粮食生产环节的直接投资,多采取贸易方式购买粮食原料,或者采取订单农业、合约耕作等包容性方式。通常在粮食价值链的重要环节具有优势的企业在跨国直接投资中才有经济可持续的较大概率,比如上游的生产资料的种子优选优育或植保产品的研发优势,中游的生产管理优势,或者下游加工、物流、销售优势。企业作为跨国粮食投资投资主体,经济可持续性是首要考量,但是仅仅考虑项目的经济回报是无法实现投资的可持续,只有采取包容性的运营方式让价值链上的利益相关者都能从投资中得到好处,才能带来投资的可持续性。

如何做到包容性粮食直接投资?通过解读跨国种业和植保企业以及跨国粮商的年报和可持续报告发现,一方面它们推动了粮食产品从土地到餐桌的转移,从生产地区向消费地区的产品转移,让价值链参与者分享价值增值促进了包容性发展;另一方面尊重东道国政府、社区和居民,坚持环境和生态的改善,开发基于环境可持续性的技术,在追逐经济利润的同时考虑这些利益相关者的利益,取得政治、社会、经济、环境和技术的包容性,坚持负责任投资原则和企业社会责任,才能保证投资项目的可持续。

二、本书的基本结构

本书的基本结构分为六章,内容主体部分是第二章到第六章,首先是粮食价值链的政策包容性,然后是按照粮食价值链上、中、下游各环节企业对外投资,探讨投资模式选择、投资地理选择和包容性价值链构建。具体如下:

第一章是绪论,主要讨论包容性海外粮食直接投资的必要性、可行性,进行文献评述以及介绍本书的研究逻辑。

第二章是公共政策与包容性粮食价值链投资,首先进行跨国粮食投资的政治经济学分析,然后从粮食对外投资国和投资目标国的公共政策协调视角观察了典型国家美国、巴西和日本特定阶段的粮食与农业投资政策变迁,以说明政策包容性是海外粮食直接投资的一个重要的考虑。

第三章首先介绍粮食价值链上游生产资料环节的全球并购趋势,然后分析该行业全球三大巨头的包容性投资的战略及行为,接着探讨了中国粮食价值链上游企业进行海外投资的机理和可能采取的方式,最后分析中国种业和植保行业及代表企业的投资与运营,思考价值链上游企业的海外包容性投资战略及模式。

第四章首先按照粮食生产方式的历史演进逻辑说明后现代农业的哲学思想来源,然后以美国和以色列的后现代农业实践为例观察包容性的实现方式;第三节描述全球跨国粮食与农业投资趋势,分析其矛盾和影响,接着指出包容性商业模式是解决矛盾的关键,并列举了生产环节通常能够采用的包容性商业模式;第五节是针对中国的对外粮食生产投资的地理目标进行了初步筛选。

第五章通过对跨国粮商相关财务数据、业务类别及投资地理分布的观察,了解粮商的本质、粮商价值链一体化的动机、原则和模式,并把中粮集团与主要跨国粮商进行比较以更加清楚粮食价值链下游环节的跨国投资到哪儿投、投什么、怎么投。阅读主要跨国粮商年报和可持续报告,在比较分析其主要财务指标的基础上明确了粮商的竞争力差异、各自价值链延伸方向选择的理由以及可持续战略及措施。

第六章首先就粮食价值链对外投资的内外部机制协调进行建议,然后是提出粮食价值链企业对外投资包容性价值链构建原则和策略,最后从公司层面针对粮食价值链上、中、下游企业的对外投资实施要点分别建议。

第二章　公共政策与包容性粮食价值链投资

人类的延续离不开粮食，人类的粮食供给不仅依赖于经济体内部的自然资源、人力资源、生产技术条件、气候环境变化等与粮食生产直接关联的因素，还依赖于本经济体的产业结构、对外贸易政策、收入水平和结构、人类消费和饮食结构以及人类欲望的变迁等粮食生产以外的很多因素，这些来自于自然和社会的诸多因素会影响粮食政策的制定，从而最终影响一个经济体粮食供给能力。粮食是一种具有公共品属性的商品，它是决定人类生存和延续的重要物质，它的供给状况涉及公共利益，涉及社会稳定和经济稳定；它的生产、加工、储藏、流通、进出口和消费需要来自政府公共政策的综合考量。粮食公共政策的制定对一个经济体的粮食基础设施投资和粮食价值链的运营性投资会产生决定性的影响。我们曾对身边无数有关粮食的故事产生疑惑，最终的解答都指向公共政策，比如海地[①]、委内瑞拉、乌克兰

---

① 海地是个农业国家，海地的粮食危机，在海地未向美国敞开粮食贸易大门时，粮食自给率为95%。由于海地在全球化浪潮中，轻率而错误地向美国敞开了粮食自由贸易的大门，美国高补贴粮价优势凸现，美国的粮食价格比海地自己生产的粮食价格便宜一半，于是海地放弃了自给自足的传统粮食供给体系，实行了"重工轻农"的政策，海地的农民开始不种粮食纷纷到城里务工。海地用自由开放的粮食贸易政策替代了自给自足的粮食政策，用美国的粮食生产体系替代了海地粮食生产体系，从而把粮食的话语权拱手让给了美国，把自己的脑袋系在了美国人的裤腰带上。现在海地几乎所有粮食都依赖进口，其中80%的大米依赖于进口。人们用一种用黄泥、食盐、蔬菜、酥油或人造黄油混合而制成的土饼"特雷"充饥。

和朝鲜为我们提供了深刻认识的反例。对外粮食投资行为应该符合母国及东道国的相关政策及战略,本章通过反思新自由主义粮食体制,观察美国、巴西和日本的粮食战略与投资实践,为中国对外粮食投资政策制定提供借鉴,提高企业对外投资决策的政策敏感性。

第一节 跨国粮食投资的政治经济学分析

粮食与农业在国民经济中的重要基础性地位决定了这个行业不能完全放开,特别是对土地与自然资源相对比较匮乏的中国而言。一方面要提高劳动生产率,土地的相对集中有利于机械化运作是必然选择,另一方面担心土地集中造成失地农民增加、农村贫富分化加剧,于是提出适度规模,关注小规模农民的生存状况,在追求效率的同时关注公平。同时全球范围内的农业发展实践也证明小农生产比大规模现代化农业生产更为稳定,于是如何发挥小农和现代化农业生产各自的优势就成了几乎所有国家农业发展需要考虑的核心问题。中国农业适度规模发展和家庭特色农业方面的经验,对中国进行海外粮食投资具有重要意义。跨国粮食投资要关注国家、企业和社区的利益,要深入细致地度量国家粮食安全、国家粮食与农业的可持续发展,粮商在粮食生产到销售的价值链中的运作障碍和潜在收益、面临的粮食出口的壁垒,对当地农业、农民和社区的经济和社会影响等。从当前跨国粮食与农业投资的成功经验看,必须修正过去传统的基于市场自由主义和单纯经济视角的成本收益分析方法,重新构建政治、经济、社会、环境四维分析框架来指导跨国粮食与农业投资实践。

一、新自由粮食体制的背景与特点

粮食发展和粮食政策的历史紧密跟随工业革命和20世纪资本主义的历史,弗里德曼提出的粮食体制(food regime)可以帮助理解农业的劳动力供给分工以及粮食政策是怎样严格依赖资本主义积累的过程。粮食体制是世界范围里规则统治的粮食生产和消费结构(Friedmann,1993),也就是说粮食生产和分销组织可以更好地被政治而不是经济因素所解释,早期的粮食体制具有与霸权力量伴随的特点,能够驾驭规则。粮食体制方面的文献开始于 Friedmann(Friedmann,1987,1993,2004;Friedmann and McMichael,1989),首先在国际关系领域和国际政治经济内聚焦世界体系和监管,目前成为包含经济、政治、历史、社会和法律的一种跨学科的分析方法。

到目前为止,三种分阶段的粮食体制被描述。第一阶段,1870—1914年"移民—殖民"阶段,英国开启了为产业工人阶级提供便宜粮食的政策,主要通过从殖民地进口基本的谷物和牲畜。在这一阶段,强加的单一文化农业与殖民地粮食制度和生态资源相妥协,同时为母国的工业化提供粮食和资本积累。在非洲和拉丁美洲,许多地区从自给自足的状态进入到粮食短缺和饥荒状态。第二个阶段,1945—1973年"过剩"体制,在这一阶段,美国实施粮食援助计划,利用他们的过剩粮食对粮食短缺的经济体进行援助以扩大海外粮食市场。美国通过对企业进行大量的补贴保持国际经济霸权,以维持布雷顿森林体系下其他货币和美元之间的固定比价。另外美国公司从与最不发达国家优惠条款中获得的利润被用于在欧洲的融资,以促进欧洲的经济增长,从而形成美国进口产品的市场,原因可能部分由于国际贸易状况变化(欧洲开始作为一个重要的粮食进口商),部分由于美国货币霸权(与世界货币稳定相联系),部分由于这个体系中新的公司利益(公司寻求由贸易自由化和新兴国家的需求增长所带来的新的投资和市场机会)。"过剩"粮食体制实际结束于布雷顿森林终结之时,从那之后的第三个粮食体制尽管仍然模糊不清,但是可以被称为"新自由主义粮食体制"或"公司体制"。新自由主义粮食体制("公司粮食体制")是放松监管、国际贸易自由化、公共支出下降和私有化的新自由主义发展背景下产生的一个粮食秩序。在这样的体制下,在公司力量急剧上升的背景下,加工和销售主体高度一体化;基于全球粮食价值链的组织特点和劳动力国际分布,全球南部出口区的出现一定程度呈现对独立的生产者和小规模农业的取代;粮食价值链上生物技术和知识产权作为利润获取的新前沿;自然资源的加速消耗,全球粮食体系不断依赖于石油,对全球气候变化产生巨大影响。

三种粮食体制的特点不同,而且每一种体制中,粮食在经济、政治中和社会文化中的角色也不同。理解新自由主义粮食政策,重要的是辨别新自由主义粮食体制和前两个粮食体制的主要特点和区别。这将帮助解释世界粮食体系中,当前经济和政治动态变化的核心元素。把三个粮食体制联系起来的是粮食生产和消费活动进入到工业化和资本主义积累之中。就像McMichael(2009)强调的那样,"粮食体制概念不是关于粮食本身,而是关于粮食生产的关系、资本主义生产和再生产的关系"。自从第一个粮食体制开始,资本主义的发展就包含"粮食的商品化",也就是说,粮食生产和分销已经进入到经济的正式部门,粮食市场已经代替了自给自足的农业团体。这样不仅破坏了传统的经济组织形式,而且破坏了传统文化和社会;农业对其他经济部门(包括金融部门)的依赖不断提高;农业体系和市场的国际一体化;技术创新模式不仅对不可再生能源越来越依赖,而且越来越有害于环境。

前两种粮食体制的霸权力量是国家政府,而第三粮食体制的霸权力量是大的跨国公司控制着全球粮食产业链。换句话说,随着新自由主义体制的出现,存在着由政府向私人控制粮食的转变。第一和第二粮食体制从制度框架上看,政府和私人在政治和经济领域保持着相对的独立。而第三粮食体制中公司通过把自己变成经济体中的监管者而替代了政府,这个转变发生的过程在全球化和新自由主义的文献中被广泛描述(Sassen,1995,2006;Strange,1996;Hall,Biersteker,2002)。新自由粮食体制依赖于至少5个伴生因素,这些因素某种程度上有相互影响效应,它们是:布雷顿森林体系的终结和资本市场的自由化;经济金融化,金融部门的激进革新;自由主义思想被传播到政治学和法律领域(公共选择理论,法与经济学);基于全球价值链组织架构的公司国际化新战略;国际关系中威斯特伐利亚秩序[①]

[①] 威斯特伐利亚和约(westphalian system)是象征三十年战争结束而签订的一系列和约,签约双方分别是统治西班牙、神圣罗马帝国、奥地利的哈布斯堡王室和法国、瑞典以及神圣罗马帝国内勃兰登堡、萨克森、巴伐利亚等诸侯邦国。而在1648年10月24日签定的西荷和约,正式确认了威斯特伐利亚这一系列和约,并象征三十年战争结束。此和约导致法国、荷兰和瑞典这三大欧洲新霸主的崛起。当代威斯特伐利亚体系已通行全球,被俗称为"国际社会"。它力图通过一整套国际法律和组织结构抑制世界的无序性。这套体系旨在促进自由贸易和稳定的国际金融体系,确立可以接受的解决国际争端的原则,并在一旦爆发战争时对交战行为施加一定的限制。由各国组成的这一体系现在涵盖了所有文化和地区。它的各种机构为不同社会之间的交往提供了一个中立的框架,而且这一框架在很大程度上独立于不同社会各自的价值观。

的终结和随之而来的国家主权的概念的弱化。

粮食体制文献广泛地描述了在粮食领域资本主义积累进程中的负面结果,比如世界性饥饿和贫困,自然资源的消耗,农耕文化的破坏,不断增加的财富不平等性和社会不公正。也有大量的文献驳斥这个观点,赞同绿色革命和生物科技、国际市场一体化和农民升级的显著成就。

二、构建应对粮食危机的另类选择

全球对2008—2009年和2010—2011年两次粮食价格飙升原因,达成的共识是:收入水平提升食物消费结构变化,能源价格飙升导致生物燃料与粮食/饲料争夺原料,商品衍生品的投机等。粮食紧张状况已经影响贫穷国家40年了,在1960年代早期,发展中国家的粮食贸易盈余曾达到每年70亿美元(FAO,2004),到1980年代末,许多国家成为粮食净进口国。这种转变是美国和欧洲政策导致的,他们对公司型的农业企业进行补贴,保持农产品价格处于低水平,拆除贸易壁垒使小规模农民边缘化。粮食"短缺"经常成为商品期货市场投机的理由,商品市场的投机资金的总额从2000年的50亿美元膨胀到2007年的1750亿美元,资金从传统金融产品转向另类投资品,最典型的表现是2008年次贷危机后大量的农地资产配置(GRAIN,2008;Ghosh,2010;Zagema,Lobbyist,2011)。全球粮食贸易仅仅只占全球粮食产量的10%,跨国公司控制着全球粮食贸易,在金融市场的投机、龙头公司买方力量的共同作用下,容易导致粮食价格大幅度上涨。

粮食价格大幅度上涨恶化了25亿人的生活,联合国粮农组织、世界银行、美国和欧盟政府建议解决粮食危机的药方包括:进一步推进贸易自由化;通过小农场向劳动力密集型商业农场的转变来提高农业生产力;依靠私人部门作为农业服务的提供者;通过科技促进革新;开发高价值产品促进国内消费;为了获得改良种子和化肥使生产资料市场便利化;提高生产者组织的表现以获得小农的竞争力;把当地经济与更广泛的市场联系起来,从自我消费和自我雇佣的生产转向市场消费和雇佣;为贫困人群进行粮食安全网投资,偏向于有目标的现金转账和非现金的粮食分配。这些干预手段建立于粮食商品化和按照华盛顿共识所形成新自由主义方案基础上:私有化、自由化、放松监管、降低公共社会支出。

新自由主义的粮食危机解决方案一直处于批评和争论中,大量的非政府组织、民间团体组织、农民组织和原住民组织提出并推动了粮食自由主义的替代选择。尽管这些不同的组织的替代选择形式存在多样性,但是具有共同的观点,这些观点可以被概括为以下几点:

粮食是一种人权。粮食生产和分配首先是一个政治问题,其次才是一个经济问题。每个国家应该宣布获取粮食是宪法赋予的基本权利,确保这种基本权利的实现,粮食不应该作为一种武器。支持小农和农村经济是获得粮食保障的最好方式,5亿发展中国家的小农场支撑着20亿人,几乎占全球人口的1/3。饥饿和营养不良人口中的80%是处在高风险环境中的生产粮食的家庭、牧民、渔民和依赖森林生存的家庭以及非农场农村家庭(UNDP,2003)。小农和农村妇女应该被授权参与粮食政策制定和农村事务决策。保证土地的平等权利,全球化和土地市场的国际化使得社区(如原住民)和个体(如妇女)获得产权不清晰或者处于购买力不强的风险之中。

农业产业化可能导致地球生态平衡的崩溃,全球环境问题的负面效应(比如气候变化)更加严重地打击穷人,由于气候变化,许多发展中国家最穷的人将面临更低的农业收益。可持续性是社会公平的核心问题,粮食主权需要对自然资源可持续的照顾和使用,特别是土地、水、种子和牲畜繁殖,在土地上工作的人必须有权对自然资源继续进行可持续的管理,保护生物多样性。对公司力量进行有效的约束,公司具有影响公众观点和绑架政府监管政策的强大力量,它通过市场和买方力量具备经济剥削的能力。如果公司缺乏社会和环境责任,它将给这个世界带来极大的破坏,需要通过共同的行为准则和原则对跨国粮商的行为和粮食价值链活动进行有效约束。

农业市场对粮食进口的开放使得发展中国家的小农处于不公平的竞争之中,因为发达国家的农民获得大量补贴,进口破坏了发展中国家粮食生产能力并加剧了对进口粮食的依赖。粮食是首要的和最基本的营养来源,其次才是贸易物品,国家农业政策必须优先安排粮食生产以满足国内消费和粮食的自给自足。跨国公司在多边组织的经济力量的作用下对农业政策的控制不断增强,对投机资本的监管和税收、对跨国公司行为准则的严格实施非常必要。

粮食政治经济学关于效率和公平的讨论一直没有停止，人们希望达到的状态是粮食充裕，人人都能持续地获得粮食，相关主体在从事有关粮食的商业活动中都能获得收益，高效的粮食生产和流通方式同时能够保障相关者利益和社会公平。这是一个考验智慧的目标，每个经济体都在自己的资源禀赋基础上不断探索和尝试，而跨国粮食投资活动刚好就处于这种矛盾冲突的漩涡之中。没有效率，就没有经济可持续性；没有公平，就无法实现政治、社会和环境的可持续性。我们提出的海外粮食投资的包容性价值链构建，正是希望通过包容性的投资和运营探求不同价值链环节、不同商业类型的可持续发展的策略。

表2-1 应对粮食危机：主流和另类建议

应对粮食危机：新自由主义的建议	新自由主义政策下公司机会	新自由主义政策的预期负面效应	另类建议
继续深入贸易自由化	新投资和市场机会，加速合并进程	经济不平等预计会增加	国家应该自由选择贸易政策，这将更加有助于保障粮食权利，而不是取决于WTO的命令
通过把小农农场转变为劳动力密集型的商业农场来提高农业生产力	把资本主义农业作为唯一的保障粮食的可行方式。	小农受到负面影响（包括妇女）	改善农村的小农场主的生产力来保证他们获得土地、生产资料、信用以及专门化的当地革新
依靠私人部门作为营销服务、灌溉和风险服务的提供者	新的市场机会，对公品的资本主义控制	更穷的农民（特别是妇女）受到负面影响，因为他们的低购买力	农业推广和营销服务的公共支出
通过科技推动创新	为大的农业化工跨国公司拓宽市场	在可持续农业发展中当地生产知识和技能的低估和放弃	致力于当地专业化创新，重视传统的生产实践和知识
开发高价值的市场（通过超市销售粮食）满足国内消费	拓宽超市的市场份额	作为最穷的人群的小农深受高价、失去当地市场和失去自我生产机会之害	增强当地传统市场

续表

应对粮食危机:新自由主义的建议	新自由主义政策下公司机会	新自由主义政策的预期负面效应	另类建议
便利生产资料市场以更好地获得改良种子和化肥	为大的农业化工跨国公司拓宽市场	在可持续农业发展中对当地生产知识和技能的低估和放弃	构建当地生产资料市场,完善当地资源和知识
完善土地市场以便利农业一体化进程	通过最富裕的参与者控制投资机会和土地	妇女被排除在土地所有权之外	保证土地权,特别对于失地农民和妇女
提高生产者组织的表现使得小农获得竞争力	没有影响	对边缘生产者和失地农民有负面影响,因为他们缺少社会资本和土地权利	生产者组织应该按照合作行为进行运作,要保护当地市场
把当地经济与更广的市场联系起来,从自我消费和自我雇佣转向为市场生产和付工资雇佣	更多的剥削劳动力的机会	贫困农民失去自治能力,像工人那样面临更加严酷的剥削	把满足自我消费的生产与在功能完好的当地市场的销售结合起来
为最贫穷的人投资安全网、有目标地进行汇款和进行粮食的实物分配	拓宽包装食品的市场(穷人和作为新的顾客的食品分配代理机构在这上面花费更多的资金)	对妇女无好处(假如没有被明确地作为干预的受益者的话)	在一般性社会保障计划上进行投资。避免实物粮食援助,这通常会给予捐赠国一定利益

第二节 美国的海外粮食与农业投资政策及实践

在人类文明演变中,粮食在近千年里就已经成为中心元素。在前资本主义社会中,与粮食相关的活动处于所有物质、文化和形成社会关系的制度结构的核心;除了成为与社会伴随的元素外,粮食一直是权力的工具和武器。随着资本主义的发展,与粮食相关的活动不断整合到经济中。粮食已经成为一种商品,它的贸易已经成为财富积累的方式,不再是农业社会的自给自足生产,而是通过市场交易来满足城市居民和劳动力的粮食需求。饮食习惯的驯化和贸易已经成为资本积累的一种重要杠杆,资本主义发展的不同阶段要求粮食治理的不同形式,从而形成不同的粮食体制①。

一、美国粮食战略演进的国际粮食体制背景

美国的粮食战略演进与国际粮食体制背景具有紧密和富有逻辑的联系。Friedmann and McMichael(1989)谈到英国领导的殖民霸权提供了第一粮食体制的基础,第一粮食体制的政治经济学特点是农业的扩张进入到殖民地和新世界领域。1846年的"谷物法案"的废除为粮食劳动力国际分工的发展铺平了道路。随着英国快速城市化,需要不断地从殖民地和美国进口粮食来供养。在这个阶段,金本位制稳定了货币交易,建立允许贸易的金融基础设施(McMichael,1999)。随着"二战"的结束,美国政治霸权和布雷顿森林体系制度预示了第二粮食体制的实现,1945年之后的粮食体制围绕美国的补贴能力以及出口大量的农业剩余,因此保持国内农场选区的融洽以及深入推进国外的外交目标。马歇尔计划和之后的粮食援助计划对美国农业而言打开了外部市场,使很多新的去殖民化的国家产生了对粮食进口的依赖。这样,从第一粮食体制到第二粮食体制的转变不仅意味着从英国到美国霸权的转变,而且意味着从自由贸易到有管理的贸易的转变(McMichael,2005)。到20世纪80年代中期,粮食生产和消费全球经济地理的发展方向对美国的粮食全球霸权提出了挑战。一方面,很多发展中国家的绿色革命技术代替了对美国粮食援助进口的依赖,比如印度在20世纪70年代中期绿色革命农业技术的出现,1990年粮食总产量达到1.7亿吨,基本实现粮食自给自足。另一方面,美国在世界粮食市场的主导地位受到了西欧出口国的挑战,欧盟成员国能够在世界范围内出口大量得到补贴的粮食。

这些变化造成世界粮食体系越来越不稳定和不公平。欧洲补贴粮食的大量出口促使里根和布什领导的共和党政府实施了农场扩张计划。1985年出台的美国

---

① Valeria Sodano, Food Policy Beyond Neo-Liberalism.Sociological Landscape-Theories,Realities and Trends[M/OL].book edited by Dennis Erasga,March 2012,http://www.intechopen.com/download/pdf/34155.

出口提升计划(the US Export Enhancement Program,EEP),为美国出口商提供了小麦和其他谷物生产的补贴以帮助他们与欧洲出口国针对第三世界市场的竞争。美国农场补贴规模的增加并没有使得美国农场农民在20世纪80年代的境遇变好,因为这些补贴主要流向大规模生产商和下游加工商,而不是服务于家庭农场。从发展中国家的角度看,针锋相对的跨大西洋农业贸易战争破坏了粮食生产者在出口和国内生产的竞争能力,加剧了农村困境和粮食保障风险。

二、美国的海外粮食投资战略演变

美国的海外粮食投资与其国内农业发展、农产品供需状况的变化以及美国的农产品国际贸易保持着紧密的联系。在"冷战"时期,美国大力开展粮食援助外交,一方面缓解国内粮食剩余矛盾,另一方面通过粮食获得外交利益,同时为后来占据国际粮食市场绝大份额打下基础。而在"冷战"之后,美国在国内农业和粮食院外集团的游说下通过的法案继续保持着对农业的大量补贴,粮食供给远远超过国内粮食需求,具备强大的全球粮食竞争力。同时为了获得粮食与农业价值链上的最大收益,美国粮食和农业跨国公司大力发展转基因技术,在知识产权法律的保护下,大力对外投资,拓展转基因农作物种子和粮食原料,几乎抢占了全球粮食种子市场的绝大部分份额。目前仅10家公司就控制了全球商业种子市场份额的55%[①]。孟山都、杜邦、利马格兰和先正达等世界顶级种子公司,最重要的收益来源于拉美国家所接受的贸易协定。2006年,美国(孟山都和杜邦的老家)结束和秘鲁、哥伦比亚的主要协议,并迫使他们接受《国际植物新品种保护公约》。

(一)美国粮食援助战略

美国在20世纪30年代开始就存在粮食过剩问题,为解决这个问题,美国采取了救济国内穷人、缔结国际小麦协定稳定出口等措施,但是并不能有效缓解经常

---

① GRAIN.Trade deals criminalise farmers' seeds,12th December 2014[EB/OL].https://www.grain.org/article/entries/5070-trade-deals-criminalise-farmers-seeds.

性的粮食过剩。"二战"期间，美国向欧洲盟国提供了60多亿美元的粮食援助；"二战"后，在实施马歇尔计划和对希腊和土耳其的援助中，输送了大量粮食。1950年朝鲜战争爆发，美国向南韩、日本和中国台湾等国家和地区援助大量粮食。随着"二战"后国际政治局势的变化及冷战格局的形成，通过对外援助粮食、缓解过剩粮食成为美国一项重要的对外粮食战略。

制定粮食外援法律把粮食援助与外交政策联系起来。美国1954年6月通过的《1954年农产品贸易开发和援助法案》（即480公法，public law 480），是美国粮食援助的基石，奠定了美国粮食援助体制的基本法律框架。其首要目标是处理美国剩余农产品，同时兼顾扩大海外粮食市场，如"对发展和扩大美国农产品的海外市场给予特别考虑"及"应确保受援国在增加商业性粮食的购买时给予美国农产品公平的份额"等规定。该法要求美国总统帮助确保所销售或转移的农产品不被转移给非"友好国家"，此后美国通过各种规定和设立专门机构强化粮食援助在外交战略中的地位。1959年1月，艾森豪威尔总统将480公法计划重新命名为"以粮食换和平"计划，随后肯尼迪政府加以实行和扩大。为了配合"冷战"，美国粮食援助额增加、粮食援助地区扩大到100多个国家，使得美国的影响遍及亚非拉等广大欠发达国家和地区。

480公法规定了粮食援助采取信贷优惠、援助或者粮食交换的方式。"冷战"结束后，美国逐步减少粮食援助，并谋求通过多边国际组织推动粮食援助。美国粮食援助占世界粮食援助的比例从1973年的90%下降到1996年的44%。但是美国并不愿意放弃通过粮食援助对受援国施加政治、经济影响，所以即使美国在推动多边援助机构的建立，在1990—2002年美国的75%粮食援助还是以双边形式给予。美国的粮食援助实际上在那一阶段并没有增加美国粮食的商业性出口，但是美国农业垄断集团和运输集团并不愿意放弃粮食援助，因此，1996年美国农业法案仍将粮食援助作为促进粮食出口的措施之一。

(二)美国粮食出口战略沿革

确保粮食出口份额、推动粮食出口一直是美国的粮食基本战略。20世纪30年代初美国通过了《1933年农业调整法》，规定对自愿减少耕地或生产的农场主予以补贴，1935年修正案规定，农业部长有权用海关收入的30%来促进农产品出口和国内消费,此时美国的农业出口战略已经基本形成,但此时粮食出口量并不大。"二战"和"冷战"时期,美国主要采取粮食援助方式,"冷战"形势趋缓后,商业性粮食出口的比例不断上升。到1969—1971年,美国出口的粮食达到近4000万吨,到70年代末期美国作为出口国已经占据世界粮食出口的绝对地位[①]。

在促进商业性粮食出口中,美国农产品信贷公司长期向粮食出口商提供现金和实物出口补贴。20世纪70年代是美国粮食出口的黄金时期,粮食危机和苏联大规模粮食采购,使得美国粮食出口持续增长和农产品产量急剧增长。此时国际市场粮食价格不断提高,到20世纪70年代中期,政府几乎没有农业财政支出补贴。1977年开始出现农产品价格下跌,20世纪80年代初期美元开始升值,双重影响下,美国粮食出口减少。于是1983年1月美国重新使用出口补贴,1983年10月,欧盟宣布对其出口的面粉补贴10%。在与欧盟的竞争中,美国1985年农业法案中出台了新的出口增强计划,由农业部以现金方式向出口商提供补贴。由此可见,美国立法对粮食商业性出口具有强大的保驾护航作用。此后,美国不断立法,从而形成了一套完善的农产品出口支持体系。具体可分为以下四类:出口信用担保体系、市场开发计划、针对技术贸易壁垒计划和出口补贴计划。虽然由于WTO协议的要求,自1996年起美国不再为出口增强计划提供资金,并最终取消了供货方信用担保计划和出口增强计划,但面对全球粮食价格居高不下、未来广大国家对粮食需求的增加以及美国粮食供给大于需求的基本状况会继续加大粮食出口。

美国的国内农业支持政策是粮食国际竞争力的重要基础。美国农业法不断修订,但美国政府主导农业支持政策的思想没有变化,从支持政策的目标看,体现在:控制农产品的供给,鼓励农户按政府计划减耕土地;对主要农产品给予价格补贴,保证农户收入;保护资源和环境。从支持这些目标实现的政策看,收入支持政策中的直接支付、平均农作物收入选择计划和反周期支付已经在《2014年美国农场法》中取消,目前收入支持政策主要包括灾害援助计划、营销援助贷款、贷款差额补贴、价格损失保障和农业风险保障等;价格支持政策主要包括商品贷款支持和

---

① Alan J.Webb,Jerry Sharples,Forrest Holland,and Philip L. Paarlberg,World Agriculture Markets and U.S. Farm Policy[EB/OL].http://www.ers.usda.gov/media/1759805/aer530f.pdf.

政府采购等。《2002年美国农场法》扭转了近十年农产品贸易自由化趋势,重新走上贸易保护的轨道;《2008美国农场法》延续了贸易保护的思想;虽然《2014年农场法》逆转了2002年和2008年农场法案形成的以高补贴为主的农业支持和保护思路,逐步放弃政府对农业生产和农产品市场的直接干预,调控手段趋于市场化,但是要认识到这与当前国际粮食市场繁荣程度、美国粮食大量出口以及美国财政预算赤字居高不下有着直接的关联。因为《2014年美国农场法》于2014年2月通过,当时的粮食价格指数在200左右,虽然相对于2008年和2011—2013年有所下降,但仍处于历史高位。在美国的粮食出口战略中,美国始终希望凭借发达的粮食生产力和有力的国内支持和出口补贴保持粮食出口的竞争力,占据世界粮食供应的主导地位。

(三)粮食综合性企业的对外直接投资

"二战"之后的美国农业呈现出大规模、集中化的发展趋势,一方面农场规模不断扩大,大农场利润越来越高;另一方面农业产业链整合不断加强、纵向整合普遍,农业综合性企业垄断程度上升。基于利润追逐、市场份额扩大等动因,农业综合性企业逐步扩大对外直接投资。

1.美国的农场基本情况

美国农场分为家庭农场和非家庭农场,大多数美国农场是家庭运作的,在2011年大约97%,甚至最大的农场主要是家庭运营的。中等和大规模家庭农场大约占美国农场数量的8%,产值的60%。小家庭农场占美国农场的90%,农场产出的26%。非家庭农场占3%,产量占15%。小农场的盈利能力弱于大农场,运营者家庭依赖农场外收入。总的来看农场运营者家庭不能划归为低收入家庭(如果包农场内和外收入都算在内)。但是有限资源农场仍然存在,大约占家庭农场数量的11%[①]。

美国农场的数量从1935年最高峰的681万家下降到2013年的217万家;所有农场经营的土地面积变化不大,仅从20世纪50年代早期12亿英亩下降到2013年

---

① Robert A. Hoppe, Structure and Finances of U.S[R].Farms:Family Farm Report,2014 edition.

的9.14亿英亩。在美国,非家庭农场占农场比为3%,农场产量的15%。但是大约85%的非家庭农场的农产品是由农场现金总收入达到或超过100万美元的6300家非家庭农场提供的,大约占所有非家庭农场的11%。农场现金总收入(GCFI, Gross Cash Farm Income)达到100万美元的非家庭农场和大规模家庭农场生产了大约农场产品的47%,其中35%是大规模家庭农场生产的,而12%是非家庭农场生产的。美国农业生产向大型农场集中的原因有:强大的市场压力、大型农场机械化生产、劳动生产率高,利润率和收入较高,大型农场收益率达到10.6%,超大型达到16.4%,非家庭农场达到15.3%[1];农业政策向大型农场倾斜,大型农场产值越高,则补贴越多。但在粮食价值链中,美国家庭花费在食品中的1美元,农场所获得的价值仅占16美分[2]。农业现代化、大型化和专业化使得大型农业联合企业在农业经济中开始取得支配地位。

表2-2　2010年每美元食品消费粮食价值链各环节价值分配

价值链环节	农场	粮食加工	包装	运输	零售	能源	融资与保险	广告	其他
份额	16%	34%	4.7%	5%	23.1%	5%	5%	2%	2.8%

数据来源:http://www.ers.usda.gov/amber-waves/2012-september/food-processing.aspx.

2.农业合作组织、农业垄断集团与反垄断法

20世纪80年代依赖粮食跨国公司开始进行粮食产业链整合,实现从种子到粮食销售的整个产业链控制。具体而言,一是通过在粮食生产阶段的合作社组织,提高农场主的议价能力,有效降低成本和规避粮食价格下跌的风险;二是大型粮食综合性企业进行粮食产业的横纵向并购。美国具有世界上最完备的反垄断立法和执法体系,但是对农业的垄断行为的管制却较为宽松。克莱顿法第6条和第7条、Capper-Volstead Act(1922)、Cooperative Marketing Act(1926)、Agricultural Fair

---

[1] USDA:2003 Agricultural Resource Management Survey.
[2] Patrick Canning.Food Processing Costs Per Food-at-Home Dollar Rose Sharply in 2009 and 2010[EB/OL].http://www.ers.usda.gov/amber-waves/2012-september/food-processing.aspx.

Act(1967)等法案对于农民联合体和农业垄断都有豁免性和保护性的规定。这些法案有力地推动了农民和农场主自身的联营,美国农民联合体不断扩大,并成为跨州及全国性组织,很多实现了纵向一体化。这些联合体除了在国内能够抵制其他大型农业垄断集团的不公平竞争行为,也在国际贸易中成为一种新的垄断势力。农业综合型企业对农场土地的兼并、农业垄断集团对种子和加工的纵向兼并行为受到反垄断豁免,既源于对弱质性农业的保护,又符合美国的粮食战略。

3.粮食垄断集团海外投资和粮食产业链控制

随着一些发展中国家经济水平的不断提高,人们消费水平和消费结构也在发生变化,逐步提高了高品质粮食需求量,加工食品日益占据人们的餐桌。加工食品相比较原粮产品,出口价值大、利润率高。美国20世纪80年代中期后,加工食品出口贸易开始增加,到1997年,美国加工食品出口占总粮食出口的40%。美国农业垄断集团到海外直接投资,1993年其海外食品制造企业的销售额达到1130亿美元,几乎是美国自身食品加工出口的4倍。世界10大食品公司,美国占6个,美国海外食品加工企业79%的产品在东道国销售,21%的产品销往其他第三国,仅有2%的产品回售美国[①]。

海外分支机构的设立,可以绕开东道国对高附加值的加工粮食的关税及其他贸易壁垒,并通过这些粮食加工企业来扩大美国粮食原料的出口。为配合美国公司控股的跨国粮商海外投资,美国缔结了多项双边自由投资条约、区域投资条约和多边投资条约。美国在对外订立双边投资条约时对东道国外资开放提出了很高的标准,主要是将国民待遇和最惠国待遇引入投资准入领域,扩大适用于投资设业前阶段(pre-establishment)而不是仅仅适用于投资设业后(post-establishment)阶段。在自由化的双边投资协定推动下,美国粮食集团在阿根廷大力投资谷物加工、油脂加工以及与粮食相关的产业,所以自90年代以来美国在阿根廷投资的加工粮食产品销售迅速增加,美国在阿根廷分支机构加工食品销售额是美国向阿根

---

① Henderson.globalization of the processed foods market[R].Agricultural Economic Report Number742,ERS,USDA,1996.

廷出口加工食品的 36 倍多。

美国、加拿大和墨西哥所签订的《北美自由贸易协定》(NAFTA)中第 11 章是投资规则,美国在国际投资领域的立场和主张在 NAFTA 中得到很好的贯彻和体现,被视为多边投资自由化的代表性立法。NAFTA 在推动美资在墨西哥投资食品加工产业的效应十分明显,1998 年墨西哥美资食品加工业的销售额达到 65 亿美元[1]。美国为了维持农业强国的地位,一方面通过加快对外直接投资扩大并占领新兴国家市场;另一方面进行转基因技术开发,支持农产品的产量与质量提升。在美国的市场经济体制下,虽然转基因农作物的开发与应用、海外农业投资等都是大型农业化工和粮食集团进行的,但是美国政府控制全球粮食战略与跨国农业和粮食垄断集团的目标高度一致,两者已经结成了利益共同体,在共同目标的指引下,美国构建了一套法律法规扶持垄断粮商的转基因研发、生产和销售以及跨国粮食投资。

三、20 世纪美国农场投资和杠杆周期

20 世纪美国农业部门经历了三次农场投资的周期。分别发生在 20 世纪头 10 年,20 世纪 40 年代和 20 世纪 70 年代,在这三个时期,由于全球对农产品需求的急剧上升带来了利润的飙升。在每次繁荣的终点农场投资加速,高农场价格和利润刺激着资本投资。上升的利润和有力的投资也意味着这是一个新的杠杆周期。随着每一次繁荣消退和利润消失,农场投资保持提升,农业企业越来越多地使用债务来为投资进行融资。

(一)第一阶段:20 世纪初—20 世纪 40 年代

美国农业部门的第一次投资和杠杆周期发生在 20 世纪头 10 年,在第一次世界大战期间,农业需求上升、农业出口翻番,美国农作物和牲畜价格飙升,农场利

---

[1] Bolling Chris, Elizalde Javier Calderon, Handy Charles. U.S. Firms Invest in Mexico's Processed Food Industry[J]. Food Review, 1999.

润自然增长。在第一次世界大战结束时,农作物和牲畜商品销售价格是1915年的两倍。农场利润(农场运营者的净收益)在1919年达到23 500美元(每个农场),整个部门的总体利润达到1 520亿美元。

尽管农场利润翻倍了,资本投资上升相对谨慎,但仍然朝着繁荣的终点加速前进。最初,农场投资开始于农场不动产,比如谷仓、畜棚和放置机械的棚屋等。在1916和1917年,每个农场在固定资产方面的投资每年平均上升28%,直到1919年达到顶峰。美国农业机械化在战争期间随着拖拉机和其他运输工具的采用得到深化。1917年,农场在车辆、机械和设备方面的平均支出跃升33%,在接下来的十年中不断膨胀。在20世纪10年代后半段,整个农业部门的实际每年农场资本支总支出达到100亿美元,超过前半段的10%。但是农业投资的加速开始并没有导致农场债务的上升,每个农场的不动产债务在1916—1918年是下降的,非不动产债务在战争期间保持稳定,主要投资用于购买拖拉机和其他机械。在第一次世界大战期间,比起20世纪10年代的前期,农场资本支出占农场利润的部分更小。随着战争的结束,农场繁荣快速消退。1921年,农场出口和美国的经济衰退导致农场价格和利润的崩塌。对农业部门而言,农场运营者的实际净收益在1921年下降了53%,整个农场实际资本支出下跌超过一半,农场利润和资本支出快速反弹,但是收益并没有超过20世纪初第一次农场危机。

在20世纪20年代,农场债务飙升和农场破产频发,农场利润更低,农民不断扩大他们的债务水平以提供运营的流动性。在1922年,农场债务攀升到平均每家农场25 000美元的水平。这种农场债务的膨胀为农场破产买下了伏笔。在1923年,农场破产开始增多,在接下来的3年时间里,农场破产比20世纪20年代最低的时候要高出7倍,几乎1/5的农场出现了破产。20世纪30年代,大萧条使得美国农业部门的去杠杆化导致农场利润的崩溃,大笔削减农场投资,触发了又一波农场破产风潮。

(二)第二个周期:20世纪40—60年代

就像20世纪10年代一样,从20世纪40年代开始战争引发了美国农业的另一个利润与投资周期。随着"二战"期间的强劲需求,美国农产品出口翻倍,农场品价格飙升,农场利润达到创纪录的新高。每个农场实际净收益从1940年的大约

7 000美元上升到1943年的超过20 000美元。跟随战争的强劲出口推动着每个农场的实际净收益在1948年达到了25 000美元。在经过几年历史性的高利润之后，农场资本品投资在20世纪40年代的后半段急剧加速，最初的投资也是集中于不动产投资上，在1946年，在建筑物和土地改善方面的平均实际资本支出几乎翻倍。

1947年在运输工具、机械和设备方面的平均资本支出跃升73%，紧接着1948年又有了35%的增长。截至1949年，农业部门的实际年度农场资本支出每年合计达到300亿美元，超过1940—1944年水平的两倍。在20世纪50年代，农场资本支出保持稳定，而农场利润开始减少。

就像前一个周期，农场创纪录的高额利润有助于美国农业部门的去杠杆化，农民偿还了他们的债务。从1940年到1945年，不动产债务急剧减少，每个农场的债务下降了37%。在接下来的10年中，农场债务保持稳定，因为上升的利润被用于进行运输工具、机械和设备方面的资本投资。在20世纪50年代，利润下降，农民使用更多的债务来为持续的高资本支出进行融资。农场债务在1950—1960年，每年平均上升9%。与前一个周期对比，20世纪50年代的农场债务上升是相对保守的，债务比率低于历史平均水平。因此，与其他农场繁荣不同的是，美国农业并没有经历20世纪40年代那样的衰退。

(三)第三个周期：20世纪70—80年代

在10年的稳定增长之后，另一个投资和债务周期出现于20世纪70年代。在1972年，美国出口的上升，部分是由美国与苏联之间粮食贸易交易激发的，导致美国农作物价格翻倍。1973年，农场运营者的实际净收益上升到每个农场50 000美元，几乎是前一年水平的两倍。此后尽管农场利润快速减少，20世纪70年代每个农场运营者的平均利润仍然高于前十年的42%。农场高额利润推升资本投资的快速增加即使在利润下降之后仍在持续，开始于1973年，资本品投资快速上升，农民加快了他们在非不动产方面的投资，比如运输工具、机械和设备等。农场也增加了他们在建筑物和土地改善等方面的不动产投资，资本品投资一直上升到1979年，此时每个农场的投资达到22 000美元的峰值，是20世纪70年的两倍。在这个十年的后半段，农业部门实际每年农场资本支出总体攀升到450亿美元，比这十年的前半段高出31%。

因为资本品投资上升比农场利润更快,农场债务在20世纪70年代后期飙升,1973年农场利润达到峰值后,债务积累开始减慢,1974年农场的总体债务仅仅上升了大约2%。然而,在20世纪70年代的后半段,利润缩水,农场债务积累上升。从1975—1979年,每个农场的债务每年平均上升9%,主要由非不动产债务所推动。20世纪70年代的债务累计和利润下降引发了20世纪第二次农场金融危机。1980年,美国农场利润随着农业出口的下滑和农产品价格的下跌而呈现自由落体运动。农民大幅削减他们在建筑物和土地改良、运输工具、机械设备等方面的开支。在20世纪80年代的头几年,资本品投资的减少限制了债务积累。但是资本品投资的减少并不足以预先阻止20世纪80年代的农场金融危机。1983年农场利润的另一次暴跌伴随高利率终于引发了一系列农场的破产,农民不能按时偿还现有的债务。即使农场利润在1984年出现反弹,危机还是爆发了。1985年农场破产数量上升到每1000家农场中2.3家出现破产,这个数字是20世纪30年代的两倍,从1985—1988年,平均每个农场债务下降超过10%,因为债权人开始勾销现有债务。在这个10年的后半段,由大量的政府支出和资本品投资的削减带来了更为强劲的利润,这就允许农民在接下来的十年中不断削减他们高额的债务。

(四)第四个周期:2005年至今

美国农业部门呈现出另一轮利润和投资周期。自从2006年,美国农业出口翻倍以及强劲的生物燃料需求支持了新一轮农场利润的飙升。农场每年的实际净收益在2011年和2012年达到每个农场45 000美元,这是自1973年以来最高的水平。上升的利润刺激了资本品投资,按照美国农业部的数据,2011年每个农场的实际资本支出高达每年12 000美元,是从20世纪70年代和20世纪80年代农场繁荣衰退周期后的最高水平。美联储对专门从事农业部门贷款的银行业的调查显示到2012年资本品投资仍然保持强劲。

就像过去的农场繁荣(泡沫),农民主要投资于建筑物上,自从2005年,农场平均每年不动产投资花费在建筑物上,比如机器放置棚屋、谷物仓和牲畜圈的支出比20世纪90年代跃升50%。为了提高效率,农民也在土地改良上继续加大投资,比如灌溉设备、梯田和其他保护设施等。在过去10年中,每个农场在土地改良上的实际资本支出比20世纪90年代的水平上升了28%。农民也对他们的机械设备进行更新换代,购买新的设备。在过去十年,农民提高了他们在拖拉机上的实际年度资本支出,在"其他机械设备"上的支出上升5%。2000—2011年(26%)比1990—2000年间(20%)的拖拉机投资占农场机械投资的份额要高出6%。

尽管投资加速,农民总体来看在投资支出上比较保守。在经过通货膨胀调整后,平均年度农场资本支出的增长低于20世纪70年代的水平。当前的资本支出只占农场利润的一小部分,这与过去的农场周期不同,在过去20年中,农业部门平均年度农场资本支出合计达到平均年度收益的40%,而20世纪70年代农场繁荣期间的这个比率是80%。农民特别是农作物生产者在2011年和2012年获得了创纪录的利润。资本投资与过去农场利润之间的历史相关性表明,当前的繁荣中,相比较当前的收益,农场资本支出与过去的农场收益更为相关。这种关系随着时间在增强,可以特别发现当前资本支出与前2年到前5年的农场利润相关性更高。

第三节 巴西1960—2010年的粮食政策与投资实践

巴西的农业现代化是一个相对快速和成功的过程,在大约35年的时间里(1965—2000),该国从一个粮食进口国变成了一个主要的世界农产品和农业能源产品出口国。农业部门的发展极大地提升了国家粮食安全、减少了贫困,同时使得巴西在全球热带农业技术方面成为领导者,当然也出现忽视小农和家庭农场的现象。巴西这一阶段粮食与农业投资状况与其总体经济发展状况、经济发展规划以及农业发展目标具有紧密的联系,这也是为什么进行海外粮食投资时要首先关注东道国的宏观经济政策和农业发展战略的原因。如果目标上不重视、政策上不支持,投资行为很可能无疾而终。本节通过巴西1960—2010年阶段的经济及粮食与农业投资来观察来自强大政策推动下,粮食投资的方向和效果。

一、1960—2010年巴西经济发展概况

我们把1960—2010年50年间巴西的经济发展划分为3个阶段,以下介绍这

三个阶段的经济发展概况和主要经济发展战略，以便更好理解不同阶段下农业及粮食政策以及投资方向、力度和绩效。

(一)进口替代工业化：1960—1980年

在1960—1980年，巴西共经历了8任总统，基本遵循进口替代工业化的战略，并严重依赖外国资本作为公共投资的一个补充。多重汇率体制促进了资本品的进口，限制其他产品的外资购买。同时伴随补贴贷款、新的进口关税或提高以前关税税率等措施进行补充。对增长影响大的工业比如汽车、钢铁、水泥、金属铝、重型机械、纤维素和化学工业给予了特别关注；把工资保护、房产和健康投资放在优先位置。在这样的背景下，为了避免通过城市工人的高工资传递通货膨胀压力，把粮食价格保持在低位。1964年开始，军事政府采用了一系列改革，消除进口替代工业化的扭曲，资本市场现代化、降低通货膨胀。逐渐引入直接投资激励、采取措施促进出口、引入考虑国内外通货膨胀差异的货币的周期性贬值机制等措施。另外，采取行动进一步扩张基础设施方面的公共投资，并发展国有工业。

自1968年起国际市场的低利率使巴西政府受益，推动了国家在整个20世纪70年代的工业化的改变。巴西工业化的长周期是以政府在经济中的强力干预为特点，另外也受到增长战略、资本积累和大的国际企业的投资决策的影响，特别是在汽车、电子和电力行业。政府创建了优惠的融资条件、提供了大量信贷、优惠关税、汇率保护和低工资。在进口替代工业化阶段，巴西遭遇了1973年和1979年的石油冲击，以及美国单边提升利率。于是外部债务融资要求公共预算不断减少、国内投资不断减少。基于公共投资、外国资本和国内私人资本的积累模式陷入危机。1960—1980年阶段的农业发展的特点是满足不断增长的城市人口的国内需要，再就是获得为进口融资的外汇收益，它也是以政府在国内农产品市场的干预为特点的。总的来讲，那几十年的主要政策包括以补贴利率提供大量农业信贷、通过推广服务为农民提供技术支持、实施价格支持机制包括各种产品的收购和储藏。

(二)过渡期：1980—2000年

在经历了20世纪60年代和70年代的高速经济增长之后，巴西在80年代和90年代面临着重大的经济危机，外部冲击包括石油价格上涨2倍，国际利率突然上升以及私人借贷的急剧萎缩。危机降低了实际经济增速,从 1971—1980 年的平均 8.6%降低到 1981—1990 年的平均 1.6%再到 1991—2000 年的年均 2.5%。另外,国内通货膨胀水平急剧上升,从平均每月 5%(20 世纪 80 年代)到创纪录的 31%(1993 年)。于是政府改变了政策导向,通过采用几个宏观经济调整计划寻求降低通货膨胀率,产生大的商业盈余支付外债、创立恢复国内投资和经济增长的合适的气氛。而且,被迫取消以前依赖大规模政府和外国投资于重工业、基础设施和耐用消费品作为主要经济增长引擎的战略。

按照国际货币基金组织和世界银行提供结构调整贷款的条件,20 世纪 80 年代初期政府采用的经济改革计划非常正统,政策措施强调市场力量作为资源配置的主要机制,重现引导经济面向出口赚取外汇偿还外债;大幅度降低政府支出;国内货币相对美元贬值;削减关税、配额和其他进口限制;国有企业私有化;削减工资增长。农业方面的政策主要是:消除补贴信贷和化肥的提供;减少推广服务;降低政府在农产品销售方面的投入;国内市场价格自由化。这些计划不断尝试从管制到自由化的一系列政策配合,但是通货膨胀、政府财政赤字和国际收支账户恶化等问题始终不能得到很好的解决。1980—2000 年阶段政府采用的雷亚尔计划包括:法律强制执行的平衡预算,国有公司的私有化(包括银行、通讯公司和钢铁厂),削减政府在投资、人事和国有公司的支出约 70 亿美元;中央银行实行的高利率;引入新货币雷亚尔,盯住美元;贸易自由化;改变汇率体制从爬行钉住改为汇率自由浮动,以及巴西经济的去指数化。到 1996 年底,雷亚尔计划开始结束几十年的通货膨胀显示出成功的积极信号。1999 年 1 月采用通货膨胀目标制政策,意味着雷亚尔不再盯住美元。但是货币没有真正自由浮动,准确地说是一种有管理的浮动,因为央行在频繁干预。

(三)经济稳定和增长期:2000—2010 年

2000—2010 年阶段开始时,国内和国外投资者担心卢拉政府(2003 年上台)将延续不负责任的政策、破坏产权、国债违约。卢拉政府认识到推动经济增长和国际竞争力的重要性,第一个措施包括维持通货膨胀目标制、保证财政审慎的承诺,从 2003 年起雷亚尔稳定升值,国内货币走强背后的主要因素是资本流入。这一时期,环境可持续也得到极大关注。公共政策关注乱砍滥伐;国家气候变化政策也在2009年实施,设定了国家温室气体排放减少目标在36.1%~38.9%。另一个是强调基础设施投资,特别是2007年发布的增长加速计划,该计划寻求提升经济增长、通过增加公共和私人在关键基础设施部门的投资提高社会包容性,包括运输、能源、城市发展。该计划在2007—2010年合计投资5039亿巴西雷亚尔(平均每年占2007年GDP的4.7%),55%投资于能源,12%物流,其余投在城市和社会发展计划。另外从20世纪90年代开始签署道路特许协议。

二、1960—2010年不同阶段的农业发展政策

(一)1960—1980年农业发展政策

20世纪50年代的进口替代政策使得政治家和学术界忽视了农业规划和政策发展,但这个部门仍然在1951—1962年取得了年均4.2%~5.8%的增长,而20世纪50年代和60年代的人口增长率分别为3%~2.7%,这是基于土地的扩张和传统的劳动力密集劳作而获得的结果。农业的角色开始从20世纪60年代中期发生变化,主要是由于农村向城市移民增长、以农业出口补充工业化作为增长引擎、城市中产阶级需要不断增长的粮食数量等原因。特别是20世纪60年代中期,巴西开始经历农业生产方式的巨大改变,即"保守型的现代化"过程,促进了城市工业资本进入农业部门,开始推动绿色革命技术的使用。农业部门期望产生更大农业盈余,为国内市场的增长供应资源、为国内的农业工业化生产原材料。同时为城市人口生产粮食、为进口融资提供外汇、为工业就业提供劳动力。20世纪60年代至80年代的这些目标是以政府在农业部门的强力干预为特点的,巴西农业在这个阶段的发展的主要政策是农业信贷、推广服务和农业研究。

农业信贷。这个阶段巴西扩大农业和提高农业生产力,推动现代生产要素的使用,比如农业生产资料、机械等。考虑到这些生产要素的高成本,政府通过国家农村信贷体以低利率提供农村信贷,为农产品的生产和营销提供融资;激励农业资本的形成,增强农民特别是小中规模农民的经济地位。这个政策部分抵消了国内政策对农业歧视,特别是价格和汇率政策的负面效果,推动国家的工业化以及使用粮食作为薪酬控制国内通货膨胀。农村信贷政策也有助于工业化过程,扩大国内对拖拉机和农业机械的需求。

第二章　公共政策与包容性粮食价值链

农业研究投资。在20世纪70年代早期，巴西像其他国家一样面临着粮食危机，高价格影响着国内消费者，同时继续在传统的耕作面积上利用当时的农业技术扩大农业生产可能性有限，这就使巴西政府决定把中西部的非生产性的热带草原纳入生产，通过更好的技术和革新改善土地和劳动生产率。以上政策需要其他措施的配合，比如农业研究的投资，因此巴西农牧业研究公司EMBRAPA在1973年建立，它建立于两个支柱之上：一是聚焦对国家发展具有基础重要性的产品和地区；二是基于强大的培训计划进行人力资源能力培育。为了促进与农民和社会的相互作用，每一个机构专门研究特定的产品或经济重要性（比如大米和豆类研究所、玉米和高粱研究所等），经济地区资源（比如热带草原研究所、温带农业研究所等）以及热点领域（比如农业生物、粮食技术等）。影响巴西农民农业投资除了上述政策外，还有几个规划，国家乙醇项目计划，道路建设计划，日本和巴西的热带草原开发计划。

国家乙醇计划。1973年石油危机极大地影响了巴西经济，产生了通货膨胀压力，恶化了贸易平衡。巴西政府于1975年11月建立了国家乙醇计划作为推动利用甘蔗生产乙醇替代石油生产的方式。创建这个计划的法令建立了特别信贷额度，并且决定了燃料乙醇和标准糖之间的价格评价，创建了国家乙醇委员会负责管理这个计划。扩大生产和使用乙醇燃料的几个刺激措施包括：逐步添加无水乙醇进入汽油，最终达到25%的比例；保证含水乙醇相对汽油的较低价格；保证燃料乙醇生产商的竞争力价格；以优惠条件为工厂扩大生产能力提供信贷；减少使用含水乙醇的新设备的税率；加油站强制销售含水乙醇燃料。以上措施的实行导致对燃料乙醇的大量需求，大量信贷投放给农民刺激甘蔗生产的大规模投资。因此1975—1980年这种作物的国内生产从9200万吨上升到1.49亿吨，2009年继续上升到6.92亿吨。包括新技术开发和优惠政策环境在内的几个因素有助于这种稳定增长。

道路建设计划。20世纪60年代农业生产通过"保守型现代化"实现扩张受益于前面几十年的一些政策。特别是1952—1960年实施的道路建设政府投资计划，联邦高速系统从1.23万公里扩大到3.24万公里，州级高速公路从5.1万公里扩张到7.59万公里；同时这一阶段汽车业得到推动发展。道路的建设和汽车业的发展使得大量农产品从边远地区运输到城市中心和港口成为可能。

日本和巴西的热带草原开发计划。该计划于1978年开始实施,有两个目的,一是为了以现代生产方式开发热带草原提高农产品产量,二是通过基础设施的建设有助于草原地区经济社会发展。计划最初关注几种作物的生产,特别是在中等规模农场的大豆、玉米和小麦生产。计划提供资金给农民和合作社购买土地、机械和农场设备,也为农作物和牲畜运营以及项目规划和技术研究支出提供融资。

(二)1980—2000年阶段农业发展政策

1980—2000年阶段的农业政策目标发生变化,主要目标是保证农产品的适当供应以避免由粮食短缺导致的通货膨胀压力,而此前的目标是通过大量出口赚取外汇。农业部门越来越受制于复杂的和扭曲的干预比如出口障碍和价格控制(Mueller and Mueller,2006),而且20世纪80年代及以后的政策框架越来越具有不可持续。于是政策从政府严重干预转向更为市场化导向,市场价格和激励措施引导生产力的提高和国内农产品供应的投资扩大。20世纪90年代早期政府在经济中的角色急剧改变,贸易自由化、私有化、价格控制的结束、进入与退出障碍的减少、保护竞争的法律出台、对外资更为开放的态度、市民生活中繁文缛节的大幅减少显著转变了商业环境,这个政策框架持续了20年。这就减少了农业投资环境不良状况,通过取消出口税和价格控制、放松监管和商品市场自由化,引入农业融资的私人工具,降低关税和非关税保护,重视农业。这些措施也包括渐进取消国有销售局,取消对像咖啡、食糖和小麦等产品的监管;制定新的政策来逐步减少政府在农业销售方面的干预;取消农产品出口税;取消以补贴价格销售政府库存。

随着官方农村信贷体系的消失和宏观经济条件在20世纪90年代的改善,新的融资来源和机制开始建立。比如超市采购时延迟支付,销售获得大规模现金从而聚集流动性,它们为农业生产者进行融资;贸易商、加工商,特别是跨国公司能够获得外国资金。这些新的参与者参与到农业融资中,包括通过订单农业来提供。20世纪80年代中期之后开始结构性改革,补贴取消、农村信贷规模显著下降,价格支持和生产者收入保障开始作为支持农业的主要工具。这种政策降低政府在市场的干预,减少公共支出,通过降低价格风险和保证最小投资收益率改善商业环境,有助于稳定粮食价格和控制通货膨胀。20世纪80年代中期,有保证的最低价格政策仅仅集中于以最低价购买形成公共粮食库存,因为需要降低收购和管理库存的成本,传统的和更多干预主义工具部分地被市场导向的工具所取代。而且随着经济的逐步开放,市场价格开始越来越少地受到公共库存的影响,允许私人支持机制的出现。

农产品自由化和生产资料贸易自由化被认为是解释1980—2000年巴西农业增长的主要因素,更便宜的可贸易生产资料价格和更高的农产品价格,使得农业项目对投资者更具有吸引力。贸易自由化最初被认为是一场灾难,但是后来成为刺激巴西农业综合性企业不断增强竞争力的一个因素,引导农业综合性企业后来在国际市场的成功(Lopes, Lopes and Barcelos 2007)。生产资料市场的开放对农业具有最大的影响,虽然生产资料市场初期缺乏竞争力,得到很多补贴。生产的提高导致对农业生产资料具有更大的购买力,经济开放导致对商品价格的提升程度要大于生产资料价格的提升程度。经济开放允许农产品和生产资料的进出口,有助于改善大多数产品的交换关系。国内生产者保护程度减少,降低进口关税和非关税壁垒、出口补贴、出口税收减免、出口融资计划也被取消。

1980—2000年发生的私有化为私有部门更多的投资打开了空间,该部门也受益于政府不断放松监管,减轻了运营成本和其他的监管负担。公共公司的私有化、政府承担的功能以及官僚主义要求的减少是1981—1993年政策导向主要变化的主题。1981年开始正式的私有化,随后几年联邦政府卖出了38家公司;1990年政府发布了国家私有化计划,大型的国有钢铁厂、石油化工、化肥和其他生产部门被卖给私人投资者。这个阶段农村技术援助企业(EMBRATER)消失,1990年代巴西咖啡研究所、糖与乙醇研究所消失,巴西仓储公司和巴西粮食公司以及巴西生产融资委员会被融合成为巴西国家供给公司(Ramos, 2009)。

竞争法律和反垄断机构得到增强,对FDI的监管也取消了,这些都有助于20世纪90年代末期FDI的流入。雷亚尔计划稳定了经济,降低通货膨胀到每年5%左右,开始持续了5年国内需求繁荣。在1999年初,巴西采取了浮动汇率,雷亚尔大幅度贬值,使得巴西成为粮食和农产品的一个有吸引力的低成本供应国,这种激励引导了大豆和肉类生产的快速扩张。雷亚尔计划伴随着国有企业的进一步私有化以及消除了外国投资的残留障碍,促进了巴西跨国公司的出现。跨国公司刺激了农业研发上的投资,整合了生产资料供应与产品销售和配送的联系,大型跨国公司缓解了巴西生产者向商业银行寻求信贷的困难。

(三)2000—2010年阶段农业发展政策

2000—2010年阶段的农业政策框架的特点是继续减少公共干预。20世纪的第一个十年是深化社会政策和计划,促进小农场农业的增长。维持和进一步扩大家庭农业增强计划,其他政策措施出台通过有目标的收购计划整合小生产者和生存型生产者进入市场,通过引入新的市场导向的政策工具,比如农业生产保险和农产品运输保险以及其他一些工具。优先推动部门竞争力,以更高水平的生产力作为核心机制支持提高不同类别的农民的生产和收入。另外政府强调增强市场机制、依靠私人部门参与农业融资和营销、开放对外贸易扩大出口。这一阶段的农业政策框架具有以下特点:通过农村保险机制的建立降低风险;关注环境和可持续性问题,采取专门措施比如农业经济区和低碳农业计划;通过2003年发布的第二国家农业改革计划重新关注土地改革;强调生物能源生产;继续支持增强农业贸易。

2000—2010年阶段农业政策的要点,主要体现在以下7个方面,这7个方面强调了他们与农民农业投资的关系:为中大规模农业生产者提供农村信贷;为小农场家庭提供信贷支持;提供销售和收入支持;提供风险最小化机制;促进农业研究投资;可持续环境质量支持;增强农业贸易支持。过去40年巴西农业生产的增长主要是生产力增长而不是面积扩张,因此政府继续在2000—2010年阶段优先鼓励农业投资。巴西农牧业研究公司在这个阶段的预算增长了38%,从7.87亿美元增长到10亿美元。大约占整个拉丁美洲和加勒比海地区农业研究投入的41%(Stads and Beintema,2009)。

这一阶段巴西农业政策越来越关注环境可持续性和生物多样性的保护,包括各种作物的农业—生态区;通过绿色弧操作和森林的商业种植与恢复计划作为支持农民投资的机制,与环境可持续性和生物多样性保护目标一致。通过森林法典"Forest Code",政府建立土地利用的法律约束,比如亚马逊地区农民必须把80%的土地作为合法储备,在与亚马逊临近的热带草原法律储备要达到土地面积的35%。政府在2010年建立了低碳农业计划,目标为:减少乱砍滥伐,通过在退化地区或恢复区中农作物、牲畜和森林活动的扩张来推动;刺激采用可持续生产体系,优先恢复退化草场,采用相互协调的农作物—牲畜系统,终止森林和替代氮肥的使用,在农作物生产中采用生物固氮技术;鼓励使用植物残渣。为了实施这项计划,政府2010年提供了13亿美元的信贷让有兴趣的生产者能够按照计划目标进行投资。

三、1960—2010年巴西的粮食与农业投资

粮食与农业投资依赖于多种因素,包括政府的公共政策,由于不止一个因素影响投资的预期收益率,所以要详细分析政策工具与农业投资在一个长的期间里的关系非常复杂和困难,而且影响农民投资决定的政策框架和经济环境一直在发生变化。1960—2010年,巴西经济面临的环境不同,政府采取应对的政策自然也不同,根据政策框架的特点,分为三个政策分析阶段:1960—1980年,1980—2000年,2000—2010年。一个重要的原因是这些阶段中,直到20世纪80年代中期,政策框架仍然是高度干预主义。但是20世纪90年代初情况发生改变,政府大幅度减少在经济和农业中的干预,创造了对农民农业投资的有利环境,特别是在20世纪80年代中期之后。1965—1980年的政策框架除了开始推动农业的现代化进程,还负责建立巴西农业部门的竞争力基础,尽管这一阶段政府政策干预较多。1994—2010年的政策框架依赖市场力量机制、产生更好的促进农民投资和提高该部门竞争力的更好环境。而且,特别注意支持小农场农业发展以及提高环境质量。

这一部分我们从农地投资、牧场投资以及肥料投资等方面进行观察,实际上除了以上几方面的投资外,巴西在灌溉方面以及农场拖拉机方面也进行了大量的投资。20世纪60年代中期巴西政府开始实施农业现代化战略,其中采用了几项政策促进现代生产资料比如拖拉机和联合收割机的使用,政府认为这有相互补充的作用:帮助农民扩大农产品的供应、通过销售机械和设备刺激国有工业的发展,主要工具就是提供补贴利率贷款。

(一)农地投资和农作物耕种面积投资

巴西政府在1960—1980年初提供大量农业信贷补贴,在建设联邦和州高速公路上大量投资,采用促进农业推广的措施比如新农场建设的税收激励。农业政策

的积极演进、20世纪70年代末和80年代初的高通货膨胀率有助于创建一个有利的农业土地投资环境。

表2-3 1970—2006年巴西农地购买投资金额(单位:百万雷亚尔)

时间	1970	1975	1980	1985	1995	2006
金额	2,973	7,325	13,281	12,003	2,849	3,185

数据来源:IBGE,各年农业统计。

1970—1980年农地支出经历了快速扩张,从30亿巴西雷亚尔上升到130亿雷亚尔。20世纪80年代末期巴西农业的增长方式从农地扩大转为生产力提升。尽管1990—2010年投资于农地仍然具有吸引力,但是农地购买支出下降,这种情形部分反映出20世纪80年代中期和90年代中期之间发生的政策改革,影响到农业部门内部相对生产资料价格重新排列。这些改革导致对可交易生产资料技术更加依赖,节省不可交易生产资料如土地和劳动力的使用。

除了影响农民在农地购买投资上的决定,政府政策也影响对这种资源使用的选择。1960—2010年的政策环境的不同,巴西农民选择提高他们在单年生和多年生农作物的生产,以及种植牧草和饲养肉牛。在不同的单年生作物中,1960—2010年按照种植面积,投资最大的是大豆和甘蔗。到20世纪60年代末期,大豆对巴西经济的重要性不高,特别是与其他农作物如咖啡、甘蔗、玉米、大米和食用豆类相比。但是1970年初开始国内农民大幅提高他们在大豆上的投资,改变了大豆在国内和国际市场的相对重要性。1960年,大豆种植面积17.1万公顷,1960—1980年年均增长24%达到880万公顷,面积扩大了50倍。

几个因素影响了农民的决定,首先是在20世纪70年代相对价格有利于大豆,而且巴西大豆的实际价格在上升,而竞争性作物的实际国内价格在下降;其次,从美国进口的高产品种的繁育和扩散以及巴西科学家在新品种培育方面适应了当地条件、改善了耕种实践;第三是巴西政府在20世纪60年代面临咖啡的产量过剩,政府为国内生产者支付以其他作物替代老咖啡树,因为大豆的相对经济性,大量农民选择投资大豆,特别是巴拉那州在1970—1973年7.4%的大豆来自原来种植咖啡的土地;第四,大豆生产也与巴西小麦政策有关。因为直到20世纪80年代早期，相当大量的生产者采取小麦和大豆间种，因此，对小麦种植的激励，与特别是机械和化肥的购买的信贷补贴溢出到大豆部门，刺激农民对大豆的投资；最后，1973年和1974年全球大豆油价格急剧上涨，巴西家禽业增长、国内农业信贷政策以及国内大豆油市场的扩大都助推了农民1960—1980年在大豆的投资。

表2-4 1960—2010年巴西各种农产品生产、收获面积和收入的平均年度增长率(%)

阶段	咖啡	甘蔗	豆类	木薯	玉米	大豆	小麦	水稻
生产								
1960—1980	-3.58	4.35	0.82	1.22	3.75	27.04	10.42	2.55
1980—2000	0.21	3.49	1.41	-0.64	2.87	4.33	-1.58	0.45
2000—2010	-2.20	8.77	1.84	1.41	4.75	6.26	7.87	1.22
1960—2010	-0.18	5.03	1.02	-0.08	3.50	11.21	3.89	1.50
收获面积								
1960—1980	-4.39	3.06	2.86	2.07	3.17	24.06	9.23	3.22
1980—2000	-1.00	2.58	-1.18	-1.27	0.13	2.19	-4.34	-3.14
2000—2010	-0.85	7.03	-0.81	1.07	1.36	5.09	3.45	-2.30
1960—2010	-0.80	3.64	0.50	-0.05	0.99	8.92	1.16	-0.72
收入								
1960—1980	0.85	1.26	-1.98	-0.83	0.56	2.40	1.10	-0.65
1980—2000	1.22	0.89	2.62	0.64	2.74	2.09	2.88	3.71
2000—2010	-1.37	1.63	2.68	0.33	3.35	1.12	4.27	3.61
1960—2010	0.63	1.34	0.51	-0.03	2.49	2.10	2.70	2.23

数据来源：IBGE，各年农业统计。

在1980—2000年，农民投资于大豆的耕种面积继续增长，但是增长率低于以前20年。大豆的种植面积扩大大约56%，从1980年的880万公顷增长到2000年的1370万公顷。

主要因素包括：政府在农业研究上的投资，这使大豆能在热带草原地区和北部地区耕种成为可能（这一阶段采用的技术包括生物固氮技术、大豆品种适应热带土壤和气候条件等）；农业贸易自由化；降低生产成本；农业支持价格计划的扩大；饲料对蛋白粕的持续需求，特别是发达国家高度集约的家禽部门；生产组织和有活力的加工业变化。这些因素结合在一起推升了大豆的盈利能力。

表 2-5　巴西 1960—2010 年大豆种植面积（单位：万公顷）

时间	1960 年	1980 年	2000 年	2010 年
面积（万公顷）	17.1	880	1370	2330

数据来源：IBGE，各年农业统计。

应该注意到 1980—2000 年不仅有积极因素，也存在负面因素，一定程度上降低了农民种植大豆及其他农作物的兴趣。在此期间采用的大量稳定计划几乎开始都是有效的，最后陷入了危机。这种不稳定可以通过农业资产市场的价格循环（主要是土地和牛）以及农业商品市场的价格周期进行观察。20 世纪 80 年代政府显著减少了对农业部门的实际信贷、取消了补贴。因此，这些负面因素的相互作用在 1980—2000 年，某种程度上降低了农业生产、收益和在耕种面积上投资的表现。

在经过 20 世纪 80 年代和 20 世纪 90 年代相对低的增长之后，2000—2010 年农民在大豆面积上的投资又一次以较高的年均增长率每年 5% 扩大。这一个十年大豆种植面积从 1360 万公顷扩张到 2330 万公顷。潜在的大豆投资扩张的因素包括：在 20 世纪 90 年代中期采用的雷亚尔计划带来宏观经济的稳定，非关税贸易壁垒的取消、政府减少在定价、管理生产以及减少产业保护中的作用，进一步促进农业现代化。还涉及货币贬值（1998 年），采用浮动汇率体系，实施巴西—日本热带草原开发计划合作，灌溉和储藏激励计划以及补充法 N°87（1996 年 9 月）。最后一项政策措施是 Kandir Law，免除商品和服务流转中初级和半成品的税收，这就促进了对外销售，特别是大豆部门。巴西—日本热带草原开发计划合作通过提供投资信贷促进了大豆生产的扩张；灌溉和储藏激励计划以优惠利率提供中期贷款促进了拖拉机和收割机的购买。

尽管在 1998—2004 年大豆收益率与玉米相近，低于棉花，但是农民还是选择种植大豆，因为它的技术风险小，能够提供比玉米更高的流动性。另外棉花的高科技种植比大豆种植要求更高的投资,而且要求更高的技术和管理技能。除了影响农民在大豆种植面积上的投资决定外,巴西在1960—2000年的不同政策框架也影响到在这种作物上使用的农业技术和生产资料投资。在这50年里,大豆单产增长了146%从每公顷1200千克到2010年每公顷2947千克。政策和经济环境对农民的农业技术投资和大豆种植的生产资料投资具有最大的积极影响的时期在1960—1980年,这一时期大豆单产年均增长2.4%。

这一期间甘蔗的种植面积从130万公顷增长到910万公顷,1960—1980年,1980—2000年,2000—2010年三个阶段都有增长,但是最后一阶段的增长最大,主要原因包括:1999年价格自由化;混合燃料汽车的发布及税收激励的促进;食糖价格的有利变化。对蔗糖有利的投资环境包括:食糖出口的自由化、国际和国内食糖消费增加以及采用浮动汇率制(1999年1月),这显著改变了农业活动和出口的盈利性。要求乙醇与汽油混合使用的政策、农业信贷的大量供应、与食糖生产以及产业活动相联系的技术发展,这些导致甘蔗及其衍生品(糖、乙醇和电力)的更大产量。国家电力能源刺激计划、国际石油价格上涨等对甘蔗的种植都有刺激作用。与此同时咖啡的种植面积却在减少,主要原因也是公共政策,1960年政府对国内生产者支付用其他作物替代老咖啡树,20世纪70年代和80年代的咖啡出口税;而且巴西咖啡协会执行着咖啡支持价格政策,遵守国际咖啡协议管理咖啡库存、控制出口。1980年国际咖啡协议和巴西咖啡协会在1980年末被取消,巴西和其他国家的咖啡出口增长显著,导致这种商品的国际价格下降32%。1993年巴西和其他咖啡生产国组成了咖啡生产联合会协调出口目标。

(二)牧场种植面积和肉牛饲养投资

1960—1980年,巴西公共政策也影响了农民投资于牧场和肉牛饲养,扩大农业前沿的政策和农业信贷补贴政策显著影响了这些活动的投资水平。有吸引力的牛肉价格、机械化技术和一些热带草类新品种的种植激励了这类投资。20世纪60年代和70年代有利的经济和政策环境促进农民在牧场和肉牛的投资,比如肉牛发展计划、国家牧场计划和牲畜开发国家委员会等。前两个计划通过信贷提供援助农民,后者提供技术援助。一些非经济因素影响1960—1980年的农民在这方面的投资,由于缺乏正规的产权有必要保证肉牛饲养的土地使用权。1970—1980

年牧场投资面积从3000万公顷增长6100万公顷。

表2-6 1970—2006年巴西牧场面积(单位:百万公顷)

时间	1970	1975	1980	1985	1995/96	2006
面积	29.73	39.70	60.60	74.09	99.65	101.44

数据来源:IBGE各年农业统计数据。

表2-7 1975—2006年巴西国内农场主购买牛的数量(单位:百万头)

时间	1975	1980	1985	1995/96	2006
数量	9.184	12.354	13.750	15.569	19.579

数据来源:IBGE各年农业统计数据。

1980—2000年延续了前20年的这种趋势,但是增长没有前面那么猛。原因是经济危机导致政策框架的变化,其中新农场设立的税收激励和补贴信贷的削减对投资下滑影响最大。对这两方面投资有利的因素包括:中西部和北部地区廉价土地的获得;亚马逊具有草料生产优秀的农业生态条件;牧场设立和管理的效率;大中型农民肉牛生产较高的内部收益率。在高通货膨胀和经济下行期间牲畜收入是一种重要的储蓄。2000—2010年宏观经济环境稳定为肉牛部门提供的贷款上升了,1995—2003年上升了398%(实际增长110%)。此外21世纪初,政府采用了几个计划刺激牧场种植,这些计划包括退化牧场恢复的国家计划、土壤改善措施的激励计划和农业现代化和自然资源保护计划,这些计划以较低利率提供贷款。除了这些改善和恢复现有牧场的计划,政府采用了一些措施来激励肉牛饲养。这些措施包括低碳农业计划(促进采用相互协调的农作物-牲畜体系和使用促进退化牧场的农业实践),以及支持扩大肉牛饲养场。

(三)肥料使用投资

认识到肥料使用和农业生产力之间的关系,巴西政府在1960—1980年采用几项政策刺激化肥产业的增长和国内化肥消费的扩大。这些政策的使用,特别是与化肥消费相关的那些显著影响了农民在这种生产资料上的投资。也建立了几个基金支持化肥产业,通过控制国内化肥价格干预化肥部门(零售最高价)。1977—1982年政府实施进口配额政策,允许国内企业暂时无关税进口化肥;为农民使用国内化肥提供补贴信贷。1960—1980年化肥的国内消费量增长1300%,从29.9万吨增长到420万吨。

1980—2000年,农民的化肥使用投资趋势继续上升,但是20世纪80年代经历了较大波动和很低的增长率,原因包括经济危机和政策改革计划导致的经济不稳定、宏观经济危机以及克服危机的改革计划。那个阶段后,化肥使用投资重拾升势,1990—2000年化肥消费量增长了109%,超过600万吨。20世纪90年代后期的农业信贷扩张显著地促进了这种表现。1980—2000年有两个其他的因素影响了化肥的使用:宏观经济稳定和在热带草原公共政策对农业活动的积极影响,特别是大豆和玉米的种植。2000—2008年化肥使用增长了46%,超过1000万吨,主要有几个原因,货币贬值带来的对农产品价格的积极影响、巴伊亚州和马托格罗索州棉花生产政府税收激励以及1998—2007年公共投资信贷提供。

四、巴西的农业投资对粮食安全和减贫的政策意义

1960—2010年巴西实行的政策显著影响了农民的农业投资,这期间的巨大变化对国民经济带来了显著的结果。巴西从粮食净进口国成为重要农产品出口国。另外,粮食生产增速远高于粮食需求导致更低的国内价格,这有助于低通货膨胀率,进而有利于宏观经济稳定和更大的粮食安全。在农业研究上的投资增长和现代农业技术上的更大规模使用改变了农业生产的来源,从土地扩张转向生产力增长,这产生了土地节约的效果。除了这些积极的成就,政策推动的投资过程导致农业生产的地理上的集中,以及中大规模生产者占整个农业产出的更高比例。

在这一阶段巴西国内农产品急剧扩大,使巴西成为稻米、大豆、蔗糖、玉米、咖啡、木薯和高粱全球前十的生产国。大豆、棉花、高粱、咖啡和玉米的产量最高,而稻米、棉花、木薯和食用豆类在收获面积下降的同时产量水平显著提高。巴西的小麦、稻米和食用豆类不能自给,它依靠国际市场满足国内需求。巴西的牛肉生产、消费和出口在1998—2008年显著增长,牛肉生产从1988年的400万吨上升到

2008年880万吨。几个因素促进了这种扩张：优惠政策、主要的技术发展、经济稳定、经过认证的饲料种子的更大供应和更好的销售机会。国内牛肉消费从370万吨上升到690万吨，出口从30万吨上升到190万吨。巴西的农业出口成为其贸易收支平衡的重要贡献力量，从1989年的110亿美元到2010年的640亿美元。

巴西的农业增长主要是基于生产率增长。1970—1995年的增长主要依靠生产资料使用。1970—2006年，65%的农产品增长是由于全要素生产率的提升、35%源于生产资料数量的扩张；1995—2006年的对应数据分别是68%和32%。农业机械和设备在最近几十年里的效率增长也有助于农业劳动生产率的提升。土地生产率与其他因素相联系，推动新土地进入生产的政府政策，提高农业研究公共投资的政策。

表2-8　巴西全要素生产率、产品和生产资料指数的增长率（选择性阶段对比）

项目	2006/1970	2006/1995
产品指数	3.48	3.14
生产资料指数	1.19	0.99
全要素生产率	2.27	2.13
土地生产率	3.32	3.16
劳动力生产率	3.53	3.40

数据来源：Gasques, J.G., etal .2010.

国内农民和公共部门在巴西农业上的投资显著提高了的粮食安全、降低了贫困。供应扩大、价格下降对穷人而言购买食物的花费占收入比重下降。1990年，大约26%的巴西人的人均收入处于国际贫困线以下（每天1.25美元），而2008年仅有4.8%的人处于极端贫困线。

五、巴西1960—2010年阶段农业投资的经验教训

巴西农业现代化是一个相当快速和成功的过程，在这50年间巴西从粮食进口国转变为一个世界主要的粮食和农业能源产品的生产国和出口国，显著提升了国

家粮食安全、减少了贫困,也使巴西成为热带农业技术方面的领导国。推动这种变化的主要因素体现在农场主的企业家能力、农业研究的投资和公共政策的实施等几个主要方面。考虑到20世纪60年代早期农业的低水平发展,巴西的农业现代化采取了两阶段政策。首先在公共政策的实施上发力:建立农业信贷体系、提高农业研究投资、提供农业推广和技术援助服务,这三个措施与其他措施相互补充,包括道路建设、电力设施和教育的公共投资。第二阶段抓住20世纪80年代和90年代宏观经济危机的机会以及世界银行和国际货币基金组织施加的压力进行政策改革,强调市场机制在资源配置中的作用。这样从20世纪80年代开始,政府对该部门的干预呈现下降趋势,包括以前在农业信贷提供者的主要角色。这样的背景下,公共干预挤出私人部门发展的风险就消失了。第一阶段政府计划,第二阶段市场调节的两阶段政策过程可能对较低农业发展水平的国家进行农业现代化是一个合理选择。

创立有利于农民农业投资环境的政策框架应该不仅包括一般性的政策,还包括特定政策来促进具有经济增长潜力的低收入农民群体的发展。特定的政策包括:融资机制、保险计划、推广服务、农产品收购计划等。一般性政策有利于中大型农民投资,专门政策有利于缺乏优势的农民。对于那些在农业部门没有经济潜力的农民应该通过特定措施改善他们的收入,帮助他们离开农村进入城市,巴西采取了收入转移计划、获得教育、通往城镇的交通、农村退休计划、劳动法律的简化能够在农业领域雇佣兼职工人。

在政策制定早期就要关注农业研究的投资,农业生产的扩张和生产率的提高要求农业技术和创新,而这需要几年才能达到。巴西传统种植面积不可能继续扩大农业生产,有必要开发新技术促进新土地进入生产,他们选择了非生产性的热带草原。这要求开发技术,直到今天政府仍然面临着创建巴西农牧业研究公司和维持对该机构研发支持的挑战。有几个因素有助于政府持续支持该公司,包括:提升该研究机构的研究成果的生产;优先考虑短期目标,并关注现有成果的推广;对专业人员进行投资以便于媒体保持紧密联系使得研究所的成果在巴西和海外都能广为人知;在全国设立研究分支机构;与政治家保持富有成效的关系保证对机构的独立管理和卓越的领导者;独立评论和评估技术的影响。

为农民的农业投资构建一个积极的环境所使用的政策工具的复杂性应该是不断增加的,1960—2000年,巴西最初依靠简单的工具,比如直接提供关键服务如信贷、技术支持和推广以及农业研究;几年之后,随着该部门的逐渐发展,引入了更为复杂的政策工具如农业存单、农业综合性企业信贷票据、农村本票、农业综合性企业应收账款证明、农业综合性企业信贷权证明以及私人部门运营的农村保险计划。这些融资和风险管理工具的使用要求发展私人保险公司、创建期货市场、监管证券市场的制度安排和从事资产证券化的特殊目的载体。与这些工具相联系的复杂性意味着在农业发展的初级阶段的那些国家不可能使用这些工具,这些国家应该使用相对简单的政策工具,逐步引入复杂的工具。而且这些政策应该是一套相互补充的政策,解决影响投资的预期收益率的关键领域。这样,尽管单个政策很重要,像农业研究的公共投资或农业信贷的提供,但是它们不应该孤立地被采用。

政策框架应该是全面的和系统性的,包括通过市场使得有吸引力的产品价格建立的政策;有助于降低成本的政策;促进营销、运输和产品储藏;帮助发展农民的技术和管理能力。政策应该优先推动私人部门参与以及市场作为资源配置的主要机制。宏观经济稳定有利于提高投资和经济增长,20世纪80年代末期政府采取了一系列改革包括宏观经济稳定、结构改革和贸易自由化。宏观经济稳定在20世纪90年代中期实现,通过提供更加稳定的投资环境和刺激经济增长使得农业和其他部门受益。

农民人力资本因素有助于提高农业投资。这些农民大多数是欧洲家庭的后裔,他们有管理业务和采用新技术、对政策激励做出反应、适应新的具有挑战性的环境的很好的能力。考虑到这些能力,这群农民逐渐从巴西南部转移到中西部再后来到北部,开始新的农业活动。一些牛仔卖掉他们的农场为他们在这些地区新的农业活动的投资而融资。他们中的几乎所有人都依靠农业信贷以补充他们所需要的金融资源。牛仔的大多数新的商业开拓活动与大豆种植相联系,这种农作物从南方地区到热带地区的扩张,使得在适应这个地区的栽培品种和技术上的公共研究投资有了可能。政府政策、土地市场的存在、中西部和北部地区较为便宜的土地价格都是重要的因素。因此,牛仔和具有相似能力的其他农民的存在组成了人力资本的基础。这个资本基础对于一个国家农业生产的扩张和快速现代化是必不可少的。

政策的选择与农业发展阶段和资源禀赋的特点紧密关联,所以说这些经验教训不是万应良药,不能盲目照搬,我们从中观察以吸取经验、借鉴教训。

第四节 粮食短缺经济体的海外粮食投资: 以日本为例

关于日本进行海外粮食或农业投资的文献很多,本节在既有文献基础上进行梳理,主要针对日本政府在鼓励海外粮食投资的政策安排,为后续中国政府在政策激励、信息提供、税收减免等方面为海外粮食与农业投资活动的相关举措提供借鉴和参考。安琪,朱晶,林大燕(2017),王学君和周沁楠(2018)已经对日本的粮食安全战略和政策演变进行了很好归纳,通过以下的表格可以很清楚地了解这一历史沿革。

表2-9 二战至今日本粮食安全战略及政策简述

时间	日本粮食安全战略及政策
1945年—20世纪50年代初	推广"耕者有其田"的农地改革及加强基础设施建设,提高农业劳动生产率,促进粮食生产
1955—1970年	实施粮食进口战略,按照"先玉米、大豆,后小麦、稻米"顺序有序放开粮食进口。扩大小麦和饲料粮的进口,保证基本口粮稻米、水果、蔬菜及畜产品的自给
1970年至今	对农业生产结构进行调整,鼓励按市场需求来进行多样化种植
1995年至今	将粮食补贴政策从价格支持转为直接收入补贴和农业基础设施建设、公共服务等;严格限制大米进口,对稻米实行关税配额管理
1970年至今	重视海外农业投资,商定形成了官民一体的海外农业开发模式,以鼓励国内企业加快农业"走出去"步伐

续表

时间	日本粮食安全战略及政策
2012年至今	重新认识粮食自给以及强化农业国际竞争力,粮食供给能力更加注重潜在的粮食生产能力,通过实施"进攻型农业"政策,开发农业潜能提升日本农业国际竞争力

来源:安琪[①]等(2017)以及作者结合资料归纳。

从表2-9中,我们可以看到日本从20世纪70年代开始就积极布局海外粮食与农业投资,形成了官民一体的海外农业开发模式。20世纪50年代中期以后,日本产业结构重心逐渐向重化工业转移,经济快速增长,国民收入及生活水平大幅提高,畜产品、蔬菜、水果等农产品国内需求相应增加。在经济高速发展的过程中,城市化、农村劳动力流失等状况限制了日本继续追求粮食增产的空间,日本粮食安全保障策略开始出现对内对外两个方面的转变:对内体现在通过对国内农业生产作出取舍来满足国民对农产品需求的增长,通过推动农业现代化和形成规模经营来提高农业劳动生产率;对外体现在通过"海外屯田"为主的海外农业投资方式,利用海外资源保障本国粮食的稳定供给。

其中"豆腐骚动"是一个重要的触发事件,1973年美国对日本实施了数月的大豆出口禁令,而这一时期日本大豆供给几乎依靠进口,从而导致日本国内爆发了由大豆紧缺引发的社会骚动。日本政府认识到粮食进口过度依赖单一来源地对粮食保障的威胁,于是采取了一系列措施鼓励农业海外投资,包括逐渐放宽对外投资限制、提供预算支持、对进行海外粮食与农业投资的企业发放补贴、发布《海外农业开发》等海外投资信息等,甚至通过持有股权直接介入海外农业投资。从投资形式来看,早期的海外农业投资多以收购和租赁国外土地或农场的"海外屯田"形式展开。

20世纪80年代之后,日本粮食安全面临着新的挑战。一方面随着日元升值

[①] 安琪,朱晶,林大燕.日本粮食安全政策的历史演变及其启示[J].世界农业,2017(2).

和农业跨国公司发展,农产品进口量大增,国内农业生产受到进口冲击;另一方面,多边贸易体制约束加强,如价格支持、进口限制等传统的农业保护措施受到限制。进口冲击和国内支持水平下降增加了这一时期日本农业生产以及食物稳定供给的不确定性。这一阶段主要采取的政策体现在四个方面:大米价格市场化及贸易自由化、去行政化重市场化农业国内支持政策的调整、注重危机时的粮食供给、拓展海外农业投资。

就海外农业投资而言,实际上日本早在19世纪末就已经开始海外屯田尝试,20世纪初开始在南美洲部分国家开展农业和粮食生产活动,后来在东南亚和中国开展了广泛的农业投资合作,可以说20世纪末期日本的粮食与农业对外直接投资逐渐呈现规模化、常态化。早期的"海外屯田"方式具有"掠夺资本主义"的嫌疑,后期日本多采用合资联营方式、订单农业生产、在粮源地建设或收购仓储、物流基础设施等其他多元化的农业投资方式。例如,1986年三菱商社在美国堪萨斯州成立Agrex,1989年三井物产收购农副食品销售公司Wilsey Food,以及后来丸红收购大陆谷物和高宏控股等,都体现出期望提高他们在粮食及农业价值链上价值创造能力。

在经济全球化和自由化浪潮下,日本政府在海外粮食及农业投资中的角色逐渐由原先的直接参与转向间接支持,为意向企业建立服务支援窗口、信息提供平台以及营造良好外部投资环境。比如日本政府通过与东道国之间展开经济对话和缔结相关协定,通过与官方开发援助(Official Development Assistance, ODA)合作,推动东道国生产、流通基础设施的建设、改善以及相应领域人才的培养等。比如日本协力银行(the Japan Bank for International Co-operation, JBIC)等提供长期低息贷款等政策性金融支持,日本贸易保险(NEXI)提供补偿企业海外投资面临风险的保险产品,日本农业研究机构、日本协力机构(Japan International Cooperation Agency, JICA)及其他相关机构通过共同技术研究、技术支援、专家派遣等方式满足企业海外粮食与农业投资的相关需求。日本政府、JICA、JBIC、NEXI以及日本贸易振兴机构(Japan External Trade Organization, JETRO)等向企业提供各种情报信息以及咨询服务,为投资企业介绍海外农业专家。积极相响应以国际粮农组织为代表的国际组织的提倡的"负责任的农业投资原则"倡议,积极推进国际农业和粮食投资规范研究的实际行动,逐渐赢得了国际社会的认可与支持。

第五节 本章小结

　　粮食作为具有一定公共属性的特殊商品,其生产、加工、储藏、流通、进出口和消费需要来自政府公共政策的综合考量。粮食及农业政策的制定对粮食价值链投资和运营会产生决定性的影响。本章考察美国、巴西和日本的粮食战略与投资实践,为中国对外粮食投资政策制定提供借鉴,提高企业对外投资决策的政策敏感性。

　　美国的海外粮食投资与其国内农业发展、农产品供需状况的变化以及美国的农产品国际贸易保持着紧密的联系。在冷战时期,美国大力开展粮食援助外交,一方面缓解国内粮食剩余矛盾,另一方面通过粮食获得外交利益,同时为后来占据国际粮食市场绝大份额打下基础。冷战之后,继续保持着对农业的大量补贴,形成强大的全球粮食竞争力。同时跨国公司在知识产权法律的保护下,投资销售转基因农作物种子和粮食原料,几乎抢占了全球粮食种子市场的绝大部分份额。为配合美国公司控股的跨国粮商海外投资,美国缔结了多项双边自由投资条约、区域投资条约和多边投资条约。

　　20世纪美国农业部门经历了三次农场投资的周期,在这三个时期,在每次繁荣的终点农场投资加速,高农场价格和利润刺激着资本投资。上升的利润和有力的投资也意味着这是一个新的杠杆周期。随着每一次繁荣消退和利润消失,农场投资保持提升,农业企业越来越多地使用债务来为投资进行融资。巴西在50年间从粮食进口国转变为一个世界主要的粮食和农业能源产品的生产国和出口国,并成为热带农业技术方面的领导国。推动这种变化的主要因素体现在农场主的企业家能力、农业研究的投资、提供农业推广和技术援助服务、强调市场机制在资源配置中的作用等几个主要方面。在经济全球化和自由化浪潮下,日本政府在海外粮食及农业投资中的角色转向间接支持,为企业提供服务支援、信息提供平台以及营造良好外部投资环境。积极推进国际农业和粮食基于"负责任的农业投资原则"的投资,多采用合资联营方式、订单农业生产、在粮源地建设或收购仓储、物流基础设施等其他多元化的农业投资方式。

第二章 公共政策与包容性粮食价值链

中国粮食价值链企业的对外投资活动在熟悉投资对象国的自然资源、人力资源基本资源禀赋的基础上,还需要熟悉相关国家的公共政策、粮农产业政策和投资政策等。粮食短缺国对外粮农投资管理的政策演变反映了当前全球粮农治理的一般原则,对中国国内的相关政策制定具有重要的借鉴作用。

第三章　包容性粮食价值链上游投资：
以种子和植保企业为例

粮食价值链上游指的是为粮食价值链中提供种子、化肥、植物保护产品、农业机械等生产资料供应和农业服务的环节。粮食价值链的生产资料供应实际上分属不同的行业，并形成了各自独特的价值链。就种子价值链而言就存在育种、制种、种子加工和种子推广等细分环节；而植物保护产品包括杀虫剂、杀菌剂、除草剂、植物生长调节剂等细分产品线；农业机械行业和化肥行业也呈现极强的行业特色。在价值链的微笑曲线中，粮食价值链上游和下游带来的价值增值要远远高于中游的粮食生产环节。粮食价值链的上游涉及种子、化肥、农药、农业机械等细分子行业，而其中每一类别都牵涉知识产权保护、技术研发以及人才等一系列约束，也就是说存在极强的技术和知识门槛，如果缺乏强大的资本实力无法完成这些门槛的构建。本章仅以价值链上游的种子行业和植保行业为例，来观察粮食价值链上游企业如何通过可持续投资构建包容性价值链。

粮食价值链上游的生产资料部门，特别是植物保护和种子行业面临着一系列的挑战和机遇。机遇在于发展中国家城市化进程的推进减少了农地供给，而全球人口的增长所需要的粮食供给只能通过单位土地产出率的提升来保证。挑战在于随着社会公众生活水平和消费需求不断提高，人们更加注重安全、健康、环保，对化肥和农药的使用以及基因改良种子也提出了更高要求。很多国家为顺应农业的可持续发展提出了很多规定和政策指引，以中国为例，中国农业部在2015年

第三章 包容性粮食价值链上游投资：以种子和植保企业为例

适时提出了我国到2020年实现化肥和农药使用量零增长行动计划；2018开始征收环保税，生态发展、绿色制造将无疑推高农药行业成本，对农药企业生产造成显著影响。而2017年6月新的《农药管理条例》对农药的要求更高，这些措施都要求企业加快结构调整，加大创新投入。

由于粮食价值链上游的科技门槛限制了参与者数量，为进入的参与者们带来了丰厚的回报。粮食和农业价值链上游目前正处于新一轮重组洗牌的过程中，粮食与农业价值链上游的市场势力将再次进行市场瓜分和利润分割，中国控股的企业集团将会如何参与这幕正在上演的大剧？本章首先介绍粮食价值链上游生产资料环节的全球并购趋势，然后分析该行业全球三大巨头的包容性投资的战略及行为，第三节探讨了中国粮食价值链上游企业进行海外投资的机理和可能采取的方式，第四节是分析中国种业和植保行业及代表企业的投资与运营，思考价值链上游企业的海外包容性投资战略及模式。

第一节 粮食价值链上游生产资料环节的全球并购和市场势力

全球农化行业长期以来逐步形成了六巨头格局，2016年该行业开始拉开并购大幕，演变成了先正达、科迪华农业科技、拜耳作物科学和巴斯夫四巨头格局；这也同时直接导致种子市场格局的变化，因为农化巨头同时也是种业巨头的特点呈现得非常清晰。本节首先对粮食价值链上游生产资料环节的种子和植保行业的全球并购、市场结构和行业演进进行了梳理，然后分析该领域的三大并购，从而能更好理解粮食价值链上游企业投资通常采用的方式和投资特点。

一、粮食价值链生产资料环节种子与植保行业的全球并购

在世界植保行业内，美国的陶氏、杜邦、孟山都，德国的巴斯夫、拜耳以及瑞士的先正达长期处于第一梯队。但是由于巴斯夫没有种子业务(2017年10月之前)，如果把植物保护业务和种子业务加在一起，巴斯夫在农业方面的销售额远远落后

于先正达、科迪华(陶氏杜邦农业)和拜耳孟山都的农业业务销售额,具体如表3-1所示。但是巴斯夫于2017年10月和2018年4月先后签署协议,收购了拜耳在并购孟山都的框架下剥离的业务和资产,巴斯夫进入到种子领域[①]。随着行业内并购的不断发生,全球种业和农作物化学品行业的格局也将发生变化[②]。

表3-1 世界排名前四位植物保护+种子公司销售额(单位:亿美元)

公司	2012	2013	2014	2015	2016	2017	2018
先正达	142.02	146.88	151.3	134.1	127.9	126.5	175.14
拜耳 AG	227.80	269.90	265.09	254.34	239.61	255.20	204.14
巴斯夫农业	62.15	71.69	61.89	64.79	59.05	70.44	68.4
科迪华	168.10	188.76	185.86	161.78	140.60	143.42	143.07

注:巴斯夫和拜耳的植保年报数据为欧元,根据年报日的欧元美元汇率作者自行折算为美元;上表中巴斯夫只有植保产品销售数据,巴斯夫于2017年10月和2018年4月先后签署协议,收购拜耳在并购孟山都的框架下剥离的业务和资产。科迪华的数据是使用陶氏和杜邦农业2015年之前相加数据,2016年之后直接使用合并后的数据。拜耳农业数据2016年之前是两者合计,2017、2018年是根据拜耳网站公布数据。

2015年以来,粮食价值链上游的并购活动此起彼伏,中国化工集团以430亿美元收购瑞士先正达成为中国历史上最大的海外并购。2015年陶氏化学与杜邦公司价值1300亿美元的合并业务。2018年经美国和欧洲相关监管部门的批准,德国制药公司巨头拜耳在6月7日以630亿美元的价格正式收购美国农业公司巨头孟山都。合并后的公司约占28%的全球农用化学品市场、约36%的美国玉米种

[①] 注:两次收购的全部现金收购总价为76亿欧元,协议涉及拜耳全球草铵膦非选择性除草剂业务,关键大田作物在部分市场的种子业务,包括性状、研发、育种能力以及商标、蔬菜种子业务、杂交小麦研发平台、部分种子处理产品,部分工业用草甘膦除草剂在欧洲的业务,全套数字化农业平台xarvioTM,以及部分非选择性除草剂和杀线虫剂研究项目。赵霞. 巴斯夫收购拜耳部分资产强化农业解决方案业务[J].上海化工,2018(9).

[②] 世界农化网,巴斯夫完成对拜耳业务及资产收购正式进入种子、非选择性除草剂等专业领域[EB/OL].[2018-08-02].http://www.sohu.com/a/244843286_267487.

子市场和28%的大豆种子市场。随着中国化工集团(ChemChina)和先正达(Syngenta)、杜邦陶氏(DowDuPont)、拜耳和孟山都的合并逐渐达成,"农化+种子"的全球行业格局已经发生了巨变。2017年7月12日,中信集团旗下一家中资基金向巴西陶氏化学公司 Dow Chemical 支付11亿美元收购该公司的玉米种子业务[①];2017年沙隆达和安道麦(Adama)合并,合并后的公司以安道麦的名称和品牌运营,成为全球第六大作物保护企业。中国的中化集团和中国化工集团之间的并购也正在研究之中,目前两个集团的董事长由一人担任。

表3-2 2016—2018年全球种子及农化公销售额排名(百万美元)

排名	全球种子公司	2018年	2017年	2016年
1	拜耳(孟山都)(德国)	10,773	10,913	9,988
2	科迪华农业科技(陶氏杜邦农业)(美国)	8,007	8,143	8,188
3	先正达(中国化工)(中国)	3,004	2,826	2,657
4	巴斯夫(德国)	2,000	1,805	1,427
5	利马格兰(法国)	1,821	1,900	1,746
6	科沃施(德国)	1,573	1,596	1,506
7	丹农(丹麦)	678	542	533
8	坂田种苗株式会社(日本)	574	558	529
9	隆平高科(中国)	520	492	331
10	瑞克斯旺(荷兰)	483	480	431
排名	全球农化公司	2018年	2017年	2016年
1	先正达(中国)	9,909	9,244	9,571
2	拜耳作物科学(德国)	9,641	8,713	8,810
3	巴斯夫(BASF)(德国)	6,916	6,704	6,163
4	科迪华农业科技(陶氏杜邦农业)(美国)	6,445	6,100	6,162
5	富美实	4,285	2,531	2,270

---

① 交易内容包括陶氏化学的种子加工厂和种子研发中心,陶氏农业科学院的巴西玉米种质库,陶氏化学种子品牌 Morgan 及约定时间内种子品牌 Dow Sementes 的使用许可证。

续表

排名	全球农化公司	2018年	2017年	2016年
6	安道麦	3,617	3,259	3,084
7	联合磷化	2,741	2,296	2,051
8	住友化学	2,538	2,487	1,900
9	纽发姆	2,332	2,225	1,931
10	北京颖泰嘉和	935	900	685

数据来源：世界农化网，2018年全球种业Top 20排行榜，2019-11-08。

注：2018年联合磷化收购爱利思达。

2018年，世界种业历史上的第三次并购大浪潮结束。最终陶氏杜邦合并后分拆出来的科迪华农业科技，于2019年6月在纽交所独立上市；中国化工收购先正达；拜耳收购孟山都；巴斯夫全盘接手拜耳原有种子业务。这几次大的并购使新的4大巨头在农化、种子和现代生物技术的业务组合更加平衡，在市场上拥有更强大的地位。拜耳、科迪华第一梯队领跑，其销售总额占前20总销售额的近60%，其在转基因作物以及现代生物技术领域优势明显；先正达、巴斯夫、利马格兰和科沃施组成第二梯队，4家销售总额约占前20总销售额的26%。

二、粮食价值链上游的市场集中度趋势

粮食价值链上游的市场集中度呈现越来越集中的趋势，尤其是农业化学子行业8C(前8企业的行业集中度)达到80%(2014年)，动物健康和动物基因8C分别达到72%(2009年)和72.8%(2006/7年)，见表3-3。

对于粮食价值链上游行业集中度的不断上升，总体而言是并购促进了市场结构这种变化。而推动并购的因素，从细分子行业看有些差异，比如在作物种子和生物技术行业的并购主要是基于技术互补和营销力度，农业化学行业的并购主要是基于环境和安全性监管更加严格，农场机械行业的并购是基于财务失败的重组，动物饲养及基因行业的并购主要是基于动物生物技术研发的规模经济，动物健康行业的并购主要是基于闲置产能和利润增长点的寻找等，详见表3-4。从这些因

素中，虽然具体到五个子行业中虽然存在细微差异，但是追求技术研发的规模经济是一个重要的共同因素。

表3-3 全球粮食价值链上游的市场集中度

项目	年度	4C全球市场份额(%)	8C全球市场份额(%)
种子和生物技术	1994	21.1	29.0
	2000	32.5	43.1
	2009	53.9	63.4
	2014	44	55
	2018	49	57
农业化学	1994	28.5	50.1
	2000	41.0	62.6
	2009	53.0	74.8
	2014	77	80
	2018	57	80

数据来源：部分来自 USDA, Economic Research Service estimates from Fuglie et al. (2011)，转引自：Keith Fuglie et al. (2012)[①]，部分来自吴大鹏(2015)，http://www.agrogene.cn/info-2866.shtml.

表3-4 推动粮食价值链上游环节市场结构变化的因素

粮食价值链上游环节	推动并购和集中的因素
作物种子和生物技术	相互补充的技术和营销资产收购，农作物生物技术研发的规模经济
农业化学	更加严格的环境和和安全性监管；成熟市场；通用产品的上升
农场机械	在农场部门商业周期中主要制造商的财务失败
动物饲养与基因	家禽和牲畜产业的纵向一体化；动物生物技术研发的规模经济
动物健康	人类制药行业合并的溢出效应（当主要的药物产品专利保护期失效产生的利润来源消失和闲置产能推动）

来源：USDA, Economic Research Service estimates from Fuglie et al. (2011)，转引自：Keith Fuglie et al. (2012).

[①] Keith Fuglie, John King. Rising Concentration in Agricultural Input Industries Influences New Farm Technologies[EB/OL]. http://ageconsearch.umn.edu/record/142404/files/4risingconcentration.pdf.

全球农业生产资料市场集中度的上升意味着更少的企业为农民提供生产资料，也意味着越来越少的企业为推动农业生产力的增长而创新。全球大生产资料企业的技术研发投入份额超过了它们的销售份额。在农作物和生物技术行业，8家种子生物技术公司在2010年的研发投入占全行业的76%。在农业化学行业，前5家公司占该部门研发的74%；农场机械，前4家公司的研发占57%，动物健康前8家公司的研发占66%，见表3-5。而且所有这些龙头企业都是跨国公司，他们的研发设施遍布全球。这些全球研究网络允许大企业开发以及根据当地条件调整新技术，满足新产品引入的监管要求，使得它们的研发活动获得成本经济。

表3-5 种子——生物技术行业的研发产品测度及商业产品销售额影响高企业集中度

研发产品测度或新产品商业化	C6公司份额
所有栽培作物的美国专利(1982—2007)	76%
农业生物技术的美国专利(1976—2000)	64%
美国基因改良植物的田间实验(1985—2008)	62%
基因改良作物认证(1985—2007)	87%
美国玉米种子的市场份额(2007)	70%
美国大豆种子的市场份额(2007)	55%
美国棉花种子的市场份额(2007)	92%
全球基因改良玉米、大豆、棉花和卡罗拉特性面积的市场份额(2009)	>95%
美国基因改良玉米、大豆、棉花特性面积的市场份额(2009)	>95%

注：特性面积"trait-acre"是指基因改良农作物的种植面积；数据来源：USDA, Economic Research Service using Fuglie et al. (2011) and Moschini (2010).

我们从表3-6数据观察跨国公司的研发占植物保护产品销售额比例，可以看到正是依靠对农药和农业生物技术的高度重视与研发投入，才实现了对世界植物保护市场的高度集中和垄断。

表 3-6 2013 年跨国公司植保销售研发投入及比例（单位：亿美元）

公司	植保业务销售额（A）	R&D 费用（B）	B/A(%)	备注
先正达	109.2	10.26	9.4	
拜耳	104.2	8.25	7.9	拜耳集团的研发投入比例
巴斯夫	69.4	6.25	9.0	
陶氏益农	55.4	1.72	3.1	陶氏化学的研发投入比例
孟山都	45.2	4.65	10.3	
杜邦	35.6	3.42	9.6	
ADAMA	30.8	0.339	1.1	非专利农药公司

数据来源：胡笑形，世界农药发展趋势及重点专利农药潜力分析[EB/OL].[2014-09-29]. http://www.agroinfo.com.cn/news_detail.asp? aid=4423.

三、种子和植保行业近年三大并购

（一）陶氏化学与杜邦公司的合并重组

杜邦（DuPont）与陶氏（Dow Chemical）两家公司于 2015 年 12 月 11 日宣布合并，两家公司于 2017 年 8 月 31 日成功完成对等合并为"陶氏杜邦"（DowDuPont），9 月 1 日起在纽约交易所上市交易。合并后陶氏杜邦市场价值接近 1500 亿美元，成为全球最大的化工公司。2018 年 2 月 27 日陶氏杜邦分拆为科迪华农业科学 Cortevta Agriscience（农业）、陶氏（Dow，材料科学）和杜邦（DuPont，特种产品）三家公司，其中科迪华农业科学整合了杜邦植物保护、杜邦先锋和美国陶氏益农三大业务板块，将被打造成一家在种子技术、植物保护和数字农业领域的独立农业公司。

近年来，美国经济增长动力不足，陶氏化学和杜邦两家公司业务表现平平，两家公司投资者强烈希望优化组合、专注快速发展业务。因此在股东意愿的推动下促成了这两家公司的合并，随后希望通过重组拆分来提高公司的业绩和在资本市场的表现。2018 年拆分后的 3 家公司将在各自市场中处于领导地位，它们将能够更有效地分配资本、更高效地运用其强大的创新能力，将其高附加值的产品和解决方案延伸至全球更多客户。此举为双方带来的成本协同效益有望达到 30 亿美元,预计将创造约 300 亿美元的市场价值。据摩根士丹利预计,合并后的公司出售的杀虫剂将占全球 17%,并将成为全球第三大农作物化学剂供应商,同时将占有 41%的美国玉米种子市场以及 38%的大豆市场。但也有反对声音认为两者业务合并重组是短视行为,虽然能在短时间内提高利润率,给投资者带来收益,但是长远看将可能会削减两家公司的研发投资,杜邦和陶氏面临的成本压力更小,创新能力变得更弱[1]。

陶氏化学和杜邦公司的重组带给我们两个重要启示:一是在行业低迷、企业发展遭遇瓶颈的情况下,联合起来找到出路的机会更大。二是先合并再拆分 3 个公司,实现高度专业化运营方式值得借鉴。

(二)中国化工集团并购先正达

2016 年 2 月中国化工集团(Chemchina Group)宣布,将以 430 亿美元并购先正达公司(Syngenta)。中国化工集团 2019 年世界 500 强排名第 144 位,主要业务在材料科学、生命科学、高端制造和基础化工领域。在收购先正达之前,中国化工成功收购了法国、英国、以色列、意大利、德国等国的 9 家行业领先企业。收购先正达有利于完善中国化工集团生命科学板块产业链,因为种子行业具有投资大、周期长、风险度高的特点,进入门槛高[2]。通过收购在植物保护和种子行业具有全球领先地位的公司可以快速切入这一市场,先正达拥有领先的种子技术和丰富的种质资源,完成收购后,可弥补中国化工种子业务空白,获得种子技术人才、丰富的种质资源、种子研发技术、育种技术、生产加工技术以及领先的经营管理模式,实现"育繁推"一体化及种子业务跨越式发展,形成农药、种子齐头并进,平衡发展的产业格局。中国化工目前负债水平较高,高杠杆收购进一步让公司的债务承压。这在一定程度上削弱了公司长期偿债能力,同时也影响公司继续债务融资的空间[3]。

中国的种子和农药市场规模达到 106 亿美元,但先正达公司仅占该市场的份额仅为 3%~4%,中国的种子和农药市场对先正达充满机遇。先正达是瑞士的农化

---

[1]陶氏杜邦合并或将掀起化工巨头整合风暴[N].中国经营报,2016-01-11.
[2]平均每个新品种研发需要 8~10 年时间,耗资达到 1.3 亿美元。
[3]黄凯茜.中国化工收购先正达资金落定 中行提供百亿美元永续债[EB/OL].财新网,[2017-05-26].

及种子生产商,2016 财年,先正达农药销售额 95.71 亿美元,占全球市场份额约 20%,种子业务销售额 26.57 亿美元,约占全球市场份额的 8%。先正达多年专注农业领域,在农化植保领域稳坐头把交椅。先正达是由 Zeneca 公司分出来的农化业务以及 Novartis 公司分出来的植保和种子业务于 2000 年合并而成。成立十多年的时间,先正达从农业化学品公司到植保巨头,发展成为目前具有"植保+种子+农技服务"一体化作物综合解决方案的提供商。由于欧盟、瑞士相继出台禁止使用先正达主销的阿特拉津等杀虫剂的禁令,瑞士将转基因植物种植禁令延长到 2021 年,当今几乎所有发达国家以及许多第三世界国家立法严限或禁止转基因作物种植,先正达等企业受沉重打击。先正达在收购之前遭遇进入中国"不服水土"、农化产品全球滑坡、转基因玉米被逐出欧洲的厄运。

中国化工并购先正达后,总资产和营业收入增加,但净利润率大幅下降,图 3-1 列出了中国化工集团的总资产状况,图 3-2 列出了其净利润率状况,对并购后的绩效暂时看不出改善的迹象。2020 年 1 月中国化工集团和中化集团正在开展战略重组,看来也是希望通过资产重组,切实提升核心业务的净利润率。

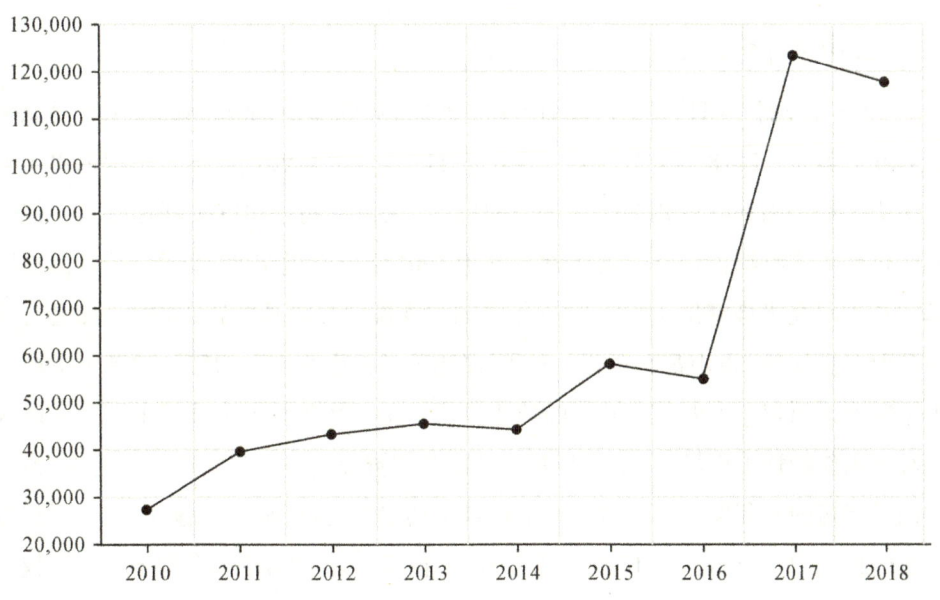

图 3-1　中国化工集团总资产(2010—2018 年,单位:百万美元)

数据来源:财富 500 强[EB/OL].http://www.fortunechina.com/global500/572/2019.

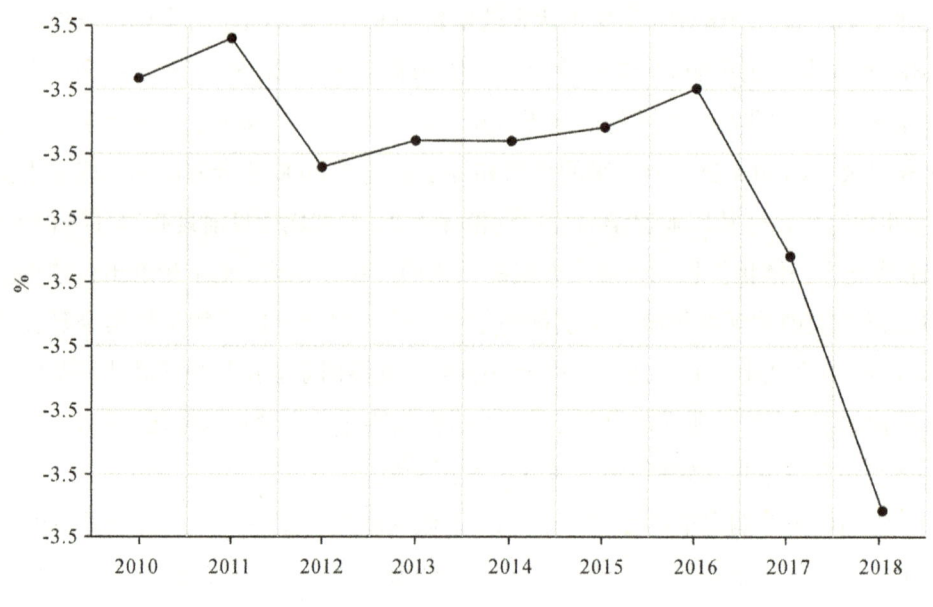

图 3-2　中国化工集团净利润率(2010—2018 年,单位:%)

数据来源:财富 500 强[EB/OL].http://www.fortunechina.com/global500/572/2019.

(三)拜耳并购孟山都

2015 年 9 月 14 日,拜耳(Bayer)宣布全现金收购孟山都(Monsanto),交易总额达 660 亿美元。2018 年 6 月 7 日,存在了 117 年的著名农业巨头孟山都退出了人类历史。经美国和欧洲相关监管部门的批准,德国制药公司巨头拜耳以 630 亿美元的价格正式收购孟山都。孟山都成立于 1901 年,20 世纪 80 年代之后孟山都转基因技术研究优势突出,随着 1996 年美国大规模放开转基因作物种植,加之公司与政府关系深厚,孟山都在玉米、大豆、棉花等多种重要作物的转基因种子市场上牢牢掌握话语权,成为全球最大的种业公司。孟山都垄断了全球多个国家和地区的转基因作物种子市场,一方面是基于其雄厚的资金实力和强大的研发能力,另一方面是严格的专利保护制度帮助有效构筑市场壁垒,保证独占实施权,以巩固其对市场的控制力。公司拥有 1700 多项专利,掌握着全球 90%转基因种子的专利权。

孟山都 2000 年上市,在 2013—2016 年,孟山都的股价下跌超过 6%,而同期标普 500 指数上涨 23%。屡创纪录的收成导致农产品价格走低,为了获得更高的利润,美国农民逐渐减少玉米种植改种大豆,而玉米种子销售是孟山都最大的收入来源。从 2015 年开始,国际农产品价格低迷、营业收入持续萎缩,国际巨头通过兼并收购的方式节约成本,整合育种和化工业务。2015 年 4 月,孟山都曾对先正达发起收购要约遭到拒绝,紧接着孟山将收购的目标转向拜耳公司,但最后戏剧性地被后者反收购。摩根士坦利的数据显示,并购完成后,两家将占全球除草剂市场份额的 34%,业内排名第一,而中国化工合并瑞士先正达之后,将在这个市场排名第二,占 25%,杜邦和陶氏化学合并后的新公司会排名第三, 占 19%。在农产品种子领域,此前,拜耳作物科学在 2017 年完成对印度种子企业 SeedWorks 的收购后,其农产品种类集中于棉花、油菜、大米等,孟山都主要农产品则为玉米、大豆、蔬菜和棉花。特别是在美国玉米种子领域,孟山都占到市场份额的 1/3,仅次于杜邦和陶氏化学合并后的新公司。

四、种子与植保行业重组的历史观察

从农业种植产业链来看,种子属于前端行业。而从种子行业的产业链来看,种子终端产品属于中游生产的产成品。种子产业链可以简单分为育种—制种—销售三大环节。上游环节是种子育种环节,也是种子产业的核心部分。根据种子对不同化肥、农药以及病虫害的特征研制出技术含量较高的种子,是种子行业中话语权最高的环节;中游环节为制种环节,是不同类别的种子由研发到产成品的过程;下游环节为销售环节,种子的销售主要面临两类群体,分别为经销商和零售商,然后再散发到广大农民手中。

对全球的种子、生物技术和农作物保护行业的结构性演变的理解需要借助对历史背景的观察。由于美国的该行业发展基本代表着全球趋势,我们首先从美国进行观察,自从美国 150 年前商业化种子行业兴起,尽管资产频繁易手,但直到 20 世纪 60 年代末,种子行业的资产仍然主要在种子企业之间交易。而从 20 世纪 70 年代开始,跨国石油化工和制药企业成为主要的并购者,这主要是由于 1970 年的植物品种保护法案,该法案承诺提高植物研究的收益率,并吸引研发类的跨国公司。但是这波并购对种子行业没有产生明显的后续影响,因为石油化工和制药跨国公司主要并购中小规模的区域性种子企业,随着时间的推移,他们逐渐失去了市场。尽管跨国进入者拥有雄厚的资本,独立的市场领导者和更小的地区或当地种子企业仍然保持他们的市场地位。那个时代，仅仅只有一些大的种子企业保持广泛的育种努力、开发专利品种。一些基金会种子企业和一些大学也开发并广泛特许专利品种给大量的小的地区和当地企业。进而，这些地区种子企业在限制的地理区域中分销特许品种，通过优秀的当地市场知识、通过避免过度存货成本来保持竞争力。

到20世纪90年代早期，许多在过去20年中领导并购的跨国企业剥离他们的种子资产，退出了这个行业。而一部分在生物技术和农作物保护方面进行大规模投资的跨国公司保持或扩大他们在美国种子行业的表现。实际上，自从20世纪70年代中期农业生物技术研究出现，优秀种子基因被认为是传承生物技术特性的一种必不可少的补充性资产。一种新的生物技术产品的商业化推广能否成功，知识产权、生物技术知识和种子生物质基础必须协调。这种需要导致一波战略性的纵向并购，改变了20世纪90年代后期种子、生物技术和农作物保护行业的结构。纵向整合种子和生物技术资产的战略与农业生物技术行业一样久远，早期的生物技术初创企业，像Agrigenetics，开始在1975年并购地区性的种子企业为了为生物技术研究获得融资以及为市场交付产品。其他龙头生物技术初创企业（比如Celgene，Biotechnica International, Mycogen）具有相似的战略，并在1980年和20世纪90年代收购了大量的中小规模企业。直到孟山都和杜邦开始他们的并购，种子行业的结构才发生改变。他们分别收购了两个最大的独立种子企业德卡尔不（DeKalb）和先锋（Pioneer），启动了一轮生物技术和种子行业的纵向一体化并购。道氏化学、先正达、安内特、艾格福（后来被拜耳收购）在最近15年都进入了种子企业的并购中。

种业进入全球化时期，与其他产业关联密切。从20世纪90年代开始，全球种业从政府主导时期逐渐过渡到寡头垄断、全球化经营阶段。全球种子产业已经由传统的种植业演变成了技术密集型、资本密集型、人才密集型、市场垄断型、经营全球化的高新技术产业。发达国家种子公司的发展过程，从某种程度上说就是一场通过资本经营、企业间相互兼并和不断优化重组的过程。过兼并重组，世界种业发展出现集中化、多元化、国际化的趋势，许多小公司消失，大公司规模进一步扩大，而规模扩大的公司就可能实现规模经济。在企业内部形成规范的内部交易制度，从而减低交易成本，提高市场竞争力。公司也有足够的实力资助实现融资机制、科技创新机制、全球营销网络,从而减少外部因素变化对公司发展的约束。通过跨行业兼并和社会化筹措资本,可确保公司始终处在本行业发展的前沿,降低新产品开发和开拓市场的成本和风险。许多种子公司都是集研究、开发、生产、加工、销售等环节于一体的大型公司,而且公司经营活动与业务范围也更加多元化。为增强市场竞争力,大型种子公司在种子经营上都采用以一种或几种作物种子为主、兼营其他多种作物种子的经营模式。种子公司与化工、农药等其他工商企业之间通过兼并、收购、参股、控股等资产重组方式实现强强联合,加快了资本、科技、人才等现代生产要素在种子产业与其他产业之间流动和相互融合的速度,扩大了种子公司资本经营的空间,也提高了种子产业的融资和竞争能力。

推动美国和全球种子行业在 20 世纪 90 年代—21 世纪重组的并购活动本质上是纵向的,而且寻求加速农业生物技术创新的商业化。因为所有的种子行业领导并购的生物技术跨国公司在农作物保护行业也具有显著的表现,这一时期,这三个行业的紧密一体化就发生了。根据已经出版的文献,采用历史性视角,我们现在可以对创新、新产品研发和农业生产者的竞争力结构变化的影响有更好的理解。第一,一个关注研发、纵向一体化的行业从重构中出现了。新的生物技术特性和种子生物质研发方面的年度支出从 2000 年的 10 亿美元上升到 2015 年的超过 44 亿美元,而全球种子行业在 1996 年之前的研发支出少于 3 亿美元。在生物技术性状和种子生物质方面的研发投资超过农作物保护方面的投资,而且在过去 15 年这两类研发投资是增长的。特别地,农作物保护产品研发支出从 2000 年的 19 亿美元上升到 2015 年的 33 亿美元。第二,不断增长的生物技术和种子行业的研发支出总体而言转化成农业生产者更大的产品品种选择。比如,美国玉米和大豆市场销售的杂交和变异品种的数量超过过去 15 年的两倍(Brookes and Barfoot,2015)。在同一时期,大量具有新的生物技术性状(具有抗虫、耐除草剂和其他有用的性状)的玉米、大豆、棉花、菜籽和其他农作物在 28 个国家被农业生产者引入和采用。第三,通过增加生物技术和种子行业的研发支出开发的新的种子遗传学和生物技术性状提高了农业生产力和农民盈利能力(比如 Qaim,2009;Carpenter and Gianessi,2010;Klümper and Qaim,2014)。简单而言,这个行业的并购的结果是研发投入更大,新品种不断涌现并被大量商业化应用,最终提升了农民受益和农业生产力。经济学家估计在这一阶段来自新生物技术性状和种子基因方面的商业化每年带来的经济效益达到数十亿美元,大部分流向了农业生产者(Alston et al.,2014;Brookes and Barfoot,2015)。

  监管环境的变化和生物抗性增强是促进新产品开发的重要动力。近几年,农作物保护产品的监管要求越来越严格,对环境、非靶向和毒理学产品要求越来越高。因此,农作物保护企业在他们的研究中不得不花费大量的时间和资金寻找提供改善功效和替代性的新活性成分,同时满足更为严格的监管要求。实际上,这意味着筛选更多分子以发现新的活性成分;在温室和田野执行更多毒理学、安全性和环境化学测试。投向市场的新作物保护产品的平均研发成本在过去15年上升超过50%,从2000年的1.81亿美元上升到2010—2014年平均2.87亿美元。这很大程度上是由于现场试验数量的不断上升以及与安全评价相联系的开发成本上升了3倍,注册成本上升了2倍多。一个新的农作物保护产品被批准和投向市场要求的时间也从8年上升到11年。因为更高的平均研发成本,尽管总的研发支出显著上升,具有新的活性成分的新产品引入的数量,2000—2015年,在农作物保护行业继续呈现下降趋势。越来越严格的监管,特别是在欧盟,导致很多企业终止了大量现有农作物保护产品的销售,现有化学品不能重新注册、新产品引入的下滑导致农作物保护行业更少的产品组合和更少的专利保护产品。2015年,超过60%的农作物保护市场是由非专利产品组成,超过10年前的60%的比例,同时这一阶段全球农作物保护市场产品经历了巨大的价格竞争压力。新生物技术的审批在2000年中期的监管成本估计为750万~1500万美元,而2014—2015年监管成本翻倍,审批时间延长。

  为了让农作物保护、种子和生物技术行业方面资产组合和研发调整能够发挥作用,企业已经进行了研发资产组合的调整。第一,大量的许可证和营销协议以及战略研究合作已经在整个农作物保护行业落实到位,以便专利配方和种子处理中广泛使用化学成分。比如,决定使用哪一种叶面杀虫剂作为种子处理要求大量的研发努力,道氏农业科学和先正达建立了长期协议,这样先正达筛选道氏的活性成分,用于新的种子处理;相似地,孟山都在2011年通过与25家企业合作进入到种子处理业务中,这些企业提供了先正达活性成分和生物制剂。第二,为了扩大市场范围和种子处理的效率做出了大量的研发努力,研发的技术包括:功能扩张的新产品配方;把生物制剂和合成制剂联合的种子处理能力;改善喷雾和其他应用设备的使用;改善产品效果和使用的聚合物和涂层方面的开发。在进行这些研发资产调整的基础上,种子销售快速增长,特别是拜耳、先正达、孟山都、巴斯夫等龙头供应商,占据种子市场80%的份额。第三,为加速该创新,在六大巨头和新建企业及专门开发生物制剂的企业之间建立研究战略联盟,见表3-7。第四,大量的新建生物制剂研发企业和专业公司被六大巨头收购,他们的研究资产已经被内部化而且整合到企业的研发资产组合之中,如表3-8。比如,巴斯夫2012年通过花费10亿美元收购Backer Underwood,建立了其生物制剂核心单元。加速的产品研发带来近些年生物制剂的增长,生物制剂在2015年价值22.5亿美元,到2023年,计划达到45亿美元的规模。

表3-7 企业之间生物研发协议

年度	企业1	企业2	协议类型
2010	拜耳	Heads UP Plant	研究协议-Seedling
2011	FMC	Chr. Hansen Biologicals	商业化协议
2011	拜耳	Koppert biological	商业化协议
2011	先正达	Pasteuria	研究协议
2013	先正达	Isagro	商业化协议
2013	孟山都	Novozymes	合资企业-研究
2013	孟山都	SGI	研究协议
2014	先正达	Stockton	分销协议
2014	孟山都	Preceres	合资企业-研究协议
2014	先正达	AgBiome	研究协议,投资
2015	道氏	Radiant genomics	研究协议
2015	道氏	Synthace	研究协议
2015	孟山都	Second genome	研究协议
2016	道氏	TeselaGen	研究协议

来源:作者搜集整理。

表 3-8　生物制剂研发企业并购

年　度	企业 1	企业 2	协议类型
2009	拜耳	AgroGreen	资产收购
2011	先正达	Marrone bio innovations	股权投资
2012	先正达	Pasteuria	并购
2012	先正达	DevGen	并购
2012	巴斯夫	Becker underwood	并购
2013	拜耳	AgraQuest	并购
2013	拜耳	Prophyta	并购
2013	FMC	Center for Agr and Env sol	并购
2013	孟山都	Agradis	并购
2013	孟山都	Rosetta green	并购
2014	拜耳	Biagro	并购
2014	拜耳	Belchim crop protection	并购
2014	孟山都	Preceres	新建企业
2015	杜邦	Taxon biosciences	并购

来源：作者搜集整理。

挖掘和发现新的市场机会促进研发投资。除了针对监管和耐虫害方面的挑战进行投资外，六大巨头也在充满机遇的领域进行大规模研发投资。基础性的创新已经创造了大量机会，比如数字农业和基因编组。精准农业技术被广泛认为具有提升农业效率和生产性的潜力，最早于 20 世纪 90 年代商业化。生产者利用精准农业技术精细管理农作物投入，通过根据田间变化调整使用生产资料，以减少浪费和成本并提高总产量，进而提升农场盈利能力和获得环境方面的好处。最近的发展包括动态监测，陆用植物、土壤和大气传感器，无人机、飞机、微型提供信息的远程图像传感器。传感器数量的增加扩大了每个农业领域的数据种类和数量，它们复杂性的提升加速了数据从收集、分析到使用的运动。大型数据库跨越多年、覆盖多个区域使得科学家能够解释具有较高程度保密性的变量之间的细微关系。开拓大数据能力意味着农事投入的表现可以通过把遗传学和当地生长环境和农场实践结合起来实现最优化。

硬件、软件、分析和数据方面的进展为生产者提供了不断改进的方法,以可视化和直接增强其管理决策的方式使用农业数据。比如,互联网的互联互通、云储存、各种移动设备和其他通信设施把传感器、多采样率设备、计算机连接起来以优化农场管理。大数据和数字农业与生产资料绩效研究之间具有显著的协同效应,生物技术、种子和农作物保护企业,特别是6大巨头在这个领域已经通过内部化或者战略联盟和收购方式进行了大量投资。杜邦和孟山都拥有最领先的位置。杜邦(通过其先锋子公司)开发了Encirca平台,该平台结合了土壤测绘、当地天气、各种作物模型和其他数据,旨在优化品种选择、播种种群和播种速度;创建种植处方;跟踪作物性能;管理磷、钾和其他营养物质;并根据天气和生长条件的变化进行实时调整。杜邦收购了拥有作物管理规划工具和地球信息系统及精准农业功能的软件开发公司MapShots,以增加其数字农业平台。孟山都在2010年开始大规模投资其一体化农业系统(Integrated farming system),为种植者在种子基因和农艺管理提供田野和区域层面的决策支持。通过积极的内部研究扩张和外部收购,孟山都已经在最近几年显著增强了它的数字农业及精准农业平台,加进了硬件、软件、数据和分析能力。2012年以超过2亿美元收购Precision Planting,2013年以9.3亿美元收购Climate Corp,2013年收购土壤分析专业公司Solum,2014年收购初创企业640实验室,该公司也投资了大量的初创企业。先正达、拜耳和其他公司最近几年也在数字农业专业公司方面进行配大量收购和投资,比如,2012年开始,先正达对数字农业、机器人和微型属相初创企业包括S4、Phytech、Blue River Tech、Planet和Agworld pty的投资。拜耳也在Zoner,proPlant,Agrar等企业进行了投资。

跨国农业生产资料企业采用了把多重产品平台结合在一起的商业模式和研发模式,通过技术捆绑带来农作物生产中的收益最大化和成本效率。多重化学制剂和生物制剂通过种子处理方面的制造商和分销商结合起来在提高生育能力和获得营养的同时,保护作物免受甲虫、线虫和其他害虫的祸害。种植者或分销商能够进一步通过当地适应环境的种子进行定制化处理。数字化农业和精准农业能够保证土壤和大规模投资的兼容性,能够帮助获取最优品种选择和种子数量。实际上,这种研发商业模式提倡在收益最大化和成本节约潜力的技术捆绑研发中整合使用多重纵向一体化技术平台。通过协调技术捆绑开发而不是单个技术可以获得协同效应,这种模式以最小化研发成本和实施成本获得各种技术平台最大化表现。协同效应也体现在技术平台的多学科知识领域应用中,比如基因组学、基因编辑、生物化学、组合化学、机器人、自动化、人工智能和机器学习、实验室和田野测试、监管科学等。来自于实践的需求激发了大量技术创业公司的蓬勃兴起和不断并购,他们广泛分布于生物技术、生物制剂、数字农业领域。

表3-9对全球农化工业代表性企业过去30年的排位情况进行了比较,由于农药新产品技术要求高、研发难度大、投入资金多,全球农药行业集中度高的特点非常明显。1994年,世界上有13家大型农药企业,2015年仅剩先正达、拜耳、巴斯夫、孟山都、陶氏益农、杜邦六家领先企业,2015年六大农药企业总销售额为392.76亿美元,占全球作物保护用农药市场的76.7%;而2018年仅剩巴斯夫、先正达、陶氏杜邦(陶氏与杜邦合并)和拜耳。表3-9列举了20世纪80年代以来全球农化公司的排位及收购情况。

表3-9　30年全球农药公司排位及收购情况

排位	1980年	1990年	2000年	2010年	2012年	2013年	2016年
1	拜耳	汽巴.嘉基*	先正达	先正达	先正达	先正达	先正达
2	汽巴嘉基	捷利康*	孟山都	拜耳	拜耳	拜耳	拜耳
3	希尔*	拜耳	安万特*	巴斯夫	巴斯夫	巴斯夫	巴斯夫
4	孟山都	罗纳普朗克*	巴斯夫	陶氏	陶氏	陶氏	陶氏益农
5	罗纳普朗克*	杜邦	陶氏	孟山都	孟山都	孟山都	孟山都
6	捷利康*	陶氏	拜耳	杜邦	杜邦	杜邦	杜邦
7	巴斯夫	孟山都	杜邦	马克西姆	马克西姆	马克西姆*	ADAMA
8	赫斯特*	赫斯特*	住友	纽发姆	纽发姆	FMC	住友
9	依礼礼来*	巴斯夫	马克西姆	住友	住友	纽发姆	FMC
10	杜邦	先令	FMC	FMC	FMC	住友	联合磷化

续表

排位	1980年	1990年	2000年	2010年	2012年	2013年	2016年
11	斯托夫*	山德士*	罗姆哈斯*	阿里斯达	阿里斯达	阿里斯达	纽发姆
12	陶氏	希尔*	纽发姆	联合磷化	联合磷化	联合磷化	爱利思达
13	联碳*	氰胺*	格里芬	凯米洛瓦	凯米洛瓦	*凯米洛瓦	颖泰嘉和
14	氰胺*	住友	组合化学	石原产业	石原产业	新安化工	组合化学
15	FMC	FMC	三共化学	日本农药	组合化学	华邦颖泰	潍坊润丰
16	罗姆哈斯*	罗姆哈斯*	北兴	日本曹达	日本曹达	组合化学	红太阳
17	组合化学	组合化学	石原产业	日产化学	三井化学	石原产业	日产化学
18	FBC	三井化学	武田药品*	世科姆	日本农药	世科姆	新安化工
19	先令*	日本农药	日产化学	三井化学	世科姆	红太阳	世科姆
20	雪夫龙*	马克西姆	日本农药	组合化学	日产化学	扬农化工	扬农化工

注：带*的公司为被兼并、收购的公司。1996年山德士和汽巴—嘉基合并成立诺华公司；2000年捷利康农化公司以及诺华的作物保护和种子业务分别从原公司中独立出来，合并组建先正达；2000年安万特被拜耳兼并；巴斯夫90年代后期收购了氰胺公司。马克西姆被中国化工控股更名为ADAMA；凯米诺瓦被FMC收购。而2017年之后的排名已经发生变化，先正达被中国化工集团收购，拜耳收购孟山都，陶氏与杜邦合并。数据来源：AGROW及网络报道。

通过对位列全球农药化工企业前列的公司的观察可以发现，它们的壮大除了利用资本的力量不断兼并重组外，还必须具备这样的一些特点：明确的企业长期发展目标；持续的技术研发投入、独具特色的产品品种和强大的新农药创制能力；强大的管理能力和营销团队，拥有自己的主要销售市场和主流产品。全球种业状况跨国种业公司的竞争优势在于育种核心技术，其在全球进行的投资可以分为母国的高新技术研发投资、东道国的分支研发投资以及东道国新品种选育、转化、生产和推广方面的投资。通过对国际种业公司的跨国投资观察发现，他们在进入东道国时选择的是合作或合资方式，依靠育种核心技术、立足本土研发和推广、逐步渗透东道国市场。母公司的战略、技术和管理投入是独资子公司竞争优势的主要源泉。

第二节 粮食价值链上游跨国企业对外投资的包容性模式观察

粮食价值链上游企业尤其要注意负责任投资和包容性价值链的构建,否则会给整个人类生存延续、人类所生存的环境造成难以估量的损失。人类的发展和进步一直都是在与自然斗争中取得的,人类希望拥有更高产量、更多营养和更好口味的粮食,于是不断优选优育物种;人类希望农作物的生长更少遭受病虫害、杂草的侵害,于是不断研发这些抗虫、抗病植物品种以及植物保护产品;人类希望提高农业生产效率和产出率,于是不断使用农业机械和化肥。粮食价值链上游的种子、农药、化肥和农机等细分行业成为人类粮食来源的重要一环,在这些行业发展的同时,水源、土壤、生物多样性可能正不断恶化,转基因物种可能正持续影响着人类健康,人类的生活、生产方式也在不断经受挑战,粮食价值链上游公司应该思考如何更为安全、谨慎地使用科学技术,如何采用更具包容性方式去处理公司行为对环境、公众、社会伦理的影响。判断粮食价值链上游企业商业行为的包容性程度可以从社会公益活动支出、价值增值结构、研发占销售额的比例、研发人数、能源效率、温室气体排放等方面进行观察。本节我们以三大跨国植物保护和种业公司为例观察粮食价值链上游企业的包容性投资模式。

一、拜耳作物科学的可持续发展策略

(一)拜耳作物科学的可持续发展政策及行动

拜耳集团主要有医药、消费者健康、作物科学和动物健康等几大业务单元,拜耳集团战略是"科学创造美好生活",通过各种创新性解决方案提供高质量的药物和食物,在特定行业和市场创造价值。世界面临大量的挑战,包括多变的气候,有限的自然资源和不断增长的人口,同时对粮食、动物饲料和再生原材料的需求在全球也呈现不断增长。拜耳的创新引擎建立在独特的种子及性状、作物保护和数字化工具的

结合,能够更快地创新,对农场、作物和土壤需求作出反应,提供定制化的解决方案。以可持续方式支持农民提供健康、安全和价格实惠的食物,与合作伙伴一起为发展中世界的小农提供整体的和创新性的解决方案。在数字化转型中,使用最新的技术和决策科学,包括先进的种子标记工具帮助农民更好地进行选种,实现耕种潜力。

表 3-10 拜耳作物科学的主要产品类别及商业活动

产品类别	作物科学核心商业活动
除草剂	控制杂草的化学作物保护产品
玉米种子及性状	玉米种子及性状
大豆种子及性状	大豆种子及性状
杀菌剂	保护农作物不被细菌感染的生物和化学产品
杀虫剂	保护农作物不被害虫和他们的幼体破坏的生物和化学产品
环境科学	森林、高尔夫场地、公园、铁路轨道等专业害虫控制、媒介控制的产品提供。
蔬菜种子	蔬菜种子
数字农业	农业的数字化应用
其他	棉花、油菜籽/卡罗拉、稻谷、小麦以及生物和化学种子处理产品,防止疾病和害虫

拜耳的可持续发展理念是公司一切活动均以经济、生态与社会承诺并重,秉持可持续发展原则。拜耳坚持的企业价值观是尊重人类与自然及坚持可持续行动,同时认为创新是企业持续致胜的关键,认为通过不断创新可以促进可持续环保发展,用创新科技可以使生活充满动力。拜耳通过参与全球 300 项计划以体现其社会责任,每年在这些计划上的投资合计约 5 000 万欧元,这些计划的重点在于教育与研究、环境与自然、健康与社会需求,以及体育和文化活动。

拜耳可持续管理的重点,包括重视企业目标、定期透明的报告以及集团政策。"拜耳合规及企业责任计划" 建立了其全球活动的主要构架。它们通过国内外网络促进可持续发展,这些组织包括德国企业可持续发展论坛(Forum for Sustainable Development of German Business)、世界企业可持续发展工商理事会(World Business

Council for Sustainable Development)、联合国全球契约（the United Nations Global Compact）UNGC等。为获得健康、安全和环境领域的持续改善,拜耳坚持生物和医药行业自愿负责任关怀原则（the principles of the voluntary Responsible Care initiative of the chemical and pharmaceutical industry, 1994）和负责任关怀全球宪章,不断提升员工与地方社区的安全,以及健康与环保水平。1997年成为世界可持续发展商会的成员,2000年成为德国工业可持续发展论坛"econsense"的共同创立者。拜耳是2000年联合国全球契约的创始成员,积极推动该契约的10项原则,比如通过参与公司可持续领导平台LEAD和"关爱气候"和"首席执行官水之使命"倡议。

拜耳在130个国家支持家庭计划项目超过50年,关注与私人和公共救济组织的合作,比如联合国人口基金会（UNFPA）和美国国际开发局（USAID）。为有效解决可持续供应链的广泛挑战以及起草行业标准,拜耳继续在化工业"共同可持续倡议"（Together for Sustainability, TfS）和药品供应链倡议（the Pharmaceutical Supply Chain Initiative, PSCI）下广泛寻求联合方法,可持续报告基于全球报告倡议指引（the guidelines of the Global Reporting Initiative）制定。

可持续发展是以一个全球接受的方式在不破坏地球或耗竭资源的前提下,改善这个星球当前和将来居住者生活质量。承诺按照负责任关怀全球宪章持续地改善生态环境,持续监控公司运营对环境的影响并努力持续改善。把雇员、邻居、客户、消费者和利益相关者的健康和安全放在至关重要的位置。拜耳的可持续行为包括对雇员和社会承诺、价值创造的责任以及人与环境的安全等方面。对雇员和社会承诺包括:吸引、发展和留住最好的员工;通过对话、多样性和创新定义公司文化;提升知识和领导技能;支持人权;广泛的社会管理,持续寻求在适当的社区与所有的利益相关者进行积极、开放和诚实的对话。价值创造的责任包括:供应链始终如一的可持续标准;强调生产和物流的效率与弹性;形成与客户对话和合作的道德行为。为客户提供创新性的产品和高质量解决方案,这就要求高效地和负责任地控制价值创造的各个环节,比如采购、生产、物流和分销等。从表3-11的价值增值①结构中可以看到,拜耳各环节增值比例较为合理。

---

① 价值增值=公司前一年总的运营绩效减去采购-（商品和服务采购成本+折旧+摊销+减值损失+减值准备）=雇员收入+股东分红+借贷利息+税收+储备.

表 3-11　拜耳的 2016—2017 年价值增值结构（单位：欧元，%）

年　份	雇　员	储备/其他	股　东	借款人	税收当局	总　额
2016 年增值额	114 亿	23 亿	22 亿	7 亿	16 亿	182 亿
2016 年结构	62%	13%	12%	4%	9%	100%
2017 年增值额	95 亿	9 亿	23 亿	7 亿	16 亿	150 亿
2017 年结构	63%	6%	15%	5%	11%	100%

数据来源：2016—2017 年拜耳年报。

把产品质量和安全放在首位，生产设施的安全及负责任运营、保护雇员、工作场地周围的人和环境。对健康、安全、环境保护和质量（HSEQ）勇于承担责任是负责人权、技术和可持续事务的董事会成员的基本要求。通过公认的科学方法（比如在欧洲化学机构的化学安全评价和信息要求指引中所描述的）进行产品风险评价。负责任使用生物技术，在植物培育中，使用基因工程和传统育种方法相结合来提升农作物产量，在不增加资源投入的前提下提高植物的安全性和抗逆性。商业活动中，负责任使用自然资源、尊重生物多样性。承诺按照联合国大会有关生物多样性公约（Convention on Biological Diversity，CBD），以及名古屋议定书（Nagoya Protocol）开展运营，这些公约监管基因资源的获取以及由此产生的收益的平衡和公平的分享。产品安全和环境兼容性在农作物保护产品和技术的发展方面扮演着重要角色以保证他们的使用对人、野生动物和环境是安全的。基因改良种子的开发和商业化要遵守严格的国际和法律法规。在早期开发阶段就对农作物保护产品进行了检查，涉及作用方式、毒性和对环境和植物潜在残留的程度。每一个新的作物保护活性成分经历了一个全面安全评价和合适的科学研究及检测。在拜耳的年报中，专门就雇员事故率、总能源消耗、能源效率、总温室气体排放、有害垃圾和水使用量等数据进行了统计，以此来体现具体业务运的可持续性，从表3-12 中的数据观察，2014—2018 年能源效率和水使用量逐年改善，其他指标大体保持平稳，由于完成并购孟山都，2018 年有较大变化。拜耳的气体排放主要是发电、电力使用、蒸汽使用以及工业用热。由于拜耳气候项目的各种措施，比如引入能源管理系统和生产/加工创新，在过去 10 年气体排放显著降低。保证所有工业废水使用不会带来问题,比如当地生活的水短缺。系统性废物管理减少了物质消耗量和处理量。

表 3-12 拜耳的安全与环境保护

项　　目	2014 年	2015 年	2016 年	2017 年	2018 年
拜耳雇员有记录事故率	0.44	0.43	0.40	0.45	0.39
总能源消耗(兆焦耳)	26 288	24 677	26 243	25 832	39 628
能源效率(千瓦时/1000 欧元)	246	200	209	205	278
总温室气体排放(CO_2当量,MT)	4.06	4.62	4.64	3.63	5.45
有害垃圾(千吨)	377	431	428	485	421
水使用量(百万立方米)	104	110	93	98	124

数据来源:拜耳集团 2014—2018 年年报。

根据可持续农业承诺,推动成本有效的和社会可行的农业实践,以有效率地使用资源和保护环境。通过提供定制的解决方案,致力于帮助发展中国家和新型市场国家的小农优化其农业生产,改善其生活标准。而且与农民一起合作开发和推动可持续农业实践的创新性解决方案,持续地扩张他们的远见农场网络(Forward Farms)。通过拜耳的远见农业方案广泛与农民进行直接合作,可持续农业的解决方案在拜耳农场得到示范。第一批农场已经在比利时、法国、德国和荷兰建立。这些选定的农场在将经济成功与环境和社会责任结合起来的同时,也分享了他们的专业知识和不断的改进。利用这个平台,提升了农民、消费者、政治家和学者之间的知识交流。益虫的自然栖息地、传粉者和鸟类是农场管理不可分割的一部分。拜耳农场显示生物多样性和农业生产力能够以一种可持续的方式共同存在。

(二)拜耳农作物科学经济可持续性观察

拜耳在并购孟山都之后已经和先正达和科迪华成为世界三大超级农化种子集团。作为一家专注生命科学的公司,拜耳的研究对象涵盖了人、植物和动物等几个重要的健康领域,跨领域研发能力是拜耳的突出优势。拜耳研发投资 2018 年同比增长 16.5%,研究人员达到 17,300 人。建立全球开放的创新网络,与大学、政府机构、初创企业等各种伙伴建立了战略联盟,以获得各业务单元的价值链补充性技术和专业知识扩大创新的范围。拜耳作物科学销售收入从2017年起跃升到147亿欧元，2018年基本稳定，最近5年作物业务单元的净利润为23亿—30亿元，2014—2016年净利润率始终保持在24%左右，2017—2018年有所下降分别为19.7%和17.8%，从净利润和利润率这两个指标看，拜耳并购孟山都后的整合效果还没有显现。该业务单元的总资产在并购之后增长比较快，增长接近40%。

拜耳专注于农业专门知识超过100年，在农场化学和生物学方面具有卓越表现。收购孟山都获得了领导种子品牌，奠定了在植物生物技术方面坚实基础。结合数字化技术开发出以可持续方式提升农民生产力的定制化解决方案。拥有7300名以上的杰出科学家，超过35个研发基地和175个育种基地。拜耳的作物科学研发实力突出，在研发上的投入逐年攀升到2018年接近20亿欧元，占整个作物科学事业部销售收入的比例10%以上，2018年超过13%。拥有研发队伍人数持续在5000人以上，2018年超过8500人。研发创新能力是农化和种子行业核心竞争力，持续地大比例进行研发投入奠定了拜耳在行业的竞争优势地位。

表3-13 拜耳集团及作物科学单元主要财务指标（单位：百万欧元）

项　目	2014年	2015年	2016年	2017年	2018年
总资产（百万）	70 234	73 917	82 238	75 087	126 285
销售收入（百万）	41 339	46 324	34 943	35 015	39 586
净利润（百万）	3 426	4 110	4 531	7 336	1 695
净利润率（%）	8.29	8.92	12.97	20.95	4.28
资产收益率（%）	4.88	5.56	5.51	9.77	1.34
作物总资产	45 369	47 936	56 846	59 092	83 502
作物销售收入	9 494	10 367	9 915	14 730	14 647
作物净利润	2 360	2 416	2 421	2 900	2 611
作物净利润率（%）	24.86	23.30	24.42	19.7	17.8
作物资产收益率（%）	5.20	5.04	4.26	4.91	3.13
作物研发投入（百万）	974	1 089	1 164	1 166	1 950
作物研发占销售比（%）	10.3	10.7	11.7	11.7	13.31
作物研发雇员人数	5 004	5 073	5 631	5 174	8 526
每股收益	2.25	2.50	2.70	2.80	2.80

作物科学业务单元从具体的产品结构上看,2018年之前农作物保护的收入占80%以上;并购孟山都之后种子销售增长超过100%,2018年种子销售占作物科学业务单元的比例为27%,具体数据见表3-14。

表3-14 拜耳农作物科学单元的销售额(单位:百万美元)

项目	2013年	2014年	2015年	2016年	2017年	2018年
农作物保护/种子	8 168	8 816	9 548	9 317	8 906	13 534
农作物保护	7 194	7 712	8 271	7 961	7 403	9 897
除草剂	2 456	2 549	2 830	2 693	2,633	4 171
杀菌剂	2 195	2 490	2 911	2 961	2 597	2 647
杀虫剂	1 622	1 695	1 596	1 357	1 246	1 345
种子生长剂	921	978	934	950	927	1 734
种子	974	1 104	1 277	1 356	1 503	3 637

数据来源:拜耳集团2013—2018年年报。

通过其核心业务单元提供创新性产品和解决方案,拜耳为其价值链上的所有环节的利益相关者创造价值。在全球范围运营生产、在研发上投资、与全球和当地供应商合作对目标市场的经济发展做出贡献。拜耳的价值链环节可以如下表述:研发创新—采购和供应链—生产—物流—分销和营销—用户。

全球和地区层面供应链具有清晰的、可持续性导向的标准,以提升价值、减少风险。建立了四步骤完善可持续供应链实践,提升认识、指定供应商、绩效评估和开发,这个过程由采购可持续团队督导,采购部门与公司健康、安全与可持续部门部门合作。供应商行为准则界定了可持续要求,基于拜耳人权政策和联合国全球协定的原则,涵盖伦理、劳动力、健康、安全、环境、智联和管理体系。准则应用在供应商的选取和评价中,被整合进入电子订单系统和整个拜耳集团合约体系中。拜耳的标准供应合约中包含授权拜耳认证供应商遵守可持续要求的一个条款。评价供应商的可持续表现。通过EcoVadis在线评价和拜耳的内外部现场审计,供应商在年初被选择进行评价战略重要性和国别及行业风险的可持续风险分析。为

第三章 包容性粮食价值链上游投资：以种子和植保企业为例

供应商提供广泛的发展和对话机会，开发了供应商可持续指引。2018 年联合 10 个其他的公司形成了德国可持续价值链商业倡议，在中国和墨西哥，供应商在当地就可持续商业实践进行长达 9 个月时间的训练。

（三）拜耳倡导和遵守可持续性外部宪章、契约和原则

这些约束企业行为、履行社会责任的外部宪章、契约、准则和原则，具体包括：①美国商业气候承诺法案(American Business Act on Climate Pledge)；②海关-贸易反恐合作关系(Customs-Trade Partnership Against Terrorism，C-TPAT)；③国际劳工组织的基本原则和工作权利(International Labour Organization's Fundamental Principles and Rights at Work)；④农场数据的隐私和安全原则(Privacy and Security Principles for Farm Data)；⑤可持续发展目标(Sustainable Development Goals)；⑥联合国全球契约(United Nation Global Compact)；⑦联合国全球契约 CEO 水之使命"UNGC CEO Water Mandate"；⑧世界人权宣言(Universal Declaration of Human Rights)；⑨世界商会可持续发展关于安全的水与健康卫生工作环境承诺（World Business Council on Sustainable Development WASH Pledge)；⑩化工行业责任关怀全球宪章(Responsible Care Global Charter)等。

二、科迪华农业科技的可持续发展战略

科迪华(Corteva)是陶氏杜邦合并之后农业科学业务单独设立的由陶氏杜邦控股的一家上市公司(2019 年 6 月上市)，结合了杜邦先锋、杜邦植物保护和陶氏益农的优势。科迪华利用公司的技术、客户关系和行业知识，改善全球粮食供应的质量、数量和安全。通过观察科迪华形成的历史，我们发现持续的并购、研发的持续投入、专注于植物保护和种子的知识与技术创新是科迪华的内在动力。

（一）研发费用及比例

科迪华的种子和植物保护两个业务单元在提高产量和生产力方面拥有广泛的产品和服务，包括久负盛名的种子产品品牌、农作物化学品牌、种子处理品牌、农学和数字服务。研发聚焦于细菌和植物科学技术以提升农业生产率、通过改善种子特性、提升谷物和油籽的价值以及有效使用农作物保护解决方案。种子部门在提供和开发高级植物基因产品和技术方面是全球领导者，在开发、生产和销售杂交玉米种子、大豆种子是全球领袖，主要使用"先锋"品牌，提升客户的生产力和收益率。另

外,种子业务开发、生产和销售卡罗拉、棉花、向日葵、高粱、小麦和稻谷种子。农作物保护为全球农业服务,比如大田作物小麦、玉米、大豆和稻谷以及特色作物如水果、坚果、葡萄和蔬菜等。主要的农作物保护产品是进行叶面或土壤应用的杂草控制、疾病控制、害虫控制。判断一家公司,特别是高科技公司是否具有可持续性的一个关键指标是研发占销售额的比重。表3-15列举了科迪华研发占销售的比例,与拜耳作物科学和先正达相比,科迪华最近三年研发占销售比例要低一些,合并之前的研发销售比要高很多。科迪华2018年和2019年出现净利润为负的状况,主要是因为并购重组整合分离成本以及税后运营损失部分,2019年协同效应带来的成本节约为3.5亿美元,预计延续到2021年协同效应将会带来12亿美元的成本节约。

表3-15 科迪华(陶氏杜邦农化)的研发投入、销售及占比(单位:百万美元)

项目	2015年	2016年	2017年	2018年	2019年
总资产	41 224	40 041	120 366	108 683	42 397
总权益	10 200	10 196	79 593	75 152	24 555
总销售额	8 326	8 133	10 684	14 287	13 846
净利润	1 953	2 513	2 916	-5 065	-959
净利润率(%)	23.5	30.9	27.3	-35.5	-7.11
总研发费用	1 598	1 584	1 075	1 355	1 147
研发/销售(%)	19.2	19.5	10.1	9.48	8.28

注:该表2015年到2017年8月31日的数据是杜邦和陶氏合并数据,2017年9月之后的数据是合并拆分后的科迪华数据。数据来源:科迪华2019年年报。

(二)专利、许可及商标

科迪华在全球及美国申请并获得大量专利,截至2017年12月31日,该公司大约拥有12 600活跃美国专利和39 000项外国专利,知识产权是科迪华的核心竞争力之一,该公司通过合并子公司拥有大量的专利许可和技术协议。该公司在美国和其他国家也拥有或者许可大量的商标,尽管公司认为专利、许可和商标是公司有价值的资产,但不能认为其业务极大地依赖任何单个或一组相关专利、许可或商标。

表 3-16　科迪华（陶氏杜邦）专利状况

专利（截至 2017.12.31）	美国	外国
陶氏	6 100	29 100
杜邦	6 500	9 900
合计	12 600	39 000
专利剩余期限（截至 2017.12.31 日拥有）		
5 年内	3 100	8 200
6~10 年	3 200	13 600
11~15 年	5 100	15 900
16~20 年	1 200	1 300
合计	12 600	39 000

数据来源：陶氏杜邦 2017 年年报。

（三）包容性创新

科迪华在保护和培育粮食体系资源的同时关注经济机会、社会包容性和健康解决方案。帮助全球农民拥有工具和创新手段生产粮食、保护资源和土地。可持续性对农业的将来至关重要，科迪华提出"包容性创新"理念，认为要实现农业生产力的可持续增长，需要全面综合的植物育种方法，其中包括：针对当地环境的育种；使用分子标记用于基因选择；开发出更抗病、抗虫害，同时又可耐受除草剂的植株；提升养分利用和营养成分，以及使植株更好地适应干旱等恶劣环境等。生物技术是提升农业生产力和可持续性的利器。

三、先正达的可持续发展战略

2016 年中国化工集团收购先正达，此后进行一系列的重组，2020 年 1 月先正达集团成立，安道麦和先正达被并入先正达集团，集化肥、农药、种子和数字农业于一身,销售额约合 216 亿美元,与拜耳作物科学和科迪华农业科技一起形成了世界农化三巨头的格局。2018 年先正达集团的种子销售约 32 亿美元,占全球种子市场份额的 8.1%,全球排名第三;农药约 144 亿美元,占全球农药市场份额的 25.03%,全球排名第一。

(一)先正达的可持续农业原则

先正达的可持续和负责任原则的设计希望用于指导自己和合作伙伴的行动,帮助保持农业体系的长期价值,保证资源充裕、经济可行、具有商业竞争力、环境安全和满足社会需求。五项可持续农业原则分别是:为安全健康的食物、饲料、纤维和燃料(4F)开发解决方案;为具有气候弹性的农业改善土壤健康;提升人类健康和福利;保护自然资源;推动开放交流、伙伴关系和共享价值。原则专注于技术、知识、农民和当地环境之间的相互作用,符合联合国商业和人权指导原则、粮农组织关于杀虫剂管理的行为准则等,反映了 2030 年可持续发展倡议。

农民曾经的任务是生产足够的粮食,而今天需要在养活不断增长的地球人口的同时看护好地球。这要求推动整个粮食价值链更快的创新和改变,更好、更有效率的生产粮食同时带来更低的影响。人口增长、土地资源的压力(从土壤退化、城市扩张、保护地球的非农土地)以及水资源的压力都是基础性的推动力,同时还存在气候变化、社会关注(粮食中的残留或对生物多样性和环境的负面影响)等因素。除了提供更多的卡路里,粮食系统还必须调整以满足不断变化的消费者偏好,比如更高质量、更广选择、更丰盛、肉食更多的需求饮食。也存在对有机产品的不断增长需求,激发了对现代农业的广泛社会关注。所以挑战不仅仅是生产更多,还要更具多样性,用更少的投入,带来更高的质量和更小的影响。假如人类是可持续的,那么粮食供应也应该是可持续的。"可持续粮食"不仅仅是经济可持续,还是环境可持续,避免稀缺资源的耗尽、减少对野生生物栖息地的影响;也是社会可持续,以消费者可接受的方式生产粮食。

(二)先正达可持续战略及措施

注重研发和创新也是先正达战略的核心。凭借技术实力以及全球覆盖,为种植者提供整合解决方案,可持续地提高农业生产力,满足全球种植者不断演变的需求。在新兴市场,推广技术使用,在发达国家,帮助种植者解决像杂草与害虫抗

第三章 包容性粮食价值链上游投资：以种子和植保企业为例

性方面的问题，以及满足价值链高端化的要求。随着保护自然资源意识的不断提升，不断开发能够推动农业可持续发展的解决方案。先正达在植保、种子、性状和种衣剂领域具有强大的技术实力，在行业中为种植者提供整合的解决方案和广泛的创新能力。

粮食的将来依赖创新，假如农民能够持续地和成功地养活整个世界，他们需要获得新的解决方案以一定的速度和规模交付粮食，传统的耕作和配送方式是不够的，整个产业需要改变。农化产品不仅仅需要可靠的功效，还需要对环境更为安全、在抗病和抗虫方面更为有效；种子也对气候变化和虫害更具弹性；更多的虫害和疾病通过有效地使用天然捕食者和其他生物解决方案被控制；精准农业和大数据使得农民能够更好地理解和管理土地。通过结合数字和生物技术，繁育者正在加速开发具有令人满意特性的新的农作物品种。这些技术进步正在提升粮食质量以及生产资料生产力，这个世界不仅需要更多粮食，也需要更好营养的粮食。在一些最富裕国家，有证据显示肉类消费已经达到峰值，相反，对有机农作物的需求上升，这就意味着降低了产量，可能会增加对资源的压力，比如土地。这就需要有机农业的创新，使得有机农业更具生产力。

所有粮食产量的 1/3 被丢失或浪费在供应链上，所以降低这些损失方面的创新对于提升农作物产量具有极大的价值。在这方面具有重大意义的创新是拉近生产和消费的距离，降低过度的"食物公里"的环境影响。全球超过一半的人口居住在城市，到 2050 年，这个比例将会达到 2/3。城市的扩张挤占了现有的农田，但是都市农业正在开始对冲这种影响，也许不远的将来来自建筑物的"纵向农场"的产量将会有令人惊讶的增长。

传统上，农业进步一直是碎片化的，如果要扭转这个认知需要采取更为整体性的观念，站在"粮食体系"角度的协同工作，而不是把粮食价值链的不同环节孤立看待，比如"耕作"、"加工"或者"配送"等。粮食的将来就是安全、可持续、丰富、有营养、令人满意的粮食，要依赖于粮食价值链上拥有相关知识和资源的所有参与者的前所未有的合作。所以对农产品和服务供应商而言，以及学术界、政府、非政府组织、农业设备供应商、价值链上的客户以及金融和保险的提供者，大家都面临共同的挑战，创新的步伐最终依赖于如何成功地共同合作。

家庭农场是世界上 75%农业资源的看护者，因此是改善生态和资源可持续性的关键。先正达对自己在将来角色的定位是合作和创新。伙伴关系和合作扩大了先正达资产的价值、扩充了其能力和网络。通过公开分享信息和数据,先正达自身也增长了知识并使其他人能够共同促进农业进步,这种哲学显现在先正达与农民和与客户的关系中,表现在推动创新和新技术的采用。满足全球不断增长的粮食需求,提升数以百万级小农的能力至关重要,所以需要继续和他们一起合作,向他们投入资源,使得农业更具有可持续性。先正达可持续农业基金会通过服务、技术和与市场的联系建立及支持改善他们生产和生活方式的伙伴关系。

先正达希望在使粮食价值链能够安全地供养世界和看护地球中扮演着一个重要角色,在农业领域成为值得信任的团队,提供领先的种子和农作物保护创新以增强农民的成功,先正达的战略是通过以客户为中心的产品研发创新和商业模式创新来发展。他们寻找新方式和更好方式使用资源来开发和交付产品和服务、为利益为相关者创造价值(包括雇员、社区和全社会)。为了使得业务顺利开展,必须理解农民的需求并交付他们认为有价值的产品和服务,必须保证经济、环境和社会层面的可持续性。先正达提出"Good Growth Plan"承诺作为商业战略不可分割的一部分,他们把可持续性置于中心位置,与联合国可持续发展目标紧密配合。先正达把自己的成功与雇员、客户、社区以及粮食价值链伙伴的价值创造联系在一起。这就需要与许多伙伴合作取得好的结果、赢得信任,而信任的获取不仅在于做了什么,还在于如何去做,所以透明度、讲伦理、安全性和依从性是运作中的核心。先正达依赖的资源包括:金融资本,人及他们创造的知识产权,化学、生物、基因和计算科学、自然资源,设施和服务、当地社区以及法律法规。

表3-17列举了先正达2014—2017年的利润、销售额、研发投入及研发占销售比例。从研发投入比例看,在全球同类行业中处于领先水平,比陶氏杜邦的研发投入水平高不少。

表3-17 先正达销售、利润及研发等数据(单位:10亿美元)

项目	2014年	2015年	2016年	2017年
集团销售额	15.13	13.41	12.79	12.65
净利润	1.619	1.339	1.178	1.150

续表

项目	2014年	2015年	2016年	2017年
农作物保护销售额	11.38	10.00	9.57	9.24
选择性除草剂	3.083	2.894	2.853	2.72
非选择性除草剂	1.445	0.913	0.773	0.791
杀菌剂	3.518	3.357	3.157	2.896
杀虫剂	2.066	1.705	1.643	1.632
种衣剂	1.115	0.994	1.003	1.055
其他植物保护品	0.154	0.142	0.142	0.15
种子销售额	3.155	2.838	2.657	2.826
玉米和大豆	1.665	1.564	1.375	1.503
多种大田作物	0.827	0.658	0.666	0.701
蔬菜	0.663	0.616	0.616	0.622
研发投资额	1.430	1.362	1.299	1.3
研发/销售(%)	9.45	10.37	10.16	10.28

数据来源：先正达2014—2017年年报。

第三节　粮食价值链上游企业海外投资机理及策略

一、粮食价值链上游企业的海外投资的理论解释

早期主流的跨国公司理论认为只有具备垄断优势，企业才可能克服海外经营的风险、获取足够回报。优势领先部门对外直接投资主要是基于整合效应的全球扩张与价值链治理，符合斯蒂芬·海默的垄断优势理论、Buckley和Casson(1976)的内部化理论、邓宁的国际生产折衷理论的基本逻辑。海默的垄断优势理论的内部化理

论,以及邓宁的折中范式都认为具有竞争优势的企业进行海外投资才具有较强大的支撑,能够获得海外投资的收益,从而把积极对外投资作为产业优势拓展的重要途径和渠道。Veron(1966)的生命周期理论和小岛清的边际产业扩张理论都是从具有相对优势地区或产业或主体向相对劣势方向的投资。要想实现更高发展质量、获取更大发展收益,企业必须具备相应的要素资源条件和发展优势,产业升级与要素优势支撑相协调。要素条件优化是产业转型升级的基础,产业升级也引导着要素条件的优化。一般来说,产业发展既有核心要素,如关键技术、研发机构、品牌等;也有一般要素,如一般劳动力、土地、能源等。随着经济全球化程度的加深,要素优化与产业升级越来越多地跨越国境展开。过去几十年,跨国公司的全球扩张以及市场集中度的不断提升大体上呈现出优势企业或产业、发达经济体向不发达地区和发展中经济体的投资方向。发挥自身技术优势、内部化优势、管理优势、规模优势去开拓市场利用欠发达地区的自然资源、劳动力资源,扩大在这些地区的市场占有率。

对于发展中国家的企业海外投资的现象,也有很多学者从不同角度进行分析和解释,比如Wells(1983)和Lall(1983)提出的小规模技术理论解释发展中国家之间的投资,Cantwell and Tolentino(1990)技术创新产业升级理论。小规模技术理论只能够解释发展中国家之间的投资,难以解释发展中国家企业对发达国家投资的行为。威尔斯(Wells,1983)研究发现发展中国家跨国企业具有其特别的比较优势:小规模生产技术,优势民族产品,薄利多销的营销策略,善于利用东道国的族群纽带和人文共性。因此,收入水平较低、市场容量适中的东道国往往成为发展中国家的跨国企业FDI的首选。拉尔(Lall,1983)的技术地方化理论强调发展中国家具有对引进技术进行改造、消化和创新的能力,认为发展中国家跨国公司的技术特征尽管表现为规模小、使用标准化技术和劳动密集型技术,但这种技术的形成却包含着企业内在的创新活动。他认为导致发展中国家能够形成和发展自己独特优势主要有以下几个因素:发展中国家技术知识当地化的环境与一国的要素价格及其质量相联系;知识技术本土化具有竞争优势,使他们的产品能更好地满足当地需求;创新活动中所产生的技术在小规模生产条件下具有更高的经济效益。

Cantwell and Tolentino(1990)的技术创新产业升级理论从技术积累的视角解释了发展中国家企业海外投资的动态发展过程。该理论认为发展中国家的企业首先

第三章 包容性粮食价值链上游投资:以种子和植保企业为例

在周边国家进行投资,随着技术和经验的累积,逐渐把生产经营范围扩大到距离更远的其他发展中国家;企业的国际生产经营经验不断丰富,科技含量不断升级,开始转向发达国家投资,获取前沿的技术与产品。所以发展中国家的企业遵循着这样的海外投资路径,从周边国家到其他发展中国家,再到发达国家。

Wenerfelt(1984)的资源基础论首次提出企业竞争优势的来源是拥有独特的资源优势,企业的跨国经营是为了更有效地整合资源和能力而进行的主动战略选择。企业对外直接投资活动不仅仅是有效地利用现有资源优势,也有可能是发展原有的能力,或者是获得企业原本不具有的新资源与能力。资源基础论从动态的视角考察企业的对外投资,认为具有竞争优势的企业能够克服国外生产经营中的其他劣势,在并购完成后能够与其他企业的优势进行互补和整合,从而进一步加强自身的垄断优势。资源基础论可以更好地解释邓宁提出的国际投资四大动机中的战略资产寻求动机,即企业希望通过对外直接投资获取新的资产能力,或者把在东道国获得的资源和知识技术转移到国内,以弥补企业自身的劣势。

上述不同对外投资理论或假说没有区分行业特性而进行的一般性分析,严格来讲不同行业发展具有的技术、管理与市场优势不同,面临的资源环境约束不同,对外投资的动机就存在很大的区别,邓宁提到的战略资源寻求、技术寻求、市场寻求和效率寻求四大动机在粮食价值链上游不同子行业应该分类分析。粮食价值链上游企业的对外投资的解释应该基于不同子行业的特殊性和对外投资实践的案例分析去分析和解释。比如化肥行业具有一定的资源属性,资源属性强弱体现为:钾肥>磷肥>氮肥>复合肥,我国钾矿盐资源匮乏,而磷矿石资源,煤矿和天然气资源相对好一些。仅从这个角度考虑,钾肥企业对外投资的很大一个动机是寻求资源。种子和植保农化行业具有竞争优势的企业很少,对研发、技术、资金和人才的要求较高,为数不多的对外投资企业发挥自己在特定技术上的优势,或者希望通过并购整合快速提升自身的技术实力和专利资源,进而获得更大市场份额。

在后发国家中处于产业发展初期的企业,能够获得条件较好的一般要素,但缺乏核心要素,产业发展的关键是通过对外合作获取高端核心要素。从全球范围看,这类产业虽然是后发国家的绝对劣势部门,但在国际分工中却具有明显的比较优势,可能成为引进外资和技术的重点领域。进入产业发展期,这时候在学习模仿和

基于包容性价值链构建的中国海外粮食直接投资研究

技术赶超过程中逐步积累核心要素,产业发展具备一定优势但尚未形成对领先国家的完全替代,这类产业成长为一国的相对优势部门。在产业成熟期,后发国家完全掌握产业发展的核心要素,一般要素仍具有较强的支撑能力,产业竞争力实现从区域范围向全球范围跃升,这类产业成为一国国际竞争的优势领先部门。在产业衰退期,一国产业发展的优势开始消退,一般要素面临成本上升、供应紧张等问题,通过对外合作延长产业生命周期、释放产业发展潜力至关重要,这类产业多是一国的优势消退部门。而且随着产业步入衰退期,国内的高端要素将逐步向新的产业领域转移。

优势消退部门在强化国内关键价值环节优势的同时,向低成本国家进行投资、转移技术、占领市场,从而在转移扩散中延长产业生命周期、获取更多分工收益,这与赤松要的"雁行模式"、小岛清的边际产业扩张理论逻辑相一致。随着发展中国家海外投资的快速兴起,学者对不具备先进的大规模生产技术、缺乏巨额开发投资的发展中国家企业对外直接投资,特别是向发达国家进行投资的研究越来越多[1]。平行或劣势部门发展优势相对薄弱,他们海外投资行为主要是学习东道国的技术优势,或获取先发企业的关键性资产或战略资源,从而弥补自身竞争力的不足,其逻辑与发展中国家对外直接投资资源论、跳板论、追赶论相一致[2]。

我国粮食价值链上游生产资料环节中的植物保护和种子产业与发达国家的跨国企业存在相当大的技术差距,品牌影响力偏低,客户服务存在短板,如果不能全面提升技术水平、产品品质和服务水平,市场地位将会不断下滑,随着中国对外开放步伐的不断加大以及对知识产权保护力度的不断增强,国际龙头企业在中国国内的市场占有率将不断提升。跨国龙头企业的技术领先、研发力量雄厚、公司治理能力强大,但是他们同样面临着一系列困难,比如股东对收益率稳步增长的要求、环保压力导致的传统地区的成本上升、对基因改良产品限制的立法等,以及东道国对农化企

---

[1] 马亚明,张岩贵.技术优势与对外直接投资:一个关于技术扩散的分析框架[J].南开经济研究,2003(4):10-14.

[2] 张建红,葛顺奇,周朝鸿.产业特征对产业国际化进程的影响——以跨国并购为例[J].南开经济研究,2012(2):3-19.

业和种业企业进入的限制性规定等迫使他们在发展中国家寻找合作伙伴,甚至寻求良好交易对手出售公司或者收购东道国公司以获得快速市场进入的机会。粮食价值链上游相关国内企业可以借助这种合作获得溢出效应,提升自身技术与资本实力以及管理水平,借助金融手段进行资本运作,实现跨越式发展,突进到被并购企业的传统区域。

在优势领先部门,国内要素条件对产业形成较强支撑,产业核心竞争力突出,具有全球范围内的一体化优势。比如在一般制造领域,如果国内企业实现技术赶超后可能建立全球范围的竞争优势,特别是内需市场庞大的国家,这些产业优势往往会保持较长时间。在优势消退部门,曾经具有产业优势,而内外条件变化导致优势消退,比如中国的劳动密集型产业可能由于劳动力成本的上升或者说人口红利的消失,被周边劳动力更为便宜的国家部分替代。但是如果在资本、技术和市场等方面具有优势,可以主动向低成本国家投资、转移技术,从而获得更多分工收益。以农药产业为例,由于农药新产品技术要求高、研发难度大、投入资金多,全球农药行业集中度高的特点非常明显。2015年先正达、拜耳、巴斯夫、孟山都、陶氏益农、杜邦六家领先企业总销售额为392.76亿美元,占全球作物保护用农药市场的76.7%。我国农药企业大型龙头企业少、产业集中度低、自主创新能力弱、技术装备水平低,在全球农药价值链中处在价值链低端的制造环节,大部分农药产品为仿制品种。因此,国内农药企业海外投资主要通过海外并购获取先进生产技术、研发资源和销售渠道,为国内农药企业补创新短板、技术短板和市场短板。在发达国家设立研发机构、获取优质研发资源、贴近高端消费市场。在相对优势部门,比上不足、比下有余,这类产业的核心要素可能在于供应链协作、品牌建设、客户关系等,而不在于技术领域。比如水稻种子,中国具有一定的技术优势。根据《产业统计国际年报2015》的数据可以看到在粮食价值链中,中国在农副食品加工具有很强的单位劳动成本生产率优势,属于优势部门;在其他化学品领域,我国具有一定劳动生产优势,属于平行部门[1](见表3-18)。

---

[1] 单位劳动成本生产率,即一国某产业就业者单位工资成本所能创造的增加值。

表 3-18　不同优势部门对外直接投资的路径分析

项目	优势领先部门	优势消退部门	平行或劣势部门	相对优势部门
产业周期	成熟时期	衰退时期	初始时期	快速发展时期
优势条件	全球范围的竞争优势	产业竞争优势逐渐被低水平国家所取代	产业竞争优势偏低或尚处于发展初级阶段	产业竞争优势介于发达国家和发展中国家之间
投资指向	全球范围内	低水平国家	发达国家	一定区域范围内
投资行为	投资并购、整合资源、释放产业优势	输出资本和成熟技术、整合国外低端要素,占领海外市场	设立海外研发部门或战略并购,提高研发创新能力	在适宜区域范围内出口产品、输出资本和技术、完善产品质量、提升产业竞争力
投资效应	推进全球价值链治理、释放价值链整合效应	推进产业空间梯度转移、释放投资扩散效应	提升创新能力、释放模仿学习效应	构建区域价值链、释放增长跳板效应
理论解释	垄断优势理论、内部化理论等	"雁行模式"边际产业扩张理论	资源论、跳板论等	动态优势理论

二、跨国种业和植保公司在中国的投资策略

中国的种子市场仅次于北美市场,位于全球第二位,一直以来就是全球主要种子和植保公司全力开拓的市场。跨国种业公司在中国市场投资和运作的实践为中国龙头种业及植保公司在海外投资提供了重要借鉴。跨国种业公司在我国的投资运营一方面与我国的相关政策、法律法规的发布有着紧密关联,另一方面与他们坚持负责任投资原则和可持续发展理念下的包容性价值链构建实践紧密关联。

2011年4月国务院发布《关于加快推进现代农作物种业发展的意见(2011—2020年)》,明确农作物种业作为国家战略性、基础性核心产业的地位。其主旨是强化农作物种业基础性、公益性研究;协调科研与企业的关系,建立商业化育种体系;实现企业育繁推一体化;加快企业兼并整合。2011年9月《农作物种子生产经营许可管理办法》实施则对种业准入门槛重新做出规定:注册资本1亿元、3000万元和500万元(2015年和2016年分别修订)。2018年6月22日,国务院发布《关

第三章 包容性粮食价值链上游投资：以种子和植保企业为例

于积极有效利用外资推动经济高质量发展若干措施的通知》，提出取消或放宽种业等农业领域外资准入限制；加大知识产权保护力度，推进专利法等相关法律法规修订工作，大幅提高知识产权侵权法定赔偿上限。严厉打击侵权假冒行为，加大对外商投资企业反映较多的侵犯商业秘密、商标恶意抢注和商业标识混淆不正当竞争、专利侵权假冒、网络盗版侵权等知识产权侵权违法行为的惩治力度，等等。这些法律法规和相关政策规定表明中国种业市场开放步伐在加大，要求国内种业公司进一步加强研发、进一步兼并重组才能适应市场，才能在市场激烈竞争中生存和发展，从而具备基本的应对国际领先种业公司竞争的能力。

跨国种业公司主要通过资本运作、扩大经营规模来抢占全球市场。孟山都通过并购扩张陆续打开欧洲、非洲、南美、亚太等地市场，主要包括中国、墨西哥、阿根廷等60多个国家。以这种方式进行扩张的前提是必须具备强大的技术研发能力、经营管理能力、资产整合能力和市场拓展能力，由于种业公司的核心竞争力是技术和专利，所以仅仅依靠资本的力量进行蚕食，而不具备核心能力的公司是无法在种业市场持续发展的。

通过表3-19、表3-20、表3-21、表3-22四个表可以观察杜邦先锋、孟山都、先正达和利马格兰在中国的投资和业务开展的重要事件，可以发现这些价值链上游企业的种子业务单元在中国的共同策略，从设立代表处、种子销售合资企业、育种研发机构、制种合资或独资企业等步骤逐步实现在中国的布局，同时在业务拓展过程中始终把握与社会、环境的包容性，不断在教育、慈善、社区建设等方面贡献力量，以体现负责任投资的社会形象。

杜邦先锋1983年底与中国农业大学合作育种方式，1997年设立代表处正式进入中国市场，种子研究公司，2002年和2006年合资成立登海先锋和敦煌先锋公司，在进入中国的8年里年复合增长率超过100%，杜邦先锋的本土化实践是其站稳中国市场的关键策略。合资公司先制种，两年后才开始销售，创新设立"县—乡镇"两级销售模式，缩短层级，方便追踪和服务，保证种子销售链条的通畅和高效。建立标准化农业服务体系，提供针对性服务。与上下游公司战略合作，订单农业保证农民利益。通过"新品种推广—高标准生产—市场营销—培训与售后服务"一体化塑造品牌。

表 3-19 杜邦先锋在中国市场的业务发展

时间	主要业务
1983 年底	与中国农业大学合作育种科研
1997 年底	成立美国先锋良种国际公司北京代表处
1998 年初	成立独资企业——铁岭先锋种子研究有限公司
2002 年 12 月	成立合资公司——山东登海先锋种业有限公司
2006 年 9 月	成立合资公司——敦煌种业先锋良种有限公司
2010 年初	与中科院签署合作研究
2012 年初	在北京国际鲜花港建设分子育种技术研发中心
2014 年 8 月	杜邦上海创新中心开业

注：资料来自于杜邦先锋中国网站。

孟山都首先是在上海、广州和北京设立销售代表处，然后是分公司。与中国一些国家机构建立联系以发展在中国的业务，包括科技部、农业部、国家石油和化学工业局、卫生部、国家药品监督管理局、国家环保总局和相关地方机构。《外商投资产业指导目录》（2017 年修订）中把农作物新品种选育和种子生产（中方控股）规定为限制外商投资产业，规定"农作物、种畜禽、水产苗种转基因品种选育及其转基因种子（苗）生产"为禁止类项目。所以采取直接投资方式，合资经营。孟山都在中国采取高端政府公关路线，除了低调与政府决策层保持良性互动之外，孟山都还每年通过巨额的科研投入，与各个大学和科研机构组成战略合作伙伴。但是主要生物技术研究中心都在母国，新技术开发也主要在母公司进行，通过跨国经营方式把技术产品转移到国外。孟山都公司把资源集中到优势核心产品，集中核心产业向专业化和特色化方向发展；发展高新技术和高附加值产业；产品生产向原料和市场所在地转移。

表 3-20　孟山都在中国业务发展历程

时间	主要业务
1989 年 9 月	设立第一个办事机构——孟山都远东有限公司上海代表办事处
1990 年代初	在广州和背景设立销售业务代表处及分公司
1996 年 11 月	成立第一个生物技术合资企业——冀岱棉种技术有限公司
1998 年 7 月	成立第二个生物技术合资企业——安徽安岱棉种技术有限公司
2001 年 3 月	与中国种业集团合资成立"中种迪卡杂交玉米种子有限公司"
2004 年 4 月	获得中国农业部颁发的转基因大豆、玉米及棉花的永久性进口安全证书
2009 年 11 月	在中国成立第一家研究机构——孟山都生物技术研究中心
2010 年-2016 年	中国绿色乡村吉林、广西、河南、山东、内蒙项目,农大奖学金项目
2018 年 6 月	拜耳完成对孟山都的收购

注:根据网络资料整理。

先正达 1998 年进入中国,先成立合资的农业技术服务公司,然后开展蔬菜种子的本地化选育,随后介入玉米种子和稻谷种子研发与销售。2011 年整合中国市场业务,并广泛参与公益事业,营造良好企业形象,构建包容性的商业环境。

表 3-21　先正达在中国市场业务发展历程

时间	主要业务
1998 年 10 月	与寿光市先农技术服务公司设立合资企业——寿光先正达种子有限公司
2001 年	开展蔬菜种子研发,相应的病理研究、样品种子生产等业务
2007 年	选育的"先正达 408"通过内蒙古相关部门审定
2008 年	与河北三北种业公司合资;成立先正达生物科技(中国)有限公司
2009 年初	成立一家玉米种子合资公司,与安徽省农业科学院签订稻米研究合作协议
2011 年	进行中国市场业务整合,先正达农业科教与农村发展基金项目启动
2013 年 5 月	先正达南通长江二号项目奠基
2016 年 4 月	中国化工集团宣布 430 亿美元收购先正达

利马格兰公司 1993 年进入中国,1997 年成立分公司,此后与山西腾达合资建立特种谷物研发有限公司、参股隆平高科,接着与隆平高科建立合资公司进行杂交玉米种子的培育、生产和销售,进入的方式也是直接投资、合资经营。

表 3-22 利马格兰在中国的业务历程

时间	主要业务
1997 年 9 月	成立利马格兰(中国)公司
2002 年	与山西腾达种业公司合资创办山西利马格兰特种谷物
2007 年 7 月	与湖南新大新股份有限公司和长沙新大新集团有限公司签署增资转股协议
2010 年 5 月	与隆平高科签订玉米品种授权生产经营协议
2010 年	欧利马(北京)农业技术服务有限公司寿光分公司
2011 年 2 月	与隆平高科签署设立合资公司合同的框架性协议
2012 年	成立河南玉米与小麦研究站
2013 年	大连米可多新总部于大连成立
2014 年	雅可乐商务开发部于上海成立
2015 年	恒基利马格兰合资公司成立

从以上的跨国种业公司在中国投资的进程可以看到,他们具有一些共同的特点:①建立销售代表处,让中国用户首先了解产品、品牌和公司;②建立研发机构,利用母公司的技术、中国当地人才研发适应中国不同环境的产品;③建立合资公司,规避外商投资监管门槛;④与中央政府相关机构和地方相关机构保持良好的关系;⑤积极参与社会公益活动,树立良好的社会形象,如"绿色乡村"活动、农业高校和研究机构的奖学金项目等。

第四节 中国粮食价值链上游植物保护和种子企业海外投资实践

粮食价值链上游生产资料环节主要包括植物保护产品(具体包括除草剂、杀虫剂、杀菌剂、植物生长调节剂等)、种子、化肥、农业机械等几个子行业。本章主要就种业和植物保护行业讨论,无论中国的种业还是植保行业,与世界比都存在显著差距,小、散、乱、研发水平低,是中国在这两个细分行业的共同现状。

一、中国种业及种子企业概况

(一)中国种业概况

种子行业是粮食与农业价值链的起点,该行业涵盖种质资源创新、品种培育、生产加工、销售和后续服务等环节。为种子行业提供育种理论指导、研究提供种质资源的科研育种机构为种子行业的上游;种子行业的下游是种植业,针对广大的种植户,包括农场、农户等。这些种植户生产的产品最终成为初级农产品、初加工农产品或深加工产品。种子行业具有季节性强、地域限制性大、需求价格弹性低、供给价格弹性大、质量指标复杂、品种研发周期长、投入大的特点(见图3-3)。

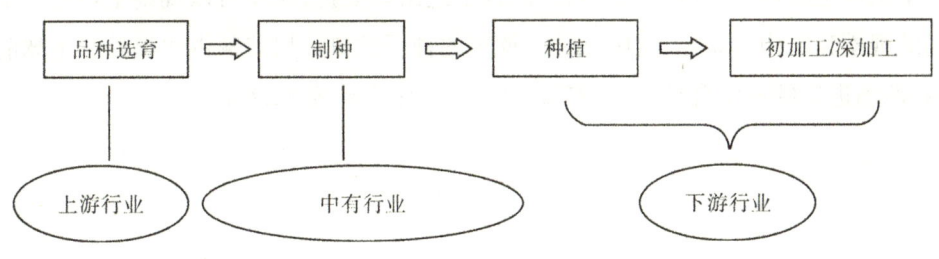

图3-3 种子行业价值链上下游关系

在上游育种方面,我国只有少数的种子公司具有自主研发能力,能够通过其自身的育种中心研发获取种子品种权,其余大部分种子公司是以购买的方式从科研育种单位获得品种经营权。我国大型的科研院所拥有大量的种质资源和人才,对育种的研发和商业化都起到了重要的作用。随着粮食生产规模的不断扩大,种业市场规模也不断扩大,我国已成为仅次于美国的全球第二大种子市场。农业供给侧结构性改革催生出大量对新的、高品质农作物品种的需求,优质种子产品的市场空间将显著增大。随着农业生产现代化程度的提高,对农作物品种的产量、质量等性状将更加敏感,优质种子产品的市场需求将不断增大。随着《种子法》修改带来的种业经营环境变化,具备优秀研发、生产和质控能力的种业企业的市场优势也将不断扩大。随着"一带一路"建设的不断推进,具有国际比较优势的种业企业将同时拥有国内和国际两个市场,同时统筹利用两个平台和两类资源,发展后劲更足。

当然中国种业企业普遍规模偏小,市场集中度不高,规模优势欠缺。虽然我国种业市场的整体规模不小,但种业企业数量多,部分领先企业在单个品种的市场规模、市场占有率上有一定优势,但与国际种业巨头相比,差距仍十分明显。国内部分种业企业虽然在杂交水稻等作物品种上有种质和研发优势,但其他品类无论是种质资源还是研发能力上,均与国际种业巨头有明显差距[1]。中国种子行业整体库存水平较高,假冒伪劣种子对合规经营的种业企业冲击依然存在,加之国际种业巨头的参与,市场竞争的激烈程度不断加剧。

中国是一个农业大国,常年农业用种量在125亿公斤左右,排名世界第二位,巨大的种子需求量使得中国种子市场日趋成为国际种业竞争的焦点[2]。表3-23列举了全球主要种子出口国和进口国的种子进出口数据,从中可以观察全球种子市场的规模和结构。荷兰、美国、法国、德国的种子进口和出口额占比都处于全球前四,四国进口额占比合计为29.87%、出口额占比合计为52.2%。

---

[1] 隆平高科公司公告[N].证券时报,2016-04-08.
[2] 周伟.农业跨国公司垄断对我国农业的影响[J].西北农林科技大学(社会科学版),2015(10).

表 3-23 全球主要种子进出口国 2016 年种子进出口数据（单位：百万美元）

序号	出口额（百万美元）			进口额（百万美元）		
	国家	出口额	全球占比	国家	进口额	全球占比
1	荷兰	1 829	16%	美国	977	8.92%
2	法国	1 708	15%	荷兰	836	7.63%
3	美国	1 672	14.7%	法国	747	6.82%
4	德国	739	6.5%	德国	702	6.4%
5	匈牙利	446	3.9%	意大利	571	5.2%
6	意大利	352	3.0%	西班牙	540	4.93%
7	丹麦	291	2.5%	墨西哥	462	4.22%
8	加拿大	286	2.5%	俄罗斯	432	3.94%
9	罗马尼亚	277	2.43%	中国	318	2.9%
10	智利	274	2.40%	比利时	291	2.66%
11	阿根廷	257	2.26%	日本	269	2.46%
12	西班牙	250	2.2%	英国	262	2.39%
	全球总额	11 378		全球总额	10 954	

数据来源：国际种子联盟[EB/OL].http://www.worldseed.org/wp-content/uploads/2018/03/Imports_2016_Final.pdf.

（二）中国种子企业概况

自 2000 年《种子法》颁布之后，中国种业开启了市场化的征程。但前十强种业企业销售额不到种业市场的 20%，前 50 强市场集中度也仅有 35%。这与世界种子市场高度集中的格局相比存在巨大的差距。据统计，2015 年世界 Top10 大种业公司在全球市场份额超过 75%。而目前拥有研发创新能力的国内种子企业不到总数的 1.5%，我国种业公司研发投入不到销售额的 1%，绝大部分的企业小而散，甚至无研发部门。表 3-24 对全球和国内种业公司 Top10 的销售额进行了对比。在全球种业销售额前十的公司中有两家与中国有关，先正达已经被中国化工集团收购；隆平高科最近几年频繁开展资产收购，通过参与投资陶氏益农在巴西的特定玉米种子业务,拓展了美洲等全球重要种业市场。中国种业公司前十的销售额合计仅为15.3亿美元,仅超过排名第6的KWS AG公司,与利马格兰的销售额相差2亿美元。更不用说与排名第一和第二的孟山都和陶氏杜邦了。

表3-24 全球及中国10大种业公司销售额对比(2017年销售额)

排名	公司	销售额(亿美元)	公司(品牌)	销售额(亿美元)
1	孟山都	109.13	隆平高科	5.03
2	陶氏杜邦	90.5	垦丰种业	2.25
3	先正达	28.26	大华种业	1.91
4	拜耳	18.09	登海种业	1.27
5	利马格兰	17.02	荃银高科	1.21
6	KWS AG公司	12.94	鲜美种苗	0.95
7	丹农	5.71	农发种业	0.93
8	坂田种苗	5.65	金色农华	0.91
9	瑞克斯旺	5.21	丰乐种业	0.45
10	隆平高科	5.03	万向德隆	0.39

数据来源:公开报道及各公司年报,其中中国公司销售额按照2017年12月31日汇率折算。

我国种业企业的数量由2010年的8700多家下降到2017年的3293家,数量减少超过60%,而且这些本土种子企业中仅有90多家拥有育繁推一体化的能力,大部分企业缺乏自主研发能力。与农业跨国公司相比,我国种业企业数量多、规模小、研发能力弱。大部分本土企业的研发投入仅维持在或低于其销售额的1%,农业跨国公司的研发投入一般占到销售收入的10%左右,有的甚至高达15%~20%。由于农业跨国公司掌握着核心技术,拥有强大的研发实力,从而加深了部分农户对其的依赖。中国前十强种子企业仅占国内种子市场份额的13%,而美国种企虽然只有1100多家,但其前二十强种子企业就垄断了70%的市场,仅孟山都和先锋2家企业就占据美国玉米种子市场60%以上的份额。

(三)中国种业发展需要解决的关键问题

(1)调整品种结构,匹配市场需求。育种要根据市场消费者的需求和加工企业的要求,不断提高产品品质,扩大作物种类,特别是提高经济作物、特色品种的市场占有率。

(2)适应农业的可持续发展取向。资源节约、环境友好、生态保护和产品安全是实现农业可持续发展的重要内容,在稳定生产能力的同时,选育品种要突出抗逆、抗病、抗虫,资源的高效利用和适应机械化等特性。将分子育种和传统育种相结合,提升种业竞争力和效益以帮助解决农业发展不可持续问题。

(3)通过技术创新和机制创新适应绿色农业发展需要。跨国龙头种子企业从上百万品种测试选种,我国种业企业与他们的育种技术水平差距明显,在分子检测技术、机械自动化程度、数据处理的信息化程度方方面面都要落后。科研成果转化为生产力的关键要看体制机制上能否实现上中下游的一体化,产、学、研协同发展,通过技术创新和机制创新来构建中国的种业创新体系。

(4)注重知识产权保护。从种子管理、打击假冒伪劣、规范市场行为等方面不断完善知识产权保护,通过强化知识产权保护,营造尊重知识产权、鼓励创新的氛围,维护良好的产业发展秩序。

二、代表性种子企业隆平高科的海外投资实践

(一)隆平高科的公司战略

2016年1月30日隆平高科公布了其愿景战略及五年战略目标与规划。自2015年起,用10年时间进入全球种业企业前五强,打造民族种业的航母。该战略远景将分三个阶段实现,2015—2017年,进入全球种业企业前十强;至2020年,进入全球种业企业前八强;至2025年,进入全球种业企业前五强。2015年8月,隆平高科向中信兴业投资、中信建设和信农投资进行定向增发,三者合计持有公司股份达到18.72%,隆平高科实际控制人变更为中信集团。

隆平高科公司制定了2015—2020年的战略目标及规划,涵盖战略定位和目

标、业务战略、管理战略和功能战略①，具体内容如下：①战略定位和目标为世界优秀的种业公司，致力于为客户提供综合农业服务解决方案，2020年进入世界种业前八强。②业务战略：价值链战略是"种业运营+农业服务"；品类战略是"3+X"横向扩展，其中水稻、玉米、蔬菜为3大核心品类，小麦、薯类、棉花、油菜籽、花生、大豆等为辅助业务；区域战略是"国内市场+国际市场"同步扩张、"一带一路"重点突破；增长战略是"内生发展+外延驱动"双动力。③管理战略：采取"决策委员会+执行委员会"的治理模式，实行充分授权的公司化事业部制，加强总部的战略管控能力建设。④功能战略：生物技术战略是以生物技术为方向，以全球布局、商业化管理为基础的研发战略；质量领先战略是以质量领先为核心，以标准化为基础的生产战略。服务营销战略是以农业服务为核心，以合作社为纽带，为规模种植者提供系统解决方案。人才竞争战略是以国际化竞争为方向，以提升人才吸引力为基础的人力资源战略。创新与信息化战略是以模式创新为方向，以改善管理、优化业务为基础的信息化战略。

表3-25 隆平高科研发投入（2014—2018年）

项目	2014年	2015年	2016年	2017年	2018年
研发人员数量（人）	239	302	322	409	453
研发人员数量占比	19.96%	18.02%	16.85%	14.28%	15.15%
研发投入金额（亿元）	1.11	1.65	2.24	3.23	4.49
研发投入占营业收入比例	6.11%	8.15%	9.73%	10.14%	12.55%
研发投入资本化的金额（元）	0.86	1.40	1.84	2.73	3.56
资本化研发投入占研发比例	77.16%	85.04%	82.01%	84.41%	79.23%

数据来源：隆平高科2014—2018年年报。

从隆平高科研发资金占营业收入的比例看，2014—2018年呈逐年增长的趋势，

---

①隆平高科远景战略及五年战略目标与规划[EB/OL].http://pdf.dfcfw.com/pdf/H2_AN201601290013.

目前已经达到与先正达等国际农资巨头比例相当的程度,甚至比孟山都的研发投入比例高,但是由于营业收入存在相当大差距,隆平高科的研发投入金额与排在前列的全球种业巨头之间的差距巨大。

(二)隆平高科的海外投资战略

国家鼓励扩大优势农产品出口,推动农业走出去,支持农业企业开展跨国经营,培育具有国际竞争力的大企业大集团,具有国际比较优势的种业企业将引领中国种业实施"一带一路"倡议。根据公司制定的国际化战略,自2007年以来,公司就开启了以科研及产业的本地化为基本方略的国际化战略。截至2018年底,育种体系在中国、巴西、美国、巴基斯坦等7个国家建有13个水稻育种站,22个玉米育种站,7个蔬菜育种站,4个谷子育种站和3个食葵育种站,试验基地总面积近10,000亩。

隆平高科一直承担农业技术培训班、官员研修班以及部长级研讨班等国际培训项目,培训了来自亚洲、非洲、拉美、加勒比及南太平洋地区的多个国家的农业及相关领域官员、技术人员和科研人员,传播杂交水稻种植技术,造福世界人民;此外,公司还承担了东帝汶、利比里亚、印尼、菲律宾、巴西、赞比亚、乌兹别克斯坦、UNESCAP等多项国际农业技术合作项目,用中国实用的现代农业技术,帮助其他国家发展农业生产,促进其解决粮食安全问题。

成立隆平高科海外种业研发有限公司,统一管理海外研发。2017年,隆平高科以产业战略为导向,加快推进海外投资并购,进一步助推公司成为优秀的国际化种业公司。国际方面,公司通过参与投资陶氏益农在巴西的特定玉米种子业务,拓展了美洲等全球重要种业市场,获得了国际先进、成体系的育种研发资源与经验,也为加快国内玉米种业升级,进一步强化公司的境内主营业务增添了又一项战略性优势。

三、中国植物保护产品生产企业概况

(一)中国植物保护行业状况

快速增长的人口、对食品安全和健康的意识提高、耕地的减少和提高作物产量的需求推动着植物保护整体市场发展。由于合成化学农药对环境造成不利影响，面临着紧缩的监管法规，随着健康和环保意识的提高，草甘膦、莠去津、毒死蜱等农药退出市场，对生物农药的需求将继续推高。生物农药的主要来源为植物、动物、细菌、某些矿物质，通过无毒害的机理防控害虫。每公顷土地上对生物农药的需求较少，与化学农药相比效率更高，这将在未来成为需求增长的有力推动因素。

作为世界第一大农药生产和出口国，我国农药企业超过2000家，但大型龙头企业少、产业集中度低、自主创新能力弱、技术装备水平低。在全球农药分工体系中，我国农药企业处在价值链低端的制造环节，大部分农药产品均为仿制品种，充当"原药代工者"的角色。中国化工集团2011年24亿美元收购以色列马克西姆-阿甘公司60%股权，2016年收购瑞士先正达公司，都是属于属于财务投资性质。国内植保企业海外投资希望通过海外并购获取先进生产技术、研发资源和销售渠道，为国内植保企业补创新短板、技术短板和市场短板[1]。

农药行业价值链分工包括产品研发，中间体、原药、制剂生产，渠道网络等环节，产业价值链的典型特征是"中间小、两头大"，即中间生产环节附加值较低，前端技术研发、产品创制和后端品牌、渠道拥有较高附加值。农药行业高度依赖技术及品牌，技术水平、品牌影响力、渠道是行业竞争的关键要素。目前，全球农药行业国际分工业已形成，国际农化巨头拥有技术、品牌、渠道优势，主要专注于具有新活性成分的农药产品的研发、生产、品牌及销售渠道建设，以中国为代表的发展中国家日益成为后专利时期农药原药产品的生产基地。

中国是全球主要的农药生产和出口国，全球市场有70%的农药原药在中国生产，中国农药出口基本覆盖了全球农药市场，涉及180多个国家和地区。从农药销售地域来看，拉美地区占全球农药销售额28%、亚洲占比26%、欧洲占比25%、北美占比17%。2017年中国仍然保持全球农药出口第一大国的地位，农药出口量146.76万吨。2015—2018年，全球作物农药市场销售额从518.35亿元增长至575.61亿元（见表3-26）。

---

[1] 赵平.2015年全球农药市场概况及发展趋势[J].农药,2017(2):79-85.

表 3-26　全球作物农药销售额（2012—2018 年，单位：亿美元）

时间	2012 年	2013 年	2014 年	2015 年	2016 年	2017 年	2018 年
销售额	473.6	526.65	566.55	518.35	528.82	542.19	575.61

2015 年，美元走强、农产品价格下滑、天气条件不利等原因合力推动全球农药市场大幅下滑 8.5%。2017 年草甘膦价格上升、有利的天气条件促使全球农药销售额上升。当前全球市场，虽然北美和欧洲的农业市场基本饱和，但拉丁美洲的农业仍是全球农药市场最重要的增长引擎。发展中国家较快的人口增速，稳定增长的粮食需求形成农药消费的刚性支撑，居民粮食消费升级导致作物种植结构发生变化，对农药的需求进一步增加。近年来新兴国家在农药市场上持续发力，巴西、中国、阿根廷农药消费额增长迅速，预计 2018 年主要发展中国家的农药市场规模将突破 200 亿美元，将带动全球农药市场的回暖[①]。

农药行业发展的趋势表现在以下几个方面：集约化、规模化是农药企业做大做强的必由之路，随着行业竞争的加剧以及环保压力加大，行业的重组洗牌将不可避免，我国农药行业正进入新一轮整合期，将为优势农化企业带来新的发展机遇，并促进行业健康快速发展；生产过程绿色化，产品低毒、高效化成为行业发展方向；原药、制剂一体化发展趋势；生产工艺优化、制剂创新水平提升；下游集中用药形成趋势。

全球作物保护市场由五家大型跨国公司主导，陶氏与杜邦合并成立的科迪华、收购孟山都的拜耳、巴斯夫、先正达、富美实，他们的作物保护业务年销售额均超过 40 亿美元。作物保护行业总体而言呈现为大量本土生产商在各自国家与跨国公司相互竞争的分散局面。但是作物保护市场的准入门槛较高，不同地区的市场准入要求存在差异性。

---

①韩永奇.2017 年农药行业发展述评和前景展望[J].农药市场信息，2018(5/30).

(二)中国农药(植物保护产品)生产企业概况

我国农药企业大致可分为原药企业、制剂企业和原药制剂一体化企业三大类，国内农药行业的竞争主要体现为这三类企业间的竞争。由于原药与制剂产品在农药产业链中的位置、技术特点、客户群体、销售模式等方面不同，上述三类企业在竞争战略上也存在较大差异。原药子行业体现技术密集的特点，拥有技术优势的企业获益更大；制剂子行业主要体现为企业营销实力和品牌影响力的竞争，拥有完整营销渠道和品牌优势的企业将成为最终的胜利者。

原药企业的竞争主要围绕产品质量与成本展开。原药企业的客户为农药制剂企业，客户数量少且对产品鉴别能力较强，同时国内原药企业均为仿制农药生产企业，难以通过产品的差异化战略获取竞争优势，因此市场竞争主要围绕产品质量与成本展开，只有具备稳定质量且成本优势明显的企业才能在竞争中脱颖而出。原药生产的核心技术为化合物合成技术，合成工艺水平决定产品质量，直接影响产品成本。此外，原药企业固定资产投资较大，规模优势能有效降低产品成本，因而，技术及规模优势是决定原药企业竞争胜负的关键因素。

制剂企业的竞争主要围绕销售渠道与服务水平展开。制剂企业的客户主要为农药经销商，最终用户为广大农户，客户数量众多且对产品鉴别能力较弱。由于国内农药制剂品牌众多且剂型复杂，终端用户往往缺乏农药专业知识，通常以经验为导向进行选购，另外其购买行为容易受农药经销商的宣传引导，因此销售渠道是制剂企业的竞争焦点。原药制剂一体化企业则需兼顾原药产品与制剂产品的市场竞争特点，一方面原药业务需具备质量与成本优势，另一方面制剂业务需具备服务与渠道优势。与单纯的农药企业或制剂企业相比，一体化发展的企业具备产业链优势，通过制剂发展拓展了盈利空间，通过原药发展提高了行业主动权，最终提高了企业的抗风险能力和盈利机会，产业链一体化程度越高的企业竞争优势越强。

农药行业在供给侧结构改革和环保巡查常态化的形势下呈两级分化的变化，优势企业的生产和业绩得到大幅提升。2018年百强企业总销售额达到1,718亿元，同比大幅增长11.47%。安道麦以238.75亿元销售额摘得桂冠，北京颖泰嘉和和山东潍坊润丰分别以60.832亿和50.465亿元的业绩分列第二、三位。2018年从生产端到渠道端，农资行业两极分化速度明显加剧，环保达标和规范生产加速行业的结构调整，优势资源聚集，落后产能淘汰。前十强销售总额达667.04亿元，同比增涨9.50%，占百强销售总额的38.82%[1]（见表3-27）。

表3-27 中国农药行业2018年销售额排名前10企业（单位：亿元）

序号	企业名称	2018年销售额（亿元）
1	湖北沙隆达股份有限公司（安道麦）	238.75
2	北京市颖泰嘉和生物科技股份有限公司	61.74
3	南京红太阳股份有限公司	58.83
4	山东潍坊润丰化工股份有限公司	53.44
5	江苏扬农化工股份有限公司	52.02
6	四川省乐山市福华通达农药科技有限公司	47.63
7	浙江新安化工集团股份有限公司	43.93
8	利尔化学股份有限公司	40.01
9	连云港立本作物科技有限公司	37.05
10	湖北兴发化工集团股份有限公司	33.64

我们对中国境内的农药企业进行深入观察后发现，中国农药企业具有这样的一些特点：①专利技术有限，我国农药企业仅仅集中在低端生产环节，创新能力十分有限，无法深入"高精尖"的世界农药市场领域；②重原药、轻制剂，不论品牌还是技术含量都缺乏核心竞争力；③研发能力不足，产业升级换代动能不足，在注重环境保护的大趋势下，植物保护生产企业生产成本将不断上升，只有技术储备、技术研发能力强大的公司才可能存在；④国内企业同类产品的市场影响力和竞争力与国外品牌相差甚远，主要原因在于质量的稳定性和服务的专业性，如果国内公司不从根本上转变，不可能在国际市场持续发展；⑤我国农药产业和产品出口存在以量博弈、以低价竞销、技术含量不高、易受国外技术壁垒和绿色壁垒阻击等情况。

---

[1] 中国农业网[EB/OL].http://www.zgny.com.cn/ifm/consultation/2019-5-20/556236.shtml.

四、代表性植物保护企业安道麦的海外投资实践

(一)发展目标及战略

安道麦(Adama)①是全球最大的以非专利原药为基础的公司,在全球作物保护行业综合排名中位列第6。根据菲利普斯2017年对全球作物保护行业销售总额的估算,安道麦2018年的全球市场占有率约为6%。安道麦在非专利市场居于领军地位,销售额在非专利保护公司中排名第一,2018年全球各区域销售比重分别为欧洲27%,拉丁美洲24%,北美19%,亚太16%,印度、中东和非洲占14%。在中国国内具有独特的市场地位及渗透优势,业务实现纵向一体化覆盖全球,多元差异化的产品供应,经验丰富的管理团队等都是安道麦的核心竞争优势。

安道麦致力于成为全球作物保护行业的领军企业,采取的战略为:利用差异化产品组合增强并提高自身的市场地位;在商务和运营方面实现在全球作物保护领军水平,并由此推动未来在全球范围的增长;继续巩固新兴市场地位;继续利用全球产品整合和品牌重塑计划的契机,整合全球业务,在全新的"安道麦"品牌下理顺销售和分销工作;寻求收购机遇,扩大市场覆盖并增强产品组合。

在以色列、印度、巴西和中国建有化学研发中心,在以色列、中国、印度、美国和巴西建有分析实验室。实验室的职责包括开展产品质量保证测试,其中部分实验室亦承担登记试验的任务。在欧洲、以色列、拉丁美洲、巴西、北美、印度和亚洲建有开发和登记中心,在全球100多个国家拥有专业的登记团队。表3-28列出了安道麦2014—2018年的研发投入数据,从研发投入比例看总体呈现上升趋势,但是比例仍处于较低水平;与同期全球排名前列的巨头相比,比例和绝对投入额都存在巨大的差距。

---

① 原公司名称为沙隆达,沙隆达与Adama Solutions合并后,于2018年12月更名。

表 3-28　安道麦研发投入情况（2014—2018 年）

项目	2014 年	2015 年	2016 年	2017 年	2018 年
研发人员数量(人)	20	20	232	241	254
研发人员数量占比	0.97%	1.07%	3.47%	3.63%	3.84%
研发投入金额(亿元)	0.080	0.074	2.259	3.604	4.419
研发投入占营业收入比例	0.25%	0.34%	1.02%	1.51%	1.73%

注：2016 年的数据相比 2015 年发生重大变化，主要是因为把安道麦和沙隆达合并报表，2015 年之前是沙隆达的数据。

(二)安道麦海外发展战略

随着人力成本及其他生产投入成本的提高(包括环境成本)、以及国内监管要求日益趋严(包括对于批准生产许可证的限制)，我国的生产成本逐渐提高，致使我国生产的产品价格开始呈现上扬趋势。在这样的行业发展趋势下，安道麦认为要做到以下几方面：在不同国家、客户和供应商中建立的公司声誉、品牌，公司具备的专业知识与积累的行业知识；财务实力和恢复力持续增长，迅速把握感兴趣的业务机遇，以便丰富自身的产品组合；获得资金资源和合理融资条件的渠道，以便开展投资活动并确保正向的投资回报率。2018 年底，安道麦目前海外资产 188 亿人民币，占公司净资产的比重为 88.4%。

安道麦在重点新兴农业市场建立了强有力的领先地位，如拉丁美洲、印度、亚洲和东欧，新兴市场占集团全球销售额一半以上。过去数年中，为了在新兴市场建立直接的准入渠道和分销实力，安道麦在墨西哥、哥伦比亚、智利、波兰、塞尔维亚、捷克、斯洛伐克及韩国成功完成收购整合。此外，在众多高增长市场实施直接"走向市场"战略，包括印度、印度尼西亚、越南和南非，利用直销团队在零售商和农民层面推动需求增长。

在增长潜力高的重点新兴市场继续加大业务投资。建立了全球登记网络，在 100 多个国家拥有本土登记实力，能够在几乎所有的重要市场高效地引入新产品，为农民提供完整的作物保护解决方案。2014—2018 年共获得约 1,150 张新产品登记证。在各个战略市场的本土销售团队与当地经销商和终端用户建立紧密联系,进一步加强营销实力,在批发商、零售商及农民三个层面推动需求增长。

建立强有力的全球平台以及在新兴市场建立的领先的商务基础使得安道麦能够抓住全球的增长机遇,继续推动盈利性增长。作为"创造农业简单化"的内容之一,投入可观的资源用于整合全球业务,在全新的"安道麦"(Adama)品牌下理顺销售和分销工作。在全球品牌下,对数百个本土品牌和产品名进行简化,并进一步通过创新、独特的产品包装予以区分、突出产品特色,提高"安道麦"品牌的认知度。在全球各地成功完成并整合了众多补强型收购,将继续寻找具有吸引力的补强型收购机遇、使用授权协议和合资机遇,扩大市场覆盖度、提高市场地位、加强并进一步差异化自身的产品组合提供支持。

第五节　本章小结

粮食价值链上游指的是为粮食价值链中提供种子、化肥、植物保护产品、农业机械等生产资料供应的环节,粮食价值链上游特别是植物保护和种子行业面临着一系列的挑战和机遇。本章主要以粮食价值链上游的种子和植保为对象,探讨行业和龙头企业包容性投资和运营模式,希望帮助中国企业明确海外投资的机理与策略。发展中国家城市化进程的推进必然减少农地供给,而全球人口的增长所需要的粮食供给只能通过单位土地产出率的提升来保证;而随着社会公众生活水平和消费需求不断提高,人们更加注重安全、健康、环保,对化肥和农药的使用以及基因改良种子也提出了更高要求。很多国家为顺应农业的可持续发展提出了很多规定和政策指引。

2016年全球农化行业开始拉开并购大幕,粮食价值链上游的市场集中度越来越高,监管环境的变化、生物抗性增强、挖掘和发现新的市场机会等推动全球种子行业和植物保护行业的研发投资活动。除了传统的生物和化学技术的研发投资外,数字农业和基因编组是重要的研发投资领域。全球农药化工企业和种业龙头公司都具备这样的一些特点:完整的长期发展目标;成熟的技术、管理理论支撑,并不断汲取理论营养;具有自己的特色品种和强大的新产品创制能力,研发、推广

第三章 包容性粮食价值链上游投资：以种子和植保企业为例

及销售队伍强大；有自己的主要销售市场和主流产品。国际种业公司在跨国投资时，选择进入东道国的投资方式主要是合作或合资方式，依靠育种核心技术、立足本土研发和推广、逐步渗透东道国市场。母公司的战略、技术和管理投入是独资子公司竞争优势的主要源泉。

跨国种业公司主要通过资本运作、扩大经营规模、持续研发投入来抢占全球市场。以这种方式进行扩张的前提是必须具备强大的技术研发能力、经营管理能力、资产整合能力和市场拓展能力，由于种业公司的核心竞争力是技术和专利，所以仅仅依靠资本的力量进行蚕食，而不具备核心能力的公司是无法在种业市场持续发展的。粮食价值链上游企业尤其要注意包容性投资、可持续发展，水源、土壤、生物多样性可能正不断恶化，转基因物种可能正持续影响着人类健康，这样的变化实际上需要种业公司和植物保护公司更加慎重地思考如何更为安全、谨慎地使用科学技术，更加包容性地思考和估计公司行为对环境、公众、社会伦理的影响。

我国种业企业和植物保护企业相似，都呈现数量多、规模小、研发能力弱的特点。他们对外投资是希望通过海外并购获取先进生产技术、研发资源和销售渠道，进而补创新短板、技术短板和市场短板。当前中信集团控股的隆平高科正在积极实施海外并购资产实现协同效应，先正达集团正处于重组之中，不断探索海外投资并购的方式和可持续运营模式。种子公司首先应该加大研发力度、增强公司种子库资源和审定种子品种，以质量为先导，让高质量为公司的营销奠定基础；然后通过不断兼并，逐步提高公司的市场占有率、营业收入和利润率，进而持续增加公司研发投入，从而提升公司发展的可持续能力。在夯实基础前提下，公司稳步推进海外拓展。植物保护行业属于高端制造业，自主创新能力和产品开发能力是企业的核心能力。中国国内植物保护企业应该以国际标准进行产业调整和技术产品创新，通过并购重组、优胜劣汰，限制高污染、高成本，提高门槛使得该行业的企业具备特许权价值，使其生存和发展环境改善，同时在国际上巩固现有市场、开拓新市场。

第四章 包容性粮食价值链中游投资：后现代农业生产模式

在进行价值链生产环节海外投资之前，我们需要了解目标经济体的农业发展处于一个什么阶段，农业生产的主要方式是什么？因为传统农业模式和现代农业模式选择要基于自然资源、人力资源、资本等资源禀赋状况，也取决于目标经济体的农业发展的主要目标是解决粮食供给、提高农民收入，还是优化农业生产方式？海外粮食与农业投资一个关键是要了解投资东道国的农业发展状况、一二三产业之间的关系以及可持续农业发展的路径。基于传统农业和现代农业发展中的阶段性突出矛盾决定了投资方向的选择，是农业基础设施、农业推广与研发，还是农业机械、农民技能培训，或者是农业组织模式和一二三产业融合，等等。

粮食生产方式的选择不仅仅依据自然资源禀赋状况，还有赖于粮食生产哲学思想的形成，有赖于人们对人类生存和自然共生的包容性价值观。在人类粮食生产的历史上，经历了原始农业、传统农业、现代农业的发展阶段，最近20年，对现代农业的反思提出了"后现代农业"模式，农业生产的主流方式不断替代和更新，反映了人类生存和发展中始终在思考人与自然的包容性、人类活动的可持续性问题。粮食生产方式的选择既有地区资源禀赋的特殊性，如土地、水、气候、劳动力、生产工具和能源；也有人类对待自然的态度，如人类活动对自然的索取和影响、自然对人类的容忍度、生物多样性能否保持；也有人类自身对效率和公平的辩证思考，比如追求高产量付出的代价、是否具有可持续性，小农的谋生方式能否得到尊重,他们的生存和发展是否具有合理的空间,人们是否能够在不断增长和发展的同时传承传统的精髓。

第一节 粮食生产方式的演变过程及哲学思想渊源

一、粮食生产方式演变过程

人类农业经历一万余年发展,至今大致可划分为原始农业、传统农业、现代农业和后现代农业阶段等四个阶段。从新石器时期到铁器工具出现之前为原始农业阶段,历时七千余年,以石器、棍棒为工具,刀耕火种,耕作粗放,生产水平低下。人类靠取得自然产品赖以生存,农业生产是一种不超过自然负荷略带掠夺式的生产。而近三千年来则是传统农业阶段,以自给自足的经济为主,使用铁制工具,以人力、畜力为主要动力,科学技术不发达,主要靠天吃饭,生产经验指导农作,基本上维持着自然生态平衡。农业企业开始出现,向商品化、社会化农业转变,目前许多发展中国家仍处于传统农业阶段。发达国家的现代农业建设约始于18世纪末19世纪初,二战后以单一化选择、规模化种植、机械化操作、产业化经营为主要特征的西式现代农业(也称"石油农业"[①])模式在欧美一些发达国家兴起,并迅速在农业产出和经济效益上获得巨大成功。随着社会经济的发展和科学技术的进步,人们逐步认识到石油农业的弊端,过量和滥用化肥农药造成严重污染、危害人畜健康,导致土壤侵蚀、能源危机,水源、森林、生态环境以及生物多样性等遭到破坏[②]。约翰·科布(2012)指出现代农业的发展中整个人类已经超出可持续性的极限,正走向不可避免的崩溃[③]。

[①] 现代农业被称为"石油农业"是因为大量使用以石油产品为动力的农业机械及石油制品为原料的化肥、农药等农用化学品,机械化和化学化是其共同特点。
[②] 肖剑华.两型农业:必要的乌托邦[J].农业考古,2013(8).
[③] 约翰·科布.新现实主义与后现代世界[J].马克思主义与现实,2012(2).

后现代农业阶段是人类农业发展的必然选择。1972年联合国在瑞典斯德哥尔摩召开的人类环境会议通过《人类环境宣言》；1992年，联合国在巴西里约热内卢召开环境与发展国际会议，发表《21世纪议程》《里约宣言》《气候变化公约》，6月发布《生物多样性公约》；2002年联合国在南非约翰内斯堡召开可持续发展国际会议，通过了《约翰内斯堡宣言》，明确提出可持续发展战略。2015年，世界各国通过了《2030年可持续发展议程》及其17项可持续发展目标，其中可持续发展目标2（SDG2）是要"消除饥饿、实现粮食安全和改善营养，促进可持续农业发展"；2016年，旨在限制全球气温升幅的《巴黎气候变化协定》正式生效。在探索农业发展的进程中，提出了各种类型的后现代模式，见表4-1，各种模式的共同特征是坚持以生态学基本原理为指导，以可持续发展为目标。

表 4-1 后现代农业的各种模式

序号	模式	序号	序号
1	可持续农业	10	永久农业
2	生态农业	11	都市农业
3	有机农业	12	替代农业
4	绿色农业	13	小规模农业
5	无公害农业	14	自持续农业
6	"两型"农业	15	短链食物
7	生物农业	16	本地食物
8	生物动力农业	17	慢食
9	再生农业	18	永续农业

美国经济学家舒尔茨（2003）[1]认为完全以农民时代使用的各种生产要素为基

---

[1] 西奥多·W.舒尔茨.改造传统农业[M].北京：商务印书馆，2003：4.

第四章 包容性粮食价值链中游投资：后现代农业生产模式

础的农业是传统农业,传统农业应是由一些缺乏或没有科学和工业技术知识的人,使用通过对自然的密切观察所发展起来的技术进行生产的农业。他认为传统农业是一种特殊类型的经济均衡状态,表现在技术状况期内大致保持不变(所使用的生产要素与技术长期不变),人们没有增加传统使用的生产要素的动力,因此传统生产要素的供给和需求也处于长期均衡的状态。传统农业的哲学特征表现在：遵从自然规律,因时、因地、因物制宜,是一种生产方式长期没有发生变动,基本维持简单再生产的、长期停滞的小农经济。传统农业的技术特征是农民经过长期对自然现象的观察与耕作经验的基础上积累而成的,一代代口传身教的农业技艺[①]。这种知识与劳动和其他资源相结合,生产出可再生资本,比如传统的农具、灌溉体系等,这些知识被包容于农业生产技术中,决定了一个社会所能得到的农产品供给曲线的位置。

现代农业是指将建立在牛顿科学基础上的机械的、线性的现代技术运用于农业生产活动中,大量使用高强度耕作系统,并普遍采用高水平无机化学农用制品进行大规模单一品种连续耕种的工厂式规模化农业生产方式。第二次世界大战后,现代农业所带来的短期高速增长的生产能力曾令世界惊喜,但由于其竭泽而渔的生产方式,对土地进行疯狂榨取,造成表土流失和地力急剧下降；土地皮质退化、化学污染严重以及基因改造工程直接影响农作物营养价值、威胁人类健康；严重依赖石油,农药、化肥、杀虫剂使用污染水源和空气,破坏森林和生物多样性进而整个生态；现代农业对小规模农业参与者的生存方式造成威胁[②]。

后现代农业是对现代农业的"超越",后现代农业没有一个统一的定义,但具有如下特征：生态性、可持续性、包容性。后现代农业强调农业生产活动对自然规律的适应性,即农业生产活动应大致顺应动植物品种的自然生长规律,尽可能保持区域内物种的多样性,注重利用和开发各种生物体之间原生态的相互作用关系,要把现代农业科技和传统农耕思想充分结合起来,使农业生产在新的技术条件下

---

① 李铁强.改造传统农业——一个学说史的梳理与分析[M].北京：人民出版社,2013:1.
② 余永跃,王治河.当代西方的永续农业和建设性后现代主义[J].马克思主义与现实,2008(5).

回归自然本性；强调农业生产活动对自然环境的保护，农业生产规模不宜盲目扩大化，应尽可能减少对土地的耕作次数，尽可能减少对土壤环境和水体环境造成污染；强调农业生产活动对资源利用的集约性，即尽可能采用生物化和太阳能化的生产方式替代石油农业生产方式；强调农业资本、技术、制度等刚性发展要素应该与农村伦理、道德、习俗等柔性发展要素相互结合与协调；强调农业发展应该同步促进农村经济、政治、文化、社会、生态文明等的全面进步；强调城乡发展关系的互补性，即工业与农业、城市与农村、市民与农民的发展应该各展其长、相互补充、相互包容[①]。

二、后现代农业的哲学思想渊源

要避免碎片化的研究，必须寻找农业发展的哲学思想渊源。现代农业和后现代农业发展的哲学思想基础不同，现代农业是建立于自由主义思想基础之上，强调效率，个体利益最大化，而后现代农业建立在后现代主义思想基础之上，强调效率与公平的协调，强调短期和长期的协调，强调整体、动态的观察视角。在美国的社会科学中，比如历史学和人类学领域，后现代主义已经占到近乎主流地位的优势，而在经济学、哲学、政治学领域，也都有一定程度的影响。新古典/新自由主义经济学认为，农业发展的必需条件是明晰的私有产权以及自由的市场经济，推崇的是具有"规模经济"效益的大农场，就像在农业人口只占10%以下的发达国家那样（美国、德国、英国的只占2%）[②]。

20世纪50年代，后现代主义哲学在法国诞生，60—70年代流行于欧美。由于对后现代主义的理解以及对现代性态度的不同，后结构主义、新解释学、新实用主义和建设性后现代主义四大流派逐渐兵分两路，分别以解构性和建设性表明自己的立场。后结构主义、新解释学属于解构性后现代主义，它们对现代性抱以彻底

---

① 李丽纯.后现代农业视角下的中国农业现代化效益水平测评[J].农业经济问题，2013(12).
② 黄宗智.我们要做什么样的学术[J].开放时代，2012(1).

第四章　包容性粮食价值链中游投资：后现代农业生产模式

否定的态度，取消了上帝、自我、目的、主体等概念，试图以反世界观的方法战胜现代世界观；偏向于强调个别事物的价值，忽略整体意义①。在建构新的哲学体系时，态度往往很谨慎，重消解而轻建构，重否定而轻肯定，在对现代性进行批判的时候逐渐陷入相对主义、虚无主义、悲观主义和否定主义的泥潭。

建设性后现代主义有广义与狭义之分，广义的建设性后现代主义包括以罗蒂为代表的新实用主义和以格里芬、科布为代表的建设性后现代主义。20世纪末，建设性后现代主义在美国哲学界逐渐形成影响力，当时新科技革命的爆发、自然科学及经济全球化的发展推动了经济全球化，但是经济现代化进程的推进中带来了继续发展的巨大障碍。建设性后现代主义顺应历史发展潮流，从现代性危机根源入手，为解决现代危机提供了理论支撑。在反对现代主义的机械性、霸权主义、中心主义、二元论的基础上，建设性后现代主义肯定了现代性带来的巨大成就，将关注领域由人类扩展到自然和宇宙，更加强调整体性、多样性、确定性和包容性。建设性后现代主义的产生和发展，不仅是对后现代主义的修正，而且突破了新实用主义哲学思辨束缚，注重在破的基础上立，是一种有机构成的世界观。

建设性后现代主义理论的完善，主要归功于美国后现代哲学家的努力，代表人物有小约翰·科布、大卫·雷·格里芬、查伦·斯普瑞特奈克以及C.迪恩·弗罗伊登博格等，建设性后现代主义发展到格里芬、科布时期已经趋于完善。他们在继承以往理论先驱者思想精华的基础上，提出了后现代科学、整体有机论、后现代精神、后现代世界观等基本观点。建设性后现代主义的生态观是建设性后现代主义的重要组成，主要包括斯普瑞特耐克的生态后现代主义和科布的后现代生态世界观。他们从不同视角出发，剖析了人与自然的内在关系。斯普瑞特奈克认为现代性造成了一系列严重的危机，正是由于经济人的假定为人类无休止地掠夺自然资源提供了充分的理由。因此为了阻止灾难的蔓延，就必须抛弃现代世界观，并向生态后现代主义世界观转变，实现肉体、自然和地方的解放。斯普瑞特奈克呼吁身心关系的整体论、社区和个人的和谐论、肉体和自然不可分割的系统论，提出宇宙之链理论，强调人、自然、生物、地方、家庭、社会、国家、地球、宇宙的关系如同

---

① 王洋.建设性后现代主义思潮研究[D].石家庄:河北工业大学,2013.

一条锁链，其中任何一个环节出现问题都无法保证生态系统的正常运转[①]。科布的后现代生态世界观是在对现代机械主义自然观和二元论批判的基础上提出的，认为认识受到世界观的驱使，观察事物的科学原则建立在机械主义自然观和二元论的氛围中，这样就导致了人与自然、人与自身关系的恶化。机械主义自然观把世界看作是由松散的物质堆构成，通过简单的机械方式外在的联系在一起。二元论强调人类是主体，是主宰万物的中心；自然是客体，毫无知觉，可以任主体肆意统治和掠夺。主客体二分法正是人类中心主义、个人主义以及人对自然的专制主义的罪魁祸首[②]。科布认为，现实中的一切单位都是内在地相互联系着的，人与自然并无明确的主客体之分。人的正当需求应该被满足，自然的价值也应该被肯定。后现代生态世界观将人与自然有机价值统一起来，给予两者同等的尊重。

建设性后现代主义与中国传统思想一样，都坚持复杂的因果关系的有机体哲学，主张一种自然与人类社会有机联系和有机统一的哲学。在有机体哲学本体论看来，生态是一个有机联系的整体。具体事物是一种连续不断的改变的基质，不存在着恒久不变的实体，相反却存在着持续变化的关系。在生物进化和社会交往中产生的秩序的复杂形式不能被归结为简单的物理力。中国传统文化中的一个核心原则就是人和自然的和谐，不同的哲学家都强调环境平衡的政治智慧。无论是儒家人与自然同一的理念，还是道家道法自然的观点，抑或佛教众生平等的信念，中国哲学帮助我们的文化延续了几千年之久，将是防止环境危机和重建和谐社会的有力武器[③]。

三、全球负责任农业投资原则及可持续发展倡议

2007年之后两轮国际粮价飙升，农业和粮食投资成为金融危机后国际资本的

[①] 查伦·斯普瑞特奈克.真实之复兴:极度现代的世界中的身体、自然和地方[M].张妮妮,译.北京:中央编译出版社,2001:48.
[②] John B,Cobb J,R.Constructive Postmodernism[M].New York:Social Science Abroad,2003:2.
[③] 方世南.西方建设性后现代主义的生态文明理念[J].上海师范大学学报(哲学社会科学版),2009(3).

第四章 包容性粮食价值链中游投资：后现代农业生产模式

替代投资选择，国际粮食与农业投资中出现了很多与可持续发展冲突的事件。这就需要在粮食与农业投资中，特别是大规模跨国土地投资中综合考虑经济、社会、政治、生态等影响，目前和多国际机构已经达成一系列共识原则来指导投资。

（一）负责任粮食与农业投资原则提出的背景与沿革

对于提高在一个国家农业投资的规模以及确保这些投资得到负责任的执行并没有标准的方案，在过去几年里，出现了大量的国际指导原则，包括《土地、渔业和森林治理的自愿原则》（The Voluntary Guidelines on the Governance of Tenure of Land, Fisheries and Forestry, VGGT）；《尊重权利、生存和资源的负责任的农业投资原则》（The Principles for Responsible Agricultural Investment that Respects Rights, Livelihoods and Resources）；粮食安全委员会的《农业和粮食体系负责任的投资原则》（The CFS Principles for Responsible Investment in Agriculture and Food Systems, CFS RAI）；《FAO-OECD负责任供应链指导原则》（The FAO-OECD Guidance for Responsible Supply Chains）。这些工具虽然从范围和目标群体看不同，但是都具有相似的核心价值：尊重法定的土地使用权、获取粮食的权利、良好的治理、协商、收益分享和环境的可持续性。

负责任的农业投资自愿原则可以帮助政府制定与农业投资有关的政策和战略，评价和改革监管框架；考虑到不负责任农业投资带来的巨大的财务、声誉和政治风险，私人企业也越来越对负责任投资战略的国际指导感兴趣。在一个监管框架不是最优的环境中，遵守负责任的农业投资原则会增加社会接受的可能性以及对私人投资运作的接受度。原则也提供了民间团体进行宣传和促进更好地进行法律实施的有用基准。

这些工具都是自愿的，它们构成了负责任的农业投资方面新的国际共识，它们可能被纳入国家监管框架中，或者纳入农业综合性企业的日常商业运作中，以及被用来促进民间团体的工作。跨机构工作小组（IWAG[①]）关注发展中国家大规模农业生产私人投资的知识缺口以及如何保证在风险最小的同时投资最大化过程中的共同利

[①] IWAG(The Inter-Agency Working Group (IAWG) of FAO, IFAD, UNCTAD and the World Bank)联合国联农组织、国际粮食国际农业发展基金(International Fund for Agriculture Development, 联合国贸发联合会以及世界银行共同组织的跨机构工作组。

益。农民和中小企业在许多发展中国家是农业投资的主力军,但是私人公司也扮演着重要的角色,他们通过提供金融资本、新技术、价值增值、新市场的进入等。同时,一些投资也为受影响的社区、东道国政府和投资者带来了巨大的风险,很多大规模农业投资在项目早期相对脆弱。所以跨机构工作小组专门致力于开发能被在投资的早期阶段使用的知识、工具、过程和程序,特别是在识别、设计和规划阶段。一些成功的投资活动带来了值得借鉴的经验,比如当地社区和外来投资者之间在相互信任的基础上建立良好的关系,尊重法定土地使用权、与社区进行开放而广泛的协商,向拥有土地的小规模农业种植者外包原材料。国际指导标准可以在许多方面被不同的利益相关者用到,比如他们可以告知法律和政策的进展,商业计划和农业综合性企业日常性的运作以及对民间组织的宣传工作,机构能力建设,通过培训使更多人了解农业投资原则。

IWAG在2015年1月发起了一个项目"引导农业新投资的试用原则",目的是检验农业综合性企业的负责任农业投资在粮食安全和营养联盟伙伴国家早期阶段的运作,为这些综合性企业提供负责任原则,优化实践指导、工具、过程和程序,并不断推荐成功经验。不断增长的人口、更好的收入、饮食的改变以及农作物和牲畜的长期价格的上升推动着粮食需求的增长。粮食和农业不断吸引着投资,特别是发展中国家目前的投资存量还相当低。沿着粮食与农业供应链进行投资的企业能够带来新的就业岗位、带来专门技术和融资能力,能够持续地推动粮食生产的增长和对粮食供应链更级换代,这又将提高粮食和营养安全。但是薄弱的治理框架,不能遵守国际统一的负责任商业准则的行为可能会激化风险。在这个背景下,为农业和粮食价值链企业提供如何遵守现有的负责任商业行为准则的指导,对防止逆向效应,保证农业投资有利于企业、政府和社区,对经济发展、减少贫困和粮食安全有贡献极其必要。

(二)尊重权利、生存和资源的负责任投资原则

2010年4月联合国贸易与发展会议通过的《尊重权利、生存和资源的负责任

---

① UNCTAD.Principles for Responsible Agricultural Investment that Respects Rights, Livelihoods and Resources[EB/OL].https://unctad.org/en/docs/diaemisc2010d2_en.pdf.

投资原则》提出了七条原则[①]：

原则1，认识和尊重现存的土地权和与自然资源相关的权利。现存的土地所有权，不管是法定的还是习惯形成的、正式的还是非正式的都应该受到尊重。这要求：权利持有人的确认；所有权利和使用的法律识别；与土地持有人进行协商；公平和及时的支付，有独立的渠道解决争执和抱怨。

原则2，投资是为了加强而不是有损于粮食安全。任何时候出现潜在的对粮食安全（可得性、进入、利用或稳定）造成负面影响，政策制定者应该为当地的或受到直接影响的人口提供食物：能保证持续地得到食物；开展承包种植或农场雇佣以保护当地人的生计和提高收入；饮食习惯应该被考虑；采用稳定供给的战略。此外，当项目大到影响粮食安全，项目设计和审批应该考虑这些总体影响。

原则3，在一个合适的商业、法律和监管环境中，与农业投资有关的进程是透明的、受到监控的、确保所有利益相关者承担责任。

原则4，所有受到实质影响的东西都要考虑，经过协商的协议都要被记录和保证实施。

原则5，投资者确保项目尊重法律规定、反映行业发展最好的实践、经济上可行，并带来持久的分享价值。

原则6，投资产生令人满意的社会和分配影响且不会增加脆弱性。

原则7，一个项目的环境影响被测度以鼓励可持续的资源利用，减少负面影响的风险和程度。

(三)国家粮食安全范围内土地、渔业及森林权属负责任治理自愿准则

2012年联合国粮农组织出台了《国家粮食安全范围内土地、渔业及森林权属负责任治理自愿准则》[①]，这个准则的目标在于为改善土地、渔业和森林权属治理提供参考和指导，以实现人人享有粮食安全的总体目标，并支持在国家粮食安全的范围内逐步实现获取充足食物权。以可持续发展原则为基础，并重视土地在发展过程

[①] FAO.Voluntary Guidelines on the Responsible Governance of Tenure of Land, Fisheries and Forests in the Context of National Food Security[EB/OL].http://www.fao.org/fileadmin/templates/cfs/Docs1112/VG/VG_Final_EN_May_2012.pdf.

中的中心地位,推动实现有保障的权属权利和平等获取土地、渔业及森林资源。消除饥饿和贫困,以及对环境进行可持续利用,在很大程度上取决于公民、社区等如何获得土地、渔业及森林资源。能否稳定、公平地获取和掌控这些资源是很多人,特别是农村贫困人口谋生的根本基础。

权属治理是一个关键性因素,它决定着公民、社区等能否以及如何获得权利及相关义务,来使用和掌控土地、渔业及森林资源。治理不当会带来很多权属问题,而权属问题的解决又受到治理质量的影响。治理不当会对社会稳定、环境可持续利用、投资及经济增长带来不良影响。负责任的权属治理能促进可持续的社会、经济发展,并有助于消除贫困和饥饿,鼓励负责任投资[1]。

负责任权属治理的指导原则包括一般性原则和行为原则,其中一般性原则要求各国应该承认和尊重所有合法权属权利人及其权利;保护合法权属权利不受威胁和侵害;促进和推动享有合法权属权利;确保在合法权属权利受到侵害时提供司法服务;防止出现权属纠纷、暴力冲突和腐败。行为原则包括商业企业在内的非国家行为体有责任尊重人权以及合法权属权利。商业企业应尽力避免侵害他人人权及合法权属权利。企业应采纳合适的风险管理体系,防止并消除对人权及合法权属权利的不良影响。执行原则对于促进土地、渔业和森林资源权属的负责任治理十分必要。原则主要包括以下10个方面:

(1)人类尊严:承认每个人的固有尊严及其平等和不可分割的人权。

(2)不歧视:法律、政策和实践中不应对任何人抱有歧视。

(3)平等与公正:要承认人人平等,就先要承认人与人之间的差异,并采取包括赋权在内的积极行动,以在国家内部促进所有人,包括男性和女性、年轻人、弱势群体和传统上边缘化的群体能够平等享有权属权利,平等地获取土地、渔业和森林资源。

(4)性别平等:确保女性和男性拥有平等的权利享有所有人权,并承认女性和男性的差异,必要时采取具体措施加快实现真正的性别平等。各国应确保女性和女童能够享有平等的权利,能平等地获取土地、渔业和森林资源,而不受其个人情

---

[1] 刘丽.全球治理中的非洲土地制度改革[N].国土资源情报,2014-11-20.

况或婚姻状况的影响。

（5）整体性和可持续性方针：承认自然资源及其利用是相互关联的，并采取一种整体性、可持续的方针对其实施行政管理。

（6）磋商和参与：在决策前，让拥有合法权属权利、且可能受决策影响的公民得以参与，寻求其支持，并对他们的意见做出回应；考虑到各方之间现存的权力不平衡现象，确保涉及决策进程的个人与团体积极、自由、有效、有意义且知情地参与。

（7）法治：通过用合适的语言广为宣传、适用于所有人、公平执行和独立裁决的法律，采取一种以法治为基础的方式，与国家和国际法规定的现有义务保持一致，并适当顾及相应区域及国际文书中的自愿承诺。

（8）透明度：用合适的语言明确界定并广泛宣传政策、法律、程序以及各项决策，让所有人都能获取相应信息。

（9）问责：个人、公共机构及非国家主体均应依照法治原则对自己的行为及决策负责。

（10）不断改进：各国应改进对权属治理进行监测和分析的机制，以证据为基础制定计划并确保持续改进。

（四）农业和粮食系统负责任投资原则

2014年10月世界粮食安全委员会第41次会议上《农业和粮食系统负责任投资原则》获得批准，为全球农业和粮食系统的投资提供指导。该套准则旨在确保跨境企业投资能有助于改善农场与劳动者的粮食安全和可持续性并尊重其权利。它是以2012年5月粮安委批准的《国家粮食安全范围内土地、渔业及森林权属负责任治理自愿准则》为基础并作为其补充原则，当时正值全球日益担忧粮食价格上涨，发展中国家普遍出现农田大规模收购现象。农业和粮食体系负责任投资对于提高粮食安全和营养、渐进实现获取足够粮食的权利非常必要。负责任投资对于提高可持续的谋生方式（特别对于小农和处于边缘化的和脆弱的人群而言）、为农业和粮食生产者提供体面的工作机会、消除贫困、培育社会和性别平等、消除童工、社会参与和包容性、促进经济增长，进而获得可持续发展作出了重大贡献。

农业和粮食体系包括与粮食生产、加工、营销、零售、消费和农业产品处理（包括粮食和非粮食产品、牲畜、牧业和渔业等；以及每一步所需要的投入品和生产的产品)。粮食体系也包括广泛的利益相关者、人群和机构,以及发生这些活动的社会政治、经济、技术和自然环境。

粮食安全和营养需要解决的四个维度:可得性、使用权、稳定性和利用率,这需要在粮食和农业领域增加大量的负责任投资。粮食和农业体系负责任投资指的是生产性资产和资本形成,由实物资本、人力资本和无形资本组成,以支持实现粮食安全、营养和可持续发展,包括产量的增加和生产力的提高。负责任投资要求尊重、保护和推动人权,包括在粮食安全背景下渐进实现获取足够粮食的权利,符合人权统一宣言和其他相关国际人权工具的要求。负责任投资能够被广泛利益相关者所采纳。

小农(包括经营家庭农场的农民)在农业和粮食投资中的角色非常重要,所以要增强和保证他们的能力。负责任投资包括小农的优先投资,包括小规模生产者和加工者、牧民、工匠、渔民、紧密依赖于森林的社区、原住民和农业工人。为了增强和保证小农自己的投资,有必要按照负责任投资原则来推动其他利益相关者进行负责任农业投资。农民与农业部门大的投资者一样是粮食安全和营养的重要贡献者,特别是家庭农场。粮食与农业体系会为互补性的部门带来乘数效应,比如为服务和加工业,进而有助于粮食和营养安全以及经济发展。没有基础设施或当地政府缺乏提供公共服务的能力,许多农业投资是不可能的。农业投资的可行性也依赖于生态系统和自然资源的可持续使用,在创建生产性的粮食与农业体系中安全和健康的价值是重要的,而且要按照人类、动物、环境和公共健康的整体分析方法才是成功的投资方式。

该原则的目标是推动对粮食安全和营养有贡献的负责任的粮食与农业投资,在国家粮食安全的背景下支持渐进地实现获得足够粮食的权利。其目的是解决粮食与农业体系负责任的核心要素;弄清楚关键的利益相关者和他们各自的角色和责任;作为一个框架来指引所有粮食与农业体系的利益相关者的行为,通过确定原则推动急需的负责任投资,提高生存能力、减少粮食安全和营养的风险。

原则是自愿的,原则在被解释和应用是应该与现有的国内和国际法保持一致性,在可适用的地区和国际工具下自愿承诺。原则不应该被解读为对任何法律义务的限制和破坏。原则应该按照国家法律体系和制度进行解释和应用;原则适用于全球范围,在解决粮食安全和营养的时候,要了解全球范围小农及其他利益相关者的特定角色和需要。可以被应用于农业和粮食体系所有的部门和所有阶段,要通过合适的方式和考虑利益相关者的特定角色,要考虑到特点、结构、投资类型以及国家背景。原则将综合粮食安全和营养多方面的特点进行解释,每项原则都有助于粮食安全和营养,对农业和粮食的负责任投资进行了总体描述。原则是相互补充的,并不是每个原则对每个投资都相关。实现原则的行动应该被每个利益相关者决定,要考虑到各自的角色和责任。具体原则概括为以下10条:

原则1:促进粮食安全和营养.

原则2:促进可持续的和包容性的经济发展,消除贫困。

原则3:促进性别平等和女性赋权。

原则4:吸引年轻人参与和赋权:提供获得生产性土地、自然资源、生产者资料、生产工具、开发、咨询、金融服务、教育、培训、营销、信息和包容性决策的通道;为年轻人提供合适的培训、教育和引导项目以增强他们获得体面工作和创业机会以及培育对当地发展的贡献;推动创新和新技术的发展,结合传统知识,吸引年轻人成为农业和粮食体系完善的推动力。

原则5:尊重土地、渔业、森林和水资源使用权。

原则6:保护和可持续管理自然资源、增强抵御能力以及降低灾害风险。

原则7:尊重文化传承和传统知识,支持多样性和创新。

原则8:推动建立安全和健康的农业和粮食体系。

原则9:纳入包容和透明的治理结构、过程和申诉机制。

原则10:评价影响和推进问责。

(五)农业供应链负责任投资指引

2015年1月世界粮农组织和经合组织共同发布了《农业供应链负责任投资指引》,指引发布的目的是帮助农业供应链上的企业遵守负责任商业准则的现有标准和防止风险。该指引没有创建新的负责任商业准则(RBC, responsible business conduct),而是帮助企业遵守现有的标准,从事基于风险的尽职调查,帮助企业采取合适的方法,解决现有的或潜在的风险以防止或减轻与他们活动相联系的负面效应。该指引考虑到现有的农业供应链中与负责任准则相联系的标准和原则,包括：经合组织跨国企业指引，世界粮食安全委员会的农业与粮食体系负责任投资原则，联合国粮农组织的国家粮食安全背景下土地、渔业和森林使用权负责任治理自愿原则，尊重权利、生存和资源的负责任农业投资原则，商业与人权指导原则-实施联合国"保护、尊重和补救"框架，国际劳工组织的与跨国企业和社会政策有关的原则三方宣言（The International Labour Organization Tripartite Declaration of Principles concerning Multinational Enterprises and Social Policy, ILO MNE Declaration），生物多样性约定（The Convention on Biological Diversity），决策中信息获取和公共参与以及环境事务获得公平的约定（The Convention on Access to Information, Public Participation in Decision-Making and Access to Justice in Environmental Matters of the UN Economic Commission for Europe, Aarhus Convention），粮食安全委员会粮食安全与营养的全球战略框架（Global Strategic Framework for Food Security and Nutrition of the CFS）。

上面的原则和约定是通过一个跨政府的过程协商和签署的，与农业供应链相关，并且特别针对商业和投资者群体。在这个指引制定的过程中也充分考虑了国际金融公司行为标准、联合国全球契约原则和联合国人权条约和相关要求。尽管承认农民是初级农业的最大投资者，该指引关注更为广泛的在农业供应链上运作的企业，国内外、私人或公有、中等和大规模企业，覆盖了农业上下游部门，从生产资料到生产、收割后处理、加工、运输、营销、分销和零售。该指引包括尽职调查的建议（与生产资料供应商、生产者、加工商、贸易公司、分销商和零售商，其他供应终端市场的参与者，比如技术、业务和金融服务提供商等相关）。

第二节 美国和以色列的后现代农业实践

我们提出的包容性粮食价值链构建与建设性后现代农业思想是一致的，在满足人类粮食需求和不断提升粮食供给能力基础上实现人与自然的和谐发展、短期供求平衡和长期供给能力兼顾、效率与公平兼顾、公司利益和社会公平正义兼顾的可持续的包容性价值链。我们经常看到这样的比较，以美国、澳大利亚、加拿大以及巴西为代表的移民国家的大规模、机械化农业运作方式与亚洲普遍存在的小

第四章 包容性粮食价值链中游投资：后现代农业生产模式

规模农业运作方式，哪种方式的效率更高？代表了更为先进的生产力方向？这种比较的结果使很多人均土地资源匮乏的国家逐渐修正自己的相关政策，转而采用规模化、机械化和资本化农业运作方式来开展粮食与农业生产。这种改变不仅带来生态、自然及经济可持续问题，同时也出现很多社会和政治可持续问题。实际上，大规模农业的劳动生产率高，但土地生产率并不高。我们看到很多土地和水资源匮乏的国家走出了后现代农业发展的新模式，比如以色列的高科技设施农业的发展。实际上历史不断证明，一个经济体选择合适粮食生产模式的一个基本原则是实事求是、因地制宜、扬长避短。即便是以大规模、机械化为代表的美国粮食生产模式也在不断进行反思与修正，以下是以色列和美国的后现代农业实践的观察。

一、以色列的后现代农业实践观察

以色列位于亚洲西部，是亚、非、欧3大洲结合处，沿海为狭长平原，东部有山地和高原。属地中海型气候，2012年人口达到798万人，面积仅为1.49万平方公里。以色列人均淡水占有量仅为世界平均水平的1/33，以色列人均耕地面积是世界平均水平的1/5，北部和中部地区只有20%的土地适宜耕种，南部60%的土地是沙漠，虽然农耕条件恶劣，但是以色列却创造了世界农业的奇迹，粮食自给率达到95%。农业务工人员占全国劳动力总人数的比重为3%，每一个农业劳动力可以养活157人[1]。

以色列建立现代农业的自然资源禀赋十分短缺，以色列对土壤和水资源进行了长达70年的投入和改良。土壤改良通过引进玛鲁拉树（Marula）这种木本植物涵养水分，其果实能食用，果核能榨油，具有较高的生态价值和经济价值。沙化的初级处理，科研人员采取了在地下铺设防渗薄膜的技术手段，防渗薄膜主要用可降解的塑料构成，这种薄膜防渗性能好同时不污染土壤。以色列在全国设立由抽水站、蓄水坝、水库、运河和输水管道构成的水资源利用系统，该系统对整个以色

---

[1] 张永升.以色列现代农业之路[J].世界农业，2014-06-10.

列境内的所有水资源动态地进行全覆盖养护与管理。经过多年的不懈努力和投入,以色列的耕地由 16 万公顷增加到 145 万公顷,有效灌溉面积也由原来的 3 万公顷增加至 25 万公顷。为提高水资源的有效使用,以色列在全国无论城市还是农村采用喷灌和滴灌。以色列人均水资源占有量仅为 299 立方米,在传统的农业灌溉方式下水资源利用率只有 15%,而采用压力灌溉技术,尤其是地下滴灌技术水资源利用率提高到 95%,每块地可以节水 50%~70%。以色列将科研与生产紧密结合,大力发展与信息化结合的智能农业,比如培育适合咸水生长的小麦、西瓜和番茄品种;利用计算机配比水肥比例、污水循环使用、海水淡化处理以及人工增雨等系统工程。在以色列地势平缓适宜机械化作业的地区,将农机与电子信息技术结合,将耕种与施肥融为一体,开发采棉、摘果等特色化农耕机械;温室大棚节水基础上的电子化智能管理。以色列也注重农产品市场建设,降低流通成本并提高食物的安全性。

以色列有机农业生产注重优质生态环境、土壤改良,利用天然肥料和农药,采用农业、物理(防虫网室、色板)和生物(性信息索、寄生蜂等)等非化学措施。避免使用化学农药及转基因生物,尽量减少对环境的改变与破坏,体现对环境友好、可持续、高效生态的发展理念,通过严格有机认证体系的建立,规范生产,依托良好的生产环境,取得了明显成效[①]。

以色列农业发展的成功是基于以下方面的持续投资:高科技在农业的广泛应用,目前以色列科技进步对农业增长的贡献比例高达 96%;科学技术的持续投入(节水灌溉技术、污水和咸水处理技术、设施农业、生物技术、无土栽培技术、保鲜包装技术、生物传感技术,特色农业机械技术),全国有 30 多家农业科学研究机构,从事基础性和应用性研究,涉及农业经济、光合作用、植物保护、动物繁育、生物工程、灌溉排水、土壤侵蚀、加工储藏等诸多领域。全国还有 3500 多个高科技公司,科研力量雄厚、专业分工细致,专门为农民提供农业发展和技术解决方案,保证各种资源得到最充分利用及相关技术与设施产生最大效益;重视大学和职业教育投

---

① 胡美华.以色列有机农业发展概况及启示[J].世界农业,2012-4-10.

资;保证包括水利工程在内的基础设施投资。兼顾经济价值和生态价值选择和改良品种;加强农业基础设施建设和投入;充分发挥合作经济组织的优势进行研发,具有规模经济优势的合作经济组织进行全价值链经营。

二、美国"低投入可持续"农业发展模式观察

美国农业的高产出是以高昂投入为基础的,大规模的机械化、自动化使其对外界的资源有较大的依赖,如2008年国际原油价格大涨,2008—2009年美国农业整体成本就上升了224亿美元,美国农场的农业投入成本占到了农场毛收入的3/4左右[1]。按照学者的研究,美国大约41.9焦耳的化石能源能够产出大约4.18焦耳的食物,按照这样的比例,美国每人每年所需的食物大概需要消耗1吨石油。美国高度机械化、能耗化农业现在一年排放的温室气体占到了美国温室气体总排放量的22%~25%,已经超过了交通部门[2]。美国的这种大规模农业的可持续性受到广泛的质疑,因此逐步开始了"低投入可持续"农业发展模式的探索。

美国的"低投入可持续"农业发展模式,是通过减少外界农业生产资源在农业生产中的投入,尽量利用可再生资源来代替外界资源,从而最大限度地减少不可再生资源的使用率,尤其是石油、化肥、农药的使用量。这种模式着重强调再生资源的循环利用,强调维护资源的自然属性,以求获得理想经济效益[3]。在20世纪80年代,美国就提出了可持续发展的概念,制定了可持续农业发展的耕作制度及相关的政策奖励制度。近些年来农业的碳排放量日渐增加,美国更加注重低投入的可持续农业生产模式。美国这种农业发展模式的特征体现在注重农业的可持续发展,将农业资源开发与长期资源保护结合起来;充分利用科技的力量,有效促进低投入,在输入端实现资源的有效利用。这样的模式需要体制机制的配合[4],表现在以下几个方面:

---

[1] 刘志扬.美国农业环境问题管窥与启示[J].青岛大学学报(社会科学版),2009(2):90-94.
[2] 李坤荣.美国农业发展的环境风险及其警示[J].世界农业,2017(11).
[3] 何龙斌.美国发展农业循环经济的经验及其对中国的启示[J].世界农业,2012(5):19-23.
[4] 李江南.美国、德国和日本循环农业模式的实践、经验及其比较.世界农业,2017(6).

美国充分利用高科技发展精准农业,即通过物联网技术的发展,利用物联网识别技术分析家庭农场上年耕作情况遗留数据,对每次耕作提出建议,如生产资料的用量、土壤翻耕的厚度、最优收割方式、作物温控、单产计算等。主要依靠农业计算机网络系统 AGNET、美国庞大数据库和农业遥感技术、地理信息系统、全球定位系统实现农作物的精准定位。这些手段的使用使得农场主能够精准调节各种农作物种植措施,大大降低了美国农业的生产成本、提升了其农业经济的竞争力。

制定一系列可持续发展的法律法规,形成完善而系统的农业发展与资源环境协调发展的立法体系。1965 年的《固体废物处理法》,后修订更名为《资源保护和回收法》,1990 年的《污染与防治法》,2000 年的《有机农业法》,2002 年的《农场安全与农村投资法案》,美国还在 2003 年、2005 年、2008 年、2010 年分别修改了此前颁布的《农业持续产出法》《森林、牧场不可再生资源规划利用法》《联邦土地管理及利用法案》和《濒危物种保护法》,进一步完善了美国可再生农业资源的开发和利用。

可持续农业技术推广。美国在可持续农业体系中建立了完善的农作制度,包括作物轮作、休闲农作、覆盖物轮作、残茬还田、农牧业混合、水土保持等,这些制度的实施充分保证了农业的生态效益和经济效益的双赢。为了推广覆盖物轮作制度,农业部专门成立了负责该技术的推广站和科研机构,以豆科作物、饲料作物为主,通过种植覆盖物越冬后直接作为肥料还田,经过试验表明,在不使用氮肥的情况下,此种技术能够提升农作物产量 30%~40%,显然,这既增加了作物产量,同时又提升了土壤的品质。保护性耕作是指作物收获后,至少保持 30%的地表残茬覆盖,使土壤侵蚀控制在约 50%的耕作和种植方式,包括免耕法、覆盖耕作、垄作、带状耕作等。保护性耕作可以减少土壤和磷的流失,同时能增加土壤有机质和改良耕地,增加水的渗透,减少土壤水分蒸发。据美国保护科技信息中心的资料,美国 2004 年实行保护性耕作的耕地占全国耕地的 62.2%,且免耕比例逐年上升[1]。

重视可持续农业技术研究和教育。美国可持续农业通过运用最新技术,实现

---

[1] 赵雪娇.美国农业化肥非点源污染治理对中国的启示[J].世界农业,2018(3).

技术对农业发展的支撑,有效利用资源,减量投入化肥农药。为此,美国政府一方面投入大量的资金用于研发先进生产技术,另一方面在环境质量标准的建立和环保仪器的研发上投入大量资金,比如对农产品农药残留进行强制检测,对环境污染管理,定期对农业从业者进行技术培训,提高农民的业务素质。

三、不同粮食生产方式的包容性

包容性粮食价值链涉及生产资料供应、生产、加工、仓储、运输、分销、消费等诸多环节,涉及第一、二、三产业的协同发展和上中下游价值链环节的配合。粮食价值链中游的包容性生产方式是指在粮食价值链的生产环节尊重自然和环境,根据自然禀赋特点选择适合的农作模式和技术,保护小规模农民的利益,至少满足本国或本地区的粮食消费需求及衍生粮食需求(比如饲料需求、食品原料需求、粮食及其加工品的出口需求)等。粮食生产方式的选择是由粮食生产者在长期的粮食或农业劳作中不断总结和完善的智慧结晶,这些方式既要考虑到自然条件(土地、水、气候)、作物特点,还要考虑到人力资源及技术条件(如劳动力状况、生产技术和工具水平),同时要认识到人类的粮食生产方式是一个动态过程,处于不断在吸纳、更新的过程中。人类的行为可能经常出现偏差,但是在不断追求效率的过程中没有完全忘记人类与自然、环境的包容性,所以他们也总是在公平正义的原则中提醒自己及修正自己的行为。

根据"人地关系"特征,可以把世界上的国家分为三种:第一种是"人少地多"型国家,如美国、加拿大、巴西、澳大利亚等国人均耕地面积大,粮食产量高,是世界主要的粮食出口国。在粮食生产上,"人少地多"型国家多采取大规模农场式的经营方式,以资本替代劳动。由于土地资源丰富、粮食供给的压力较小,这些国家的粮食产业目标主要侧重在如何保障粮食的国际竞争力和国内粮农收益的稳定性,主要通过相对完善的法律手段和市场自我调节来实现。第二种是"人多地少"型国家,如日本、韩国和中东国家,人均耕地面积较少,粮食自给率较低,他们粮食产业发展的重点在于支持和保护国内农业,尽量提高粮食自给率并稳定国际粮源。大多以行政手段来推动现代农业发展,一方面政府支持农业科技发展,以节约土地和水资源的集约化经营模式为主要取向;另一方面政府通过高额的农业补贴、严格的农地保护和完善的粮食流通、贸易体制等手段全方位保障国家食物安全。第三种是"人地平衡"型国家,如法、德、英等人地矛盾不是非常突出的西欧国家,粮食供求总体保持平衡①。其粮食产业发展的重点在于确保国内粮食市场的稳定和供求均衡,在欧盟共同农业政策框架下,对内通过巨额补贴维持粮价稳定,对外实行农产品贸易保护。

不同的资源禀赋特点,决定了不同的粮食生产方式,但不同的粮食生产方式都应该追求生产的可持续性,都应该在长期的生产实践中寻找、创造、改革和总结最能改善生产效率、最能协调环境与生产、最能使人类缓解脆弱性的方法和工具,从而使得人类的粮食生产活动与当时的生产技术包容、与生存环境包容、与人们的谋生方式包容,从而实现经济、技术、环境、社会和伦理上的可持续发展。因此,我们在讨论哪一种粮食和农业生产方式更优的时候,一定不能脱离现实的资源状况和潜在的粮食生产潜力,因为只有各种生产要素做到协调配合才能实现经济、社会、环境和技术的包容性。土地和水资源稀缺的国家可以通过技术实现粮食高效生产,劳动力短缺、土地资源充裕的国家可以通过机器和工具对人的部分取代实现粮食高效生产。

基于各种粮食生产方式都应该具有包容性的要求,在进行海外粮食生产领域的投资时,要兼顾好几个方面的关系:一是投资者自身的资金、技术、人才优势与当地粮食生产主流方式的匹配关系;投资者的投资方式是否受到当地人对待外来投资者的排斥;是否会影响到当地居民的谋生方式、生存环境和饮食传统的变化等。

第三节　全球粮食价值链中游投资状况素描

粮食价值链中游的生产环节与农地紧密关联,而农地领域是一个最需要投资、但又最引起争议的领域,许多投资协议因为包容性不足,缺乏成熟的、包容性的投资前协调和审查,最终不能落地实施。实际上在投资调查、协调和审查的过程中,

---

①时代金融编辑部.聚焦中央农村工作会议[J].时代金融(上旬),2014-02-01.

一个项目会尽量多地考虑或者会受到利益相关者的关注,并在方案中反映利益相关者的诉求而不仅仅只满足政府的或者投资者的相关要求,只有那些得到当地社区、居民的理解、配合和支持的项目,才能保证项目的顺利落地和实施。

一、全球粮食价值链中游农地投资和生产投资的来源

在2008年世界粮食价格飙升之后,跨国性的农地和农业生产投资就逐渐成为人们关注的焦点。根据联合国粮农组织(FAO)2009年的估计,到2050年全球人口将达到90亿,过去30年大多数发展中国家的农业投资不足,导致生产力低下、生产停滞,世界农业面临着2050年养活25亿增量人口的巨大挑战,而且大多数人口增长发生在饥饿和自然资源已经广泛枯竭的国家。农作物和牲畜生产必须进行更加集约的生产以满足增长的需求,这些措施也必须是可持续的(FAO,2011)[①]。可持续的集约生产体系是资本密集的,需要更多的物力、人力、知识和社会资本,为了保持和重建体现在土地和水资源中的自然资本,每年农业需要至少830亿美元的净投资才能完成减少贫困和营养不良的数量(Schmidhuber,Bruinsma and Boedeker,2009)。这些投资集中于初级农业和必要的下游活动上(比如仓储和加工设施),其中200亿美元投资于农作物生产,130亿美元投资于牲畜生产,590亿美元投资于下游活动,而像道路、电力或灌溉项目的投资没有涵盖在这些数据中。以一种保护自然资源以及采取有益于长期发展的可持续方式开展行动将获得更多的资金。以下是2000—2015年全球农业土地十大投资国的投资面积和十大目标国接受FDI的农地面积。

表4-2 2000—2015年全球农业土地十大投资国和十大目标国及相关面积

投资国	面积(公顷)	目标国	面积(公顷)
美国	8 406 479	南苏丹	4 091 453
马来西亚	3 596 509	新巴布亚岛	3 719 991

---

① FAO.Save and grow,2011[EB/OL].http://www.fao.org/3/i2215e/i2215e.pdf.

续表

投资国	面积（公顷）	目标国	面积（公顷）
新加坡	2 957 604	印度尼西亚	3 603 248
阿拉伯联合酋长国	2 799 749	刚果民主共和国	2 761 221
英国	2 412 366	刚果	2 148 000
加拿大	1 981 272	莫桑比克	2 102 300
印度	1 781 792	俄罗斯联邦	1 771 948
沙特阿拉伯	1 599 764	乌克兰	1 710 815
俄罗斯联邦	1 583 896	巴西	1 653 090
中国	1 548 987	利比亚	1 346 931

数据来源：土地矩阵网站，http://www.landmatrix.org/en/get-the-idea/web-transnational-deals/.

另外根据土地矩阵的数据显示，在所有全球农业土地交易中，约10%的土地用于粮食作物的种植，约32%用于非粮食农作物的种植，20%用于种植弹性作物（Flex-Crops），38%用于多重用途（种植不同类别的集中农作物）。与此同时，很多土地资源密集且缺少大量农业资本投入的国家却频频出台一系列措施对来自于资本密集而土地资源贫穷的国家亮起投资的红灯。虽然大规模的土地买卖在农业投资总量中或在外商直接投资总额中所占的比例相对较小，但是会对投资地区产生重大影响。一方面是正面的影响，如提供就业、带来技术转移和增加资本积累；另一方面是负面的影响，比如是否能保证当地人的权利得到尊重以及是否的确能为小农创造分享收益的机会。于是在国际粮食价值链上游的投资领域出现了一种警惕新殖民主义的声音，认为大量资本涌入农业和农村，可能造成对农民的掠夺、对当地生态环境和生物多样性的破坏，从而失地农民增加，当地农民的生存脆弱性进一步加大、农村的贫富差距进一步拉大。比如柬埔寨1995—2009年，获得批准的经济土地特许经营权涉及土地总面积为100万公顷，而其国土总面积1750万公顷、耕地总面积550万公顷，大部分特许经营的土地由国内企业获得，35%的特许经营土地被外国投资者获得。柬埔寨政府目前已经暂停了经济土地特许经营权的授予，以遏制人们失去家园和非法砍伐森林的趋势。

第四章 包容性粮食价值链中游投资:后现代农业生产模式

发展中国家公共部门需要不断增加农业基础设施投资,发展中国家农业公共支出份额下降到7%左右,在非洲甚至更低,投资在饥饿地区的下降最为普遍(FAO,2012)。不断攀升的价格和急剧波动的粮食价格让政策制定者们认识到农业的重要性,只有公共农业投资到位,比如研究与推广,市场制度和基础设施,培训和教育以及风险管理工具等,才会为私人农业投资创造一个好的投资环境,才会促进私人农业投资,因为农业基础设施投资具有外部性,通常应该是由公共部门进行投资。又由于公共投资效率并不高,并且公共投资力量有限,所以私人部门的投资非常必要,特别是农民自己的投资,农民是全球农业的最大投资者(Lowder, Carisma and Skoet, 2012),每年农民投资于农场内农业资本存量超出了政府投资(两者比例为3:1),土地投资是其他来源投资的2倍。

外国投资作为一个补充性的角色。在许多发展中国家由于农业融资缺口大无法满足投资需求,比如贷款给农业的商业银行在非洲沙哈拉以南地区少于10%,而小额贷款又不能满足农业资本形成的要求(Da Silva and Mhlanga, 2009)。次贷危机和欧洲主权债务危机对全球经济的影响,使得国际援助的规模不容乐观,满足不了中短期的投资者需要。在这样的背景下,外国直接投资可以一定程度填补发展中国家的农业投资缺口。Gerlach and Liu(2010)认为5%的FDI进入到农业,尽管FDI不会成为主要的农业投资来源,但它会对农业带来很多潜在的好处,比如就业机会、技术转移和更好的资本和市场。同时也带来挑战,对政策制定者、开发机构、外国私人投资主体和当地社区而言需要在最小化风险的同时获取利益最大化。这就要求东道国政府完善法律和制度框架、优化投资程序、协调投资者和社区利益关切,把外国投资者导入最合适的项目中的能力。

二、发展中国家粮食价值链中游直接投资的趋势

2008年后粮食价格的飙升促使那些严重依赖进口粮食的国家到农地充裕和自然资源丰富的国家进行投资,相比较直接在国际粮食市场上直接购买,他们认为自己控制生产,再把粮食产品进口到国内是一种更为安全可靠的战略。另外,出于对能源价格上涨的担忧引发了对生物燃料的生产原料投资。大体来看,推动粮农领域直接投资的力量包括对农产品价格上涨预期、人口增长预期、粮食市场需求增长预期、生

物燃料增长预期等。

　　土地和其他自然资源不断上升的预期导致金融投机的上升，而传统的资产，比如股票、债券和房地产在2007年金融危机后表现较差，大量的对土地和自然资源的投机交易就变得非常活跃。农地和农业基础设施的投资作为一种新型的替代性资产具有很强的吸引力，体现在长期宏观经济基础、土地投资具有吸引力的历史收益率、当前收入和资本增值、与股票市场无关和对抗通货膨胀的强劲对冲能力等几个方面。

　　过去几十年中，粮食部门的跨国投资目的是能够更好地进入当地市场或者获得便宜的劳动力，最近10年跨国粮食投资的主要目的是获得自然资源，特别是土地和水。同时从形式上看是进行土地和实际生产项目的并购，而不是与当地生产者进行更为宽松的联合。大多数新投资者强调基本粮食的生产（包括动物饲料）、出口回投资国而不是用于更广泛商业出口的热带作物（Hallam，2011）。按照经合组织2010年的调查，83%的购买或长期租赁的农地用于生产基本粮食（油籽、玉米、小麦和饲料粮），13%投资于牲畜生产（肉牛、奶制品、羊和猪），4%投资于农地以获得农产品，比如食糖、葡萄栽培、农业基础设施、获得补贴而休耕的土地。

　　粮农领域跨国直接投资2007—2008年在发展中国家有明显上升，2009年峰值之后农业FDI有萎缩，2010—2011年阶段的水平仍然高于2003—2007年的平均水平。除了非洲外，地区内的流量比地区间的流量要大，进入到粮农部门的FDI份额几乎是2000—2005年和2006—2008年阶段之间的2倍，但是仍然低于其他经济部门，在整个2006—2008阶段少于5%。在2006—2008年阶段大量的农业FDI流入到粮食加工部门，初级农业生产部门只占不到10%（Lowder and Carisma，2011）。这些数据可能低估了农业外国投资的规模，因为在很多国家数据是缺失的。而且，大型私人机构投资者，比如对冲基金、银行、养老基金、对冲基金和私人股权基金的投资没有被包括在FDI的估计中。

　　外国资本广泛投资于农地资产引起了国际争论，这是因为土地具有多功能特点，除了经济价值，土地还具有社会、文化和宗教价值。大规模土地并购带来复杂的多维度问题：法律、经济、社会、环境、道德和文化等。研究显示外国土地投资是通过购买或长期租赁获得，农地的长期租赁比购买更为普遍，因为有很多国家禁止把土地卖给外国人，但是长期租赁土地（50~99年）的经济与社会意义与直接购买土地相似。通常外国投资者的土地投资规模很大,许多超过10000公顷,一些超过5万公顷(Hallam,2011)。外国企业通常比国内公司投资更大面积的土地,比如在马里的杜尼日尔,没有外国投资者获得少于500公顷的土地(FAO,2012)。但是国内投资者获得的农业土地更多,世界银行2011年估计国内投资者在调查的发展中国家的土地交易中占80%,尽管平均面积要小于外国投资。国内精英在土地收购中扮演着重要角色,侨民在以下国家土地收购中所占比例:97%尼日尼亚,70%柬埔寨,53%莫桑比克,50%苏丹和埃塞俄比亚。

从投资目标国和来源国来看,非洲是主要的FDI土地投资的目的地,土地矩阵的数据显示754宗土地交易,合计5620万公顷,亚洲1770万公顷,拉丁美洲700万公顷。报告的非洲土地交易面积占非洲农地面积的4.8%,相当于的国土面积(Anseeuw et al.,2012)。大多数报告的收购集中在少数几个国家,有84个国家被报告有外国投资者,但其中只有11个集中于70%的报告目标面积。在11个国家中,7个是非洲,即苏丹、埃塞俄比亚、莫桑比克、坦桑尼亚、马达加斯加、津巴布韦和刚果民主共和国。在东南亚,菲律宾、印度尼西亚和老挝受到极大的影响。在亚洲和南美,跨地区投资有很强的趋势,因为很多企业希望通过跨出国界复制他们在自己国家的成功。在非洲,南非公司已经成功地在非洲大陆的其他国家进行了投资,他们把来自其他大陆的资金引入非洲国家,利用他们在非洲农业的专业知识(Cotula and Polack,2012)。外来投资者和当地投资者合作、合伙和合资,可以降低复杂的当地管理成本,来自美国、英国和南非的投资者在大约1/3的交易中形成了这种合伙关系。

三、粮食价值链中游跨国投资的影响分析

跨国粮食投资会带来广泛的好处,比如更高的生产力,获得粮食的渠道及数量增加,就业机会的创造,贫困的减少,技术转移和获得资本和市场。但是,这些好处很大程度上依赖广泛的因素,包括投资合约、商业模式类型,与小农的联系,东道国的法律与制度框架以及治理能力等。传统的经济学基于利益最大化、资源优化配置、自由主义和比较优势原则来分析和指导投资者行为,可能会面临难以解决的方法论难题。因为大规模土地征购也会产生负面影响,这些负面的社会影响包括当地的小农失去传统谋生方式,自然资源获取困难,牧场的侵占,当地社区收入减少,生

产性资源的耗竭,自然资源的退化以及对生物多样性的影响,等等。由于存在较高的潜在冲突可能性和声誉伤害,投资者通常会放弃土地收购方式,采用更具包容性的商业模式,比如承包种植和订单农业等,这需要强大的外部力量来支持农民和协调投资者与农民之间的关系。

投资者在负责任投资原则下选择包容性投资模式,关注投资对当地的社会、经济、政治、环境影响,关注投资项目的财务和运营可行性要深刻认识到负责任商业行为是公司投资者长期经济利益之所在。良好的国家和地方治理水平有助于降低风险、产生积极的投资效果,对于许多政策与法律不一致、治理能力较差的国家而言,可以通过国际指引来帮助政府提升对外来投资政策的管理能力。从投资模式上看,并不存在双赢的固定模式,但是把外部投资的优势与小规模生产联合,以及把当地社区和土地使用者作为积极的商业合作伙伴联合起来的项目,成功的可能性更大。相反地,在脆弱的制度和土地使用权保护的环境下,大规模土地并购失败的概率高,而且不大可能对当地社会产生显著的经济利益。负责任投资也是政府长期安全利益和私人公司投资者长期经济利益的保障。

大量的私人和公共部门参与到这种新投资中,私人部门包括投资基金、养老基金、对冲基金、农业和农产品加工企业以及能源公司。公共部门包括政府、主权财富基金和其他国有公司。政府优先支持国内公司的投资,而不是直接在发展中国家进行投资,这主要是为了降低风险,包括金融风险和声誉风险。这种支持可能采用PPP模式,政府提供担保贷款、税收减免、技术支持或其他形式的支持。从地理分布上看,投资者主要来自于三个地方,东南亚和南美的新型经济体、海湾国家、北美和欧洲(Anseeuw et al.,2012)。国际媒体突出报道了来自中东和东亚国家扮演的角色,但实际上世界银行发现中东国家中仅仅占据了在苏丹农业外国直接投资的大部分份额(Deininger and Beyerlee,2011)。来自东南亚的公司在非洲的农业投资量很大,东南亚已经成为跨国农业投资的重要来源和目的地,南美的情况也一样。尽管北美和欧洲投资者没有吸引大量媒体的注意,但是他们占据发展中国家农业投资的大量份额。按照经合组织2010年的调查,大多数在全球进行农地投资的基金是欧洲和北美的公司。Schoneveld(2011)认为欧洲企业占据非洲土地购买40%的份额,北美公司占据13%的份额。特别地,欧洲和北美企业控制了非洲的生物燃料的投资。

第四章　包容性粮食价值链中游投资：后现代农业生产模式

对东道国的影响。发展中国家在过去几十年中农地的外国直接投资规模显著地增加，投资者瞄准的主要是那些土地使用权保护较弱的国家，尽管他们同时也在寻找有较高投资者保护水平的国家。所获得的土地类型对于粮食安全的意义更为重大，通常这些土地的质量好、肥沃、容易灌溉、交通方便和人口密度大。对土地交易的空间分析显示不同土地的产量差距很大，投入更多的生产资料（水、肥、种子、基础设施和技术）可能会带来更大的产量。比如马里和塞内加尔的土地并购分别集中于塞古（the Segou Region）和塞内加尔河谷地区（the Senegal River valley）。交通便利是目标地区选择的另一个标准，大多数交易的目标地区与下个城市之间的距离不会超过三个小时的路程。投资者投资的土地坐落在临近道路和市场的地方，超过60%的土地交易的目标地区的人口密度超过每平方公里25人，大约45%的土地交易与农地和农作物-蔬菜种植土地有关。由于大多数跨国粮食投资项目面向出口市场或者用于生产生物燃料，这些项目的运作可能对低收入的粮食赤字国家的粮食安全造成威胁，特别是如果他们取代本身面向国内市场的粮食作物的生产的话。

商业模式仅仅是决定投资对东道国影响的一个因素，还有其他的因素对粮农跨国直接投资具有强烈的影响，这些因素包括良好治理，当地经济社会条件和法律法规，当地利益相关者，规划与协商过程，投资合约的内容，投资者的情况，来自第三方的支持，生产体系及农作物的类型等。土地使用权体系、法律与监管和清晰的财产权对投资者和当地人们而言创造了保证获得土地的条件。好的治理、法律规则、责任、透明度、和平、稳定性、没有腐败有助于更加可持续的投资项目。有效率的国家机构有能力对项目进行有效的评价、改善设计、兼顾当地利益相关者以及实施监管都是必要条件。东道国政府监督和实施投资的能力是一个重要因素，包括当地政府机构干预、修正经营失败以及开发仲裁和冲突解决的机制等。足够的基础设施和受教育的劳动力会提高项目成功率，具有良好组织水平、团结、协作的社区，成员积极参与决策，具有相当高水平教育和技术知识的地方可能达成更好的交易。民间团体的能力，特别是农民组织扮演着重要角色，一个功能完善的农民组织可能对外国投资者而言是一项很强的资产，它将和当地实物资产一起补充投资者技术、资本和管理技能。

第四节　价值链中游环节粮食生产的包容性商业模式

　　过去几年,跨国资本在发展中国家进行的大规模农地并购和长期农地租赁经营,引起了"土地掠夺"的争论,甚至有人把跨国农地投资称为"新殖民主义"。在作出判断之前,我们首先要了解两个事实,一个事实是要满足全球粮食需求就必须继续加大农业的投资,另一个事实是发展中国家渴求投资的同时担心跨国资本的殖民倾向。人口增长、城市化推进、饮食习惯的变化正推动着全球粮食需求,考虑到世界上部分地方的供给约束,包括生产下降和生产率下降(比如海湾国家)对长期粮食价格产生了向上的压力。对能源和农产品的全球需求以及不断增加的获取高收益的技术能力使得农业正在成为一个具有吸引力的选择。除了市场力量,农业投资也被政策变化所推动,一些粮食进口国家鼓励海外农业投资,作为国家粮食安全战略之一;政策激励也是生物能源投资的关键推动力。对于投资接受国的老百姓而言,外来资本为他们改善生活条件创造了机会,当然也有失去土地和被边缘化的风险。不断增加的投资可能带来宏观层面的收益,创造了提升当地生活水平的机会。投资者可以带来资本、技术、知识、设施和市场进入机会,催化农村经济发展。随着外部兴趣上升,随着政府和市场让投资者获得土地,当地人可能会失去赖以生存的资源,不仅是土地,还包括水、树木和牧草。大规模的投资可能会带来家庭农场主的边缘化,而家庭农场主在世界上的很多国家被证明是高度有效和有弹性的生产者。要解决这样一对矛盾,只能从投资和运营模式上想办法,采用负责任的投资行为和包容性的运营模式,达到经济、政治、社会、生态协调,并保持可持续的、包容性的发展,实现国家、地方、企业、社区合作共赢,应该能够扫清阻碍粮食投资的拦路虎。

一、包容性商业模式的发展潜力

　　商业模式描述了一家公司如何把它的资源、伙伴关系和顾客关系结合起来,进

第四章 包容性粮食价值链中游投资：后现代农业生产模式

而创造和捕获价值。商业模式就是农业综合型企业和当地土地持有人以及运营者之间的关系，它包含所有权分享的安排、决策、风险和回报。包容性商业模式是指当地土地所有者和营运者之间具有紧密的工作伙伴关系，伙伴之间分享价值，包容性商业模式不仅包含合作关系，而且包含公平和公正条款。

考虑到与大规模土地收购相联系的风险以及大量有影响的项目失败案例，就出现了采用把当地社区更积极包容的商业模式的呼声。在生产中和其他相关活动中把小农作为平等的商业伙伴的商业模式具有风险最小化和农业投资收益最大化的潜力。投资项目应当更加重视农民，让他们控制自己的土地，这对于当地经济和社会发展具有积极的作用。成功的项目要把投资者的优势（资本、技术、管理和影响专业技能）和当地农民的优势（劳动力、土地、传统技能和当地条件的知识）结合起来，从而可以达到双赢的效果。让农民自己控制土地，他们就有了改良土地的内在激励，由于大量的农业投资来自农民自己，这些模式能更加提高发展中国家的农业投资水平。包容性商业模式通过在项目实施中的承诺和自己的管理而获得授权。在有些投资项目中，农民成为企业的联合持有人，这样的方式比土地收购更加有助于可持续发展。

要实现这些外来投资的好处是需要一定时间的，因为包容性商业模式牵涉了更多的利益相关者，决策更慢，成本更高。而那些希望获得快速收益的投资，很多与当地的经济发展不相容。这就需要相对耐心的投资者在较长的时间跨度中实现收益，这些投资者往往来自公共部门或非盈利部门，一些有影响力的私有公司也有长期的时间规划。内含于包容性模式的高交易成本和他们的异质性特征使得它们在投资初期非常脆弱，存在高初始成本带来的高风险，缓慢的进展和有形收益的缺乏，这就增加了误解和不信任。因此包容性投资模式要求来自独立和有能力的第三方的大力支持，第三方能够扮演尽职的中介，推动投资者和当地社区的合作。很多投资项目得到了不同机构，比如政府部门、外国开发机构、非政府组织和多边银行的大力支持。当地农民组织的能力也需要大力加强，这样他们才能成为跨国投资者的强有力的合作伙伴，对农民组织的领导人进行培训将帮助他们更好地在谈判中代表他们的成员，更有成效地和他们交流，采用更有效的管理手段，促进组织的民主决策，提升他们的磋商能力。

包容性商业模式具有多样性，没有一种形式可以包打天下，成为万应良药。当地的经济和社会状况,包括社区的组织水平、当地机构的优势、农民的技术水平和农民组织的有效性将决定最容易获得成功的商业模式。在农民不能或不愿意创建合作组织的地方,订单农业可能是最合适的模式。在由较强的合作传统和有效农民组织的社区内,给予了农民们资本份额的承包种植计划,或者投资公司和农民合作社之间的合资企业,可能是最好的选择。成功的商业模式所需要的条件包括国家法律和制度框架,投资合约特定的条款和条件以及投资者经验、技能和动机。

二、农业市场演变与粮食生产模式的选择

历史上粮食生产总是处于两个端点之间:现货市场和垂直一体化。19—20世纪,许多发展中国家的农业投资是通过建立大规模的种植园的形式进行的。从1960年代开始,随着非洲的非殖民化和国有化,随着拉丁美洲国家的土地重新分配,一些农业综合型公司从种植园模式向纵向一体化模式进行转变,开始和当地供应商发展长期的合约关系(UNCTAD,2009)。劳动者工会力量和更严格的劳动法也鼓励从种植园模式开始转变(Tiffen and Mortimore,1990)。

除了政治因素,经济力量也推动了农业综合型企业在生产上直接参与的转变。过去几十年中,粮食与农业价值链倾向于在加工和分销环节获得收益,而风险主要位于初级生产环节(Selby,2009)。这就激励农业综合性企业把精力集中于上游(生产资料、种子和机械的提供)和下游(加工和分销),而倾向于从当地供应者手中获得农业产品。通过长期合约外包农业生产而不是种植园自己种植,这提供了应对价格波动的更大弹性(Tiffen and Mortimore,1990)。由于需求、供给和政策方面的推动,更大的纵向一体化在过去几年中不断推进。农业部门正在从小规模生产者向大规模生产商转移,比如巴西和阿根廷的牛奶出口。

大规模农地收购是基于经济和政治方面的考虑。农产品价格的波动把风险沿着粮食价值链传导给下游的加工商和经销商,由于担心原料供给的稳定性,自然推高了生产环节的收益;这就直接提高了投资于农业生产的吸引力,包括土地的收购,持有土地公司的股权,持有肥料、种子、农化品及农机生产公司、生产管理服务公司以及在上游农业从事活动的公司股权。大规模农业生产可以使得公司获得规模经济、技术创新和现代农场管理系统的好处。从零售商或批发商的角度考虑,从大生

第四章 包容性粮食价值链中游投资：后现代农业生产模式

产商那里采购一部分可以降低交易成本，但是当生产商具有更多信息和更广泛市场销路选择的时候，却具有更高的违约风险和卖方风险（Reardon et al.2009）。从小规模农户那里采购意味着更高的交易成本，但是可以通过低劳动力成本、有效的生产者的组织和采用集约化耕种来进行对冲。

除了市场力量的推动外，具有高农业潜力和竞争优势的国家正在欢迎来自国内外的投资。一些政府对闲置土地进行确权，把它们配置给农业综合型企业的运营者们。比如，2009年7月埃塞俄比亚政府拿出160万~270万公顷土地给那些愿意开发商业农场的投资者。此外，一些粮食进口国政府出台政策把海外农地收购作为国家粮食安全战略的一个重要组合成部分，比如沙特阿拉伯支持沙特公司在具有高农业潜力的国家进行农业投资，促进粮食安全。战略性作物包括大米、小麦、大麦、玉米、食糖和绿色饲料，另外还有动物和渔业资源。

获得农地可能存在风险。虽然农地收购是对这些市场和政策力量的理性反应，但是在中低收入国家购买土地或长期租赁土地对投资者、目标国和母国而言都存在一定风险。从投资者的角度看，经营大规模种植园对长期在中低收入国家从事经营的农业综合性企业是一个挑战。从国际水平看，腐败体制和糟糕的商业实践可能带来较大的声誉风险，持有那些政治上不稳定、产权界定不清晰的国家的土地会产生大量的政治风险。一旦大量的投资发生（比如灌溉等基础设施），投资的收益就依赖于长期的项目实施，而投资面临目标国的逆向行为就具有脆弱性，比如新上台的政府就大的外国投资重新进行磋商等。支持海外农业投资作为国内粮食安全战略的母国，其商业的、声誉的和政治风险对其国家粮食安全具有重要意义。将来东道国面临粮食危机时，可能限制粮食出口，违背以前的承诺，这样基于农地的投资变现和寻找替代性选择可能花费大量的时间和精力。

从东道国的角度看，种植园模式可能被认为是经济上不公平、政治上令人厌恶，是向殖民时代的倒退。对当地人来说，失去土地、牧草、水、野生资源和文化资源的期望回报是工作机会。但是大多数工作无需技能、收入低，没有社会保障，仅仅是短期的或者兼职机会。大规模土地收购实质上将把社区和小农长期锁定土地以外超过几代人，这将带来对某些地区传统种植和养殖活动的终结，对当地社区保证粮食安全的弹性和能力产生负面影响。即使授权参与合约谈判，社区和小农的话语权较弱很难获得较高的赔偿和深度参与新型商业模式（Vermeulen and Cotula,2010）。

三、粮食生产包容性商业模式的类型及特点

(一)包容性商业模式的类型

把大规模经济主体和小规模经济主体联系起来的包容性商业模式种类多样,它们分别是订单农业(contract farming)、管理合约(management contracts)、承租耕种(tenant farming)、承包种植(out grower)、分享耕种(股份耕种或份额耕作,share cropping)、合资企业(joint ventures)、农民所有企业(farmer-owned business)上下游业务联系等(upstream/downstream business links)。商业模式是一种为了创造和获得价值,公司构建资源、伙伴关系和客户关系的方式。包容性程度是通过如何让所有权、声誉、风险和回报在商业伙伴之间分享来进行测度的。

订单农业指农户和买方提前达成供应合约。协议通常规定了价格、如何与市场价格相关联、交货期、数量和质量等。农业加工企业作为买方通常提供前期的生产资料,比如信贷、种子、肥料、杀虫剂和技术建议。订单农业交易非常广泛,从非正式的口头购买协议到高度专业化的大规模农地的承包种植计划。

管理合约指农民或农场管理公司在属于别人的农地上从事农业运作的各种安排。管理合约可以采取租赁方式,但是行使着管理职责;或者代表土地所有人管理土地。为了激励农场管理,通常合约会设定利益分享条款。

租赁耕种和分享耕种是管理合约的不同版本,在这些形式下,单个农民(比如小农)为大规模农业综合性企业或其他农民工作。租赁耕作通常会约定一定的租赁费,而分享耕作是土地所有者和分享耕作者之间根据提前约定的比例对农作物进行分配。

合资企业是两个独立的市场参与者进行的商业合作成立的企业,比如农业综合性企业和农民组织。合资企业包括财务风险分担和收益的分享,大多数情形下,决策权是根据股权比例来决定的。

农民所有企业具有正式的公司商业结构,农民把他们的资产导入到特定的业务类型中(比如加工或营销等),获得融资机会或者限制单个成员的负债。这些企业通常由合作社拥有以便利商业交易。

第四章 包容性粮食价值链中游投资：后现代农业生产模式

上下游业务联系是对超越直接的农业生产的一系列纵向或横向价值链商业活动。农业综合性企业指在农业价值链上运作的公司包括生产资料供应公司、农业生产公司、加工贸易企业等。这些价值链不是由小农或当地社区成员所拥有，Dixon et al.(2004)提出小农相对于其他农民而言具有有限的资源禀赋，在不同国家和经济体小农的定义存在差别，比如在人口密集地区他们种植的土地面积经常在1公顷以下，在一些半干旱区，他们种植的面积在10公顷左右或者管理着10头牲畜。当地社区成员不仅包括小农而且包括不从事农业的农村人口。

不同的商业模式可以叠加和组合，比如农民所有的企业可以被联合进入到一家合资企业，这家企业又可以与特定的服务提供者签订管理协议。所有权、话语权、风险和收益在商业模式内分享。商业模式包含的不仅仅合作双方，其他利益相关者如服务提供者、贸易商、融资者和其他私人运营者对计划的成功实施具有重要的作用，当然，政府治理、政策、法律也都直接影响到商业模式的成败。这些与农民和当地社区合作的农业生产模式之所以被称为包容性商业模式，关键在于投资者在追求经济回报的同时，兼顾考虑到投资所在地的原有经济生态、政治生态、社会生态和自然生态，不能因为项目实施造成原有生态的恶化，要让政府、农民、社区和环境都能获得项目带来的好处，进而赞同和支持项目实施，实现项目运营的可持续性。

(二)包容性商业模式的特点

区别不同商业模式，可以从三个方面来进行观察：土地所有人和进行日常耕作管理人之间的匹配；农业生产的纵向一体化程度；从生产者到消费者价值链不同阶段的关联性。

1. 土地持有与农业生产之间的匹配

土地要么在大规模综合型企业控制之下，要么在单个农民或包括小农在内的当地居民共同控制之下，这就给了土地拥有者和小农四种可能的合作方式，如下表4-3。在小农拥有土地的情形下，小农自己能够从事订单农业，或者他们允许农业综合型企业在他们的土地上运作，或者他们自己在各种管理合约下和合资企业安排下运作土地。在农业综合性企业拥有土地或长期租赁土地的情形下，小农受到较多限制，限制在租赁耕种、分享耕种或付出劳动力等几种形式上。比较两种情形，很容易发现前者农民具有较大的自主性和话语权，他们可以选择是否合作以及与谁合作,而后者比较被动,当然两种情形下,农民所面临的风险也存在较大的差异。农民根据他们的资源、技术水平和风险承受度来选择适合的商业模式。

4-3 土地拥有者和农场运营者之间包容性商业模式的几种类型

领导生产/土地拥有	小农或社区	农业综合性企业
小农	订单农业-从非正式购买协议到高度特定的计划	租赁耕种和分享耕种
农业综合性企业	管理合约/合资企业	付出劳动力

2.农业生产的纵向一体化程度

在市场化和商品化程度较高的地区,粮食价值链生产环节的发展趋势是朝向更严格标准的粮食安全、粮食作物和牲畜产品的质量一致性、准时供应。下表4-4显示了从现货市场到整个纵向一体化的连续统一体(也就是从生产到零售的全部活动)。公开市场交易发生在现货市场中,交易双方就商品品质、数量达成一致就能进行交割;在购买协议中,买方可以规定质量标准,但是不规定耕种方式;订单农业通过合约约束双方,规定将来的农产品交易价格、品质和数量,为农民提供生产资料和农业生产服务;合约耕种安排从比较宽松的条款到高度专门的指定(必须使用的种子、化肥、杀虫剂和技术以及使用的时间);纵向一体化是在拥有农地使用权利的情形下,公司内部通过计划和指令完成农业生产,比如种植园模式。

表4-4 不同类型商业模式的纵向一体化程度

纵向一体化的程度			
←现货市场	价值链协调		纵向一体化→
公开市场	购买协议	订单农业	管理协议	种植园(完全包含的土地和生产)
商业模式的类型			

纵向一体化程度上的差异,可以看出农民、投资者在话语权、风险和价值分享上的差异,这实际上是由所有权状况决定的。所有权是指企业股权以及关键项目

资产(比如土地和加工设施);话语权是指影响关键商业决定的能力,包括在决定中的权重、检查与申诉的安排、处理不对称信息的机制;风险包括商业风险(也就是生产、供应和市场风险),也包括广泛的风险,比如政治和声誉风险;定价和融资安排都会影响到收益分享。这四个方面是紧密联系的,所有权影响话语权,在价格设定中的话语权对收益产生重大的影响。所有权影响了风险,共同所有的企业也包含着承担共同风险。农民在企业中参与程度越高,收益的份额越高,在经营失败时面临的风险越大,他们在企业中的参与程度应该与他们所参与的组织的力量相称,较弱的农民组织应该尽量避免直接暴露于他们没有能力管理的责任和风险之下。农业综合型企业进行适当的尽职调查、东道国政府进行有力的投资审查都是评价投资是否能够承受未预期到的农产品价格变化的关键。

四、粮食与农业投资包容性模式的价值与限制

前面介绍了在中低收入国家进行跨国粮食和农业投资的多种模式,这些模式分享价值以及保持小农和当地社区对土地的保留。一些模式中包含着农业综合型企业和小农之间在农业生产中合作,其他的主要通过收益的分配来分享价值,比如租赁和管理合约。对包容性模式的更加全面的评价需要大量深度案例分析,当地环境对不同模式影响非常重要,比如订单农业在劳动力人口密度低、当地农业生产能力低的地区开展可能就比较困难。基于大规模土地的投资(种植园)拿走土地、代替了基于土地的生活方式,提供了就业机会。尽管提高了失地农民的收入,但是当地经济的货币化可能导致生活的净损失,特别是传统的非货币收入的丢失,从而带来当地收入的不平等性,导致"朝不保夕"(precariat)阶层的产生。

包含小农的商业模式提供了更有效的当地生存选择,像没有排除传统非货币收入来源,把好处更广泛地扩散到当地人中,而不是仅仅一小部分获得技术性工作机会的人成为幸运儿。包容性商业模式在提供新的、可靠的收入来源给参与者方面有着积极的经验。但是在实践中,包容性商业模式像订单农业可能也是具有排他性的,具有更好资源的农民容易签订这些合约,而更贫穷的农民作为劳动力在合约农场工作。避免直接占有土地的商业模式可以引发长期土地使用权的变化,而土地使用权的变化也可能有利于当地精英,更好地利用订单农业所创造的新的市场机会。

在更具包容性的商业模式中，并不存在哪一种单一模式在任何环境下都是对小农最好的选择。实践中通常组合使用多种商业模式，比如在同样的投资项目中，农业综合型公司和小农可以建立一家合资企业，公司贡献资本，小农共享土地或其他资产；小农以合作社的形式或公司的形式被组织起来持有他们的股权；合资公司开展订单农业，单个小农从事农业生产；管理服务与特定的服务提供者签订。这些模式并不是天生地对小农和当地社区有优势，订单农业和承租耕种可能与劳动密集作物和环境服务管理相关；租赁和管理合约可以提供利用规模经济的渠道，使得当地团体能够加入到这个项目。

能否吸引投资者在当地发挥最好作用很大程度要看特定的环境，比如土地使用权、政策、文化、历史和人口年龄结构等。在界定一项投资与当地小农分享价值和分担风险的程度时，商业模式选择重要，但详细的计划安排更重要，比如订单农业可能是提供支持和改善市场进入的工具，也可能建立一种剥削性的关系（小农是持续承担生产风险的便宜的劳动力提供者）。相似地，合资企业从原理上讲，授权当地社区以一种分红的形式获得定期的收入，提供了一种能使当地获得商业活动更多控制权的工具。但是假如结构上安排不合理，分红可能很低，运作成本可能高于利润，当地对决策的影响实际上可能非常低。

小农在与政府和农业综合型企业之间的谈判能力是决定商业模式条款和结果的关键。谈判能力取决于代表的有效性和基于谈判状态的资产状况（包括土地权、信息获取和政治公信力）。通过代表组织采取的集体行动对小农而言比与大量的个体交易时交易成本更低。在小农直接从事农业生产的地方，安全的土地权对于农业综合型企业进行谈判是非常重要的；在农业生产被农业综合性企业基于租赁或管理合约执行的地方，安全的土地权对当地土地所有者而言，在与农业综合型企业进行合约洽谈以及分配土地权是必要条件。当地社区拥有土地的权利类型对他们可能开发的商业模式具有深远的意义。

获得信息、得到法律保护、得到政策制定者的支持以及获得公共服务对商业模式的结构和结果非常重要。不对称信息以及获得机构支持力度上的差别（银行、保险、律师事务所和法庭）证明是建立真正平等的商业伙伴关系的主要约束。在市场趋势的判断方面，小农和当地社区是典型的信息弱势者，同样有关产品价格、提成费和分红如何计算、风险水平、承担的债务、法律保护以及救助等方面的信息获取同样处于弱势。在教育水平、中介水平高和支持力度大的地方,农业综合性企业和属于当地人的公司所建立的长期合资企业具有强劲的生命力。包容性模式从长期来看可能更加容易取得成功,也更加具有可持续性,政策与市场的推动力同等重要,比如中国、印度、马来西亚、埃塞俄比亚和加纳的土地使用权政策成为合约模式的主要推动力。

第五节 粮食价值链中游包容性海外投资的地理选择

过去10年由于两次粮食价格飙升,农地投资活跃,有些企业开始在土地富裕国家大规模收购或长期租赁土地,但最终形成可持续发展能力的案例并不多。我们认为粮食价值链海外投资应该尽量避开中游的农地投资和农业生产环节,主要因为几个原因:一是土地问题非常敏感,与政策的可持续性、东道国政府的公信力、地方政府与社区及原住民的关系维系都有着重要的联系,不可控的因素太多;二是粮食生产不是一个孤立的问题,要同时考虑粮食的仓储能力、加工能力、运输能力、当地消费能力和对外贸易政策和条件,否则即使粮食丰收,也可能带来损失,从而造成经济上不可持续。当然,有些特定农产品要形成商品化和规模化效应,不得不通过种植园建设等方式涉足价值链中游的种植环节,比如油棕、咖啡、可可等。中国的很多企业基于在农业生产管理的比较优势、历史传统、技术优势、与东道国农业合作的良好经验等原因开展了很多海外粮食生产投资活动,本节分别就投资标的的地理选择逻辑、基于不同指标筛选投资目标,希望能为准备在生产环节进行海外投资的企业提供帮助。

一、中国海外粮食生产投资的地理选择逻辑

(一)基于土地矩阵(landmatrix)统计的中国海外农地投资情况

从土地矩阵中的数据看中国海外农地投资情况,分区域数据如表4-5所示。中国在东南亚地区的农地投资笔数和面积均占首位,可以看出对东南亚农地投资具有一定的偏好,这与东南亚地理接近和气候接近、农作物耕种品种和历史具有一定的相似性、水资源充裕等有紧密的关系;南美的投资面积排在第二位,但交易

笔数只有6笔,平均单笔投资面积超过10万公顷;东欧和中非的投资面积和交易笔数接近,平均单笔投资面积超过5万公顷;加勒比海地区虽然仅有2笔交易,但是平均单笔交易面积达到1万公顷;东非的交易笔数排在第二,但平均投资面积仅为6000公顷,与北非的平均投资面积相当,低于南美、东欧、中非地区和加勒比海地区。总体而言,南美与加勒比海地区、撒哈拉以南非洲地区和东欧是过去17年中中国海外农地投资的主要地区,而且单笔投资面积大。但是与美国的海外农地投资823万公顷的总面积相比,差距巨大。

表4-5 中国海外农地投资面积及交易数量(2000—2017年)

排序	地区	面积(ha)及交易	排序	地区	面积(ha)及交易
1	东南亚	1,469,977(84笔)	6	西非	40,170(10笔)
2	南美	729,172(6笔)	7	加勒比海地区	23,000(2笔)
3	东欧	264,400(5笔)	8	北非	11,667(2笔)
4	中非	235,787(4笔)	9	中亚	909(3笔)
5	东非	121,201(21笔)	10	南亚	0
	合计			2,896,283(138笔)	
	具体农地投资国家(共36个国家)	亚洲:巴基斯坦、柬埔寨、印度尼西亚、老挝、马来西亚、缅甸、菲利宾、越南、哈萨克斯坦、塔吉克斯坦//南美:阿根廷、玻利维亚、巴西、圭亚拉、委内瑞拉、牙买加、古巴//非洲:贝宁、加纳、马里、尼日利亚、塞拉利昂、埃塞俄比亚、马达加斯加、莫桑比克、坦桑尼亚、乌干达、赞比亚、津巴布韦、苏丹、喀麦隆、民主刚果//欧洲:白俄罗斯、保加利亚、俄罗斯、乌克兰			

数据来源:https://landmatrix.org/en/get-the-idea/web-transnational-deals/.

注:以上数据来自土地矩阵,该数据库数据来源于公开报道、政府及公司公告等渠道,数据可能存在缺失和遗漏。

(二)中国海外粮食生产投资的地理选择逻辑

通常粮食价值链的粮食生产环节面临大量的风险,自然灾害、气候变化、国际市场价格、东道国内农业政策变化等等,使得农业生产脆弱性强,收益率低,所以海外粮农投资尽量避开在这个环节的投资活动;而且生产环节与土地问题紧密关联,土地问题极其敏感,容易引起纠纷,即使得到现任政府的授权,也可能被后任政府剥夺权利;同时土地投资需要较长的回收期,并且需要农业基础设施的投资

第四章　包容性粮食价值链中游投资：后现代农业生产模式

保障，因此从经济性上看并不可取。另外，土地价格相对比较便宜的地区通常伴随着交通、农业基础设施、政治问题和政府声誉或者劳动力水平等一系列问题，总体成本并不便宜，这些地方可能主要集中于撒哈拉南部非洲地区、乌克兰、俄罗斯及中亚地区。因此首先要在人均土地耕地面积大的国家选择，还要考虑距离和运输方式、劳动力供应状况以及 FDI 的历史状况[①]。

　　主要跨国粮食与农业企业很少涉足粮食生产环节的直接投资，特别是在缺少农业补贴的经济体，但是也有例外，比如丰益国际和奥兰国际的棕榈种植园等；中国的农垦集团在长期的海外农业合作中积累了丰富的经验，在与我国临近的东南亚国家、部分非洲国家和俄罗斯远东地区开展了粮食生产环节的投资。撒哈拉南部非洲地区、乌克兰、俄罗斯及中亚地区地价便宜、土地充裕，对掌握现代农业耕作技术、充分利用当地的土地、劳动力、机械和气候的投资者可能带来较高的风险收益。对于大型跨国粮商而言，非洲大多数国家、中亚、俄罗斯及部分原苏东国家基础设施和政治社会环境较差、投资风险较高，所以很少在这些地方投资。而中国和非洲具有长期的合作历史和成功的经验，并且具有很好的粮食和农业国际合作的口碑，同时中国与俄罗斯远东地区接壤，所以中国在非洲以及俄罗斯的粮食与农业投资并没有跨国粮商以为的那么大的风险。

　　本节我们试图从具有土地潜力的经济体中挑选、比较，从中给出相对比较适合的投资对象。首先应该判断对象国是否具有粮食生产的潜力，即人均土地面积处于什么水平、本国耕地占本国土地面积的比例、以及本国耕地面积的大小。这样的选择首先可以避开严重的人地紧张地区的矛盾，同时适合开展高效率的粮食与农业生产活动，既有政策包容性和社会包容性，又能很大概率上实现经济可持续性。也许这些国家或地区当前的粮食总产量并不高，如果以上这些数据排名靠前的话，那么很可能是由于劳动生产率不高，需要通过培训、种子优选、农业生产方式的改进等方式来帮助提升粮食生产能力，中国在这一方面具有非常大的优势。在这个基础上的粮食与农业合作会给投资目标国带来翻天覆地的变化，既实现了东道国粮食自给甚至粮食出口的目标，也给当地农民生活带来极大地改善，同时

[①] 参照《FAO 年鉴 2013》和 FAOSTAT 数据库查找相关数据。

为东道国的出口创汇开辟了可持续的新来源，为全球减贫和可持续发展目标的实现做出了贡献。对于以非洲为代表的投资对象国，公路、铁路、水运、港口、仓库等基础设施落后，导致粮食和农业产品无法顺畅流通，而这些基础设施的投资规模大、投资回收期长，对大多数非洲国家而言，是难以突破的瓶颈。在粮食生产投资对象国采用什么样的投资方式、投资什么标的，是投资项目成功与否的关键。如果能和被投资国达成政治认同，就为粮食投资项目的落地奠定了坚实的基础，从而最大限度地减少国家信用风险。

中国对外进行粮食价值链投资主体是企业，追逐利润回报是其本质性的需求，所以经济可持续性是根本。从利润回报来考虑，尽量降低成本是重要的途径，而跨国性投资中，特别是粮食及油籽等大宗商品，运输成本是重要的组成，所以在政治上具有包容性、资源上具有互补性的基础上要合理选择能够降低运输成本的国家或地区。卢新海[①]（2015）利用灰色分析法和数学建模法对撒哈拉南部非洲、拉丁美洲、前苏联地区诸国、主要的耕地充裕发达国家的耕地投资潜力进行了评价，评价指标包括资源条件（耕地扩充比例、耕地比例、耕地面积、人均耕地面积）、生产基础（永久农田比例、农地灌溉率、农业机械化水平、劳动力密度）、宏观环境（社会全球化指数、政治全球化指数、投资者保护指数）和投资状况（投资国数目、项目个数、投资面积和项目平均面积）等四个方面。表4-6列举这些研究区域耕地投资潜力综合评价处于"强"灰类和"较强"灰类的国家。

表4-6 投资潜力综合评价"强"和"较强"灰类国家

地区	国家
非洲	埃塞俄比亚、加纳、苏丹、坦桑尼亚、莫桑比克、乌干达、尼日利亚、喀麦隆、塞内加尔
拉丁美洲	巴西、阿根廷、乌拉圭、哥伦比亚
前苏联地区	俄罗斯、乌克兰、哈萨克斯坦
发达国家	澳大利亚、加拿大、美国、西班牙、丹麦、法国、芬兰、匈牙利、波兰、希腊

---

① 卢新海,韩璟.中国海外耕地投资战略与对策——基于粮食安全的视角[M].北京:科学出版社,2015.

二、利用全球人均耕地面积指标筛选粮食生产投资对象

图 4-1 是全球农地面积占土地面积的比例,此图中,我们发现全球农地面积占土地面积①的比例总体呈现下降趋势,2008 年以前维持在 37.75% 以上的水平,而 2008 年之后在 37.5% 左右的水平,2010—2014 年呈现稳定上升趋势,而 2015 年突然大幅度下降,达到历史最低水平,大约为 37.4%。该比例总体趋势变化的原因,可以用城市化进程加快,用荒漠化程度提升,用气候变化导致农地总量缩减来解释。总之,人类用来生产粮食的土地处于不断缩减的状况之下,而全球人类人口数量却在持续增长,有望在 2050 年超过 90 亿人。

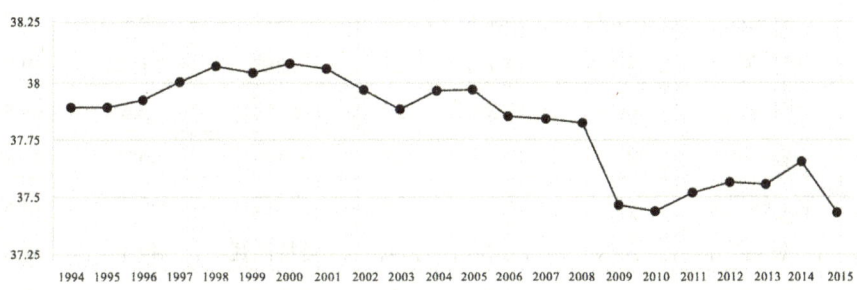

图 4-1　1994—2015 年全球农地面积占土地面积的比例(%)

数据来源:FAOSTAT,http://www.fao.org/faostat/zh/#data/EL/visualize.

如果一个国家的农地面积占土地面积的比例高,那么说明该国具有相对丰富的土地资源用于农业生产,在不考虑其他因素的情况下,说明具有农业投资的较大潜力。根据世界银行的数据,我们把全球农地面积占土地面积比例最高的 40 个国家及数据列于表 4-7,在这 40 个国家中,亚洲国家 6 个,美洲国家 6 个,欧洲国家 9 个,非洲国家 19 个。但是要注意,其中有些国家气候或降水量不适合进行农业

---

① 农地(agricultural land;farmland)是指人类修改或创建的所有生态系统,特别用于种植或饲养生物产品用于人类消费或使用,包括耕地、草场、果园、小树林、葡萄园、苗圃、园艺观赏区和限制饲养区等,包括灌溉土地和非灌溉土地。耕地(cropland,arable land)是指要求每年重新种植用于生产农作物的土地或者在 5 年内用于生产这些作物的休耕地或者牧场。永久耕地(permanent cropland)是指不要求每年重植生产农作物的土地;永久草场是指天然的或人工的草地和灌木地,能够用于牲畜放牧。

生产，比如沙特阿拉伯降水稀少，除了西南的几个省份之外，其他地区的年降水量普遍在 100 毫米以下，部分地区甚至低于 60 毫米，这种超低降水量，再加上沙漠地区的超高蒸发量，使得沙特阿拉伯的地表水和地下水资源都十分匮乏。

表 4-7 全球农地面积占土地面积比例最高的 40 个国家

序号	国家/经济体	1961 年	2015 年	序号	国家/经济体	1961 年	2015 年
1	乌拉圭	93.4%	82.6%	21	英属曼岛	57%	70.9%
2	沙特	40.1%	80.8%	22	英国	81.8%	70.8%
3	哈萨克斯坦	—	80.4%	23	孟加拉国	72.8%	70.6%
4	南非	83.5%	79.8%	24	索马里	79.0%	70.3%
5	布隆迪	61.3%	79.1%	25	多哥	56.4%	70.2%
6	尼日尼亚	58.4%	77.7%	26	加纳	51.4%	69.0%
7	萨尔瓦多	60%	77.3%	27	摩洛哥	52.4%	68.5%
8	叙利亚	81.3%	75.8%	28	海地	60.2%	66.8%
9	厄立特里亚	—	75.2%	29	突尼斯	55.7%	64.8%
10	莱索托	85%	75%	30	科特迪瓦	49.3%	64.8%
11	摩尔多瓦	—	74.8%	3	黎巴嫩	54.9%	64.3%
12	卢旺达	53.3%	73.4%	132	爱尔兰	81.9%	64.3%
13	吉布提	56.1%	73.4%	33	马绍尔群岛	—	63.9%
14	蒙古	90.6%	72.7%	34	莫桑比克	59.3%	63.5%
15	土库曼斯坦	—	72%	35	乌兹别克斯坦	—	62.9%
16	乌干达	45.1%	71.9%	36	丹麦	74.6%	62.2%
17	科摩罗	51.0%	71.5%	37	马拉维	33.9%	61.4%
18	乌克兰	—	71.3%	38	印度	58.8%	60.4%
19	马达加斯加	60.4%	71.2%	39	希腊	69.1%	60.4%
20	瑞士	85.3%	71.0%	40	罗马尼亚	63.4%	60.1%

数据来源：https://data.worldbank.org/indicator/AG.LND.AGRI.ZS? year_high_desc=true.

表 4-8 列举了 2015 年人均耕地面积在 0.30 公顷以上的 33 个国家、0.20~0.30 公顷之间的 39 个国家以及人均耕地面积在 0.10~0.20 公顷的 46 个国家（此表最后

我们加上了苏丹和南苏丹两国的数据),人均耕地在0.20公顷以上的72个国家代表着全球具有较大的土地潜力,单从耕地资源的角度看不仅能够满足本国人口粮食消费,而且能够为地球上其他国家或地区提供粮食供应的国家。

表4-8 全球人均耕地面积在0.10公顷以上的国家(降序排列)

序号	国家	公顷/人	序号	国家	公顷/人	序号	国家	公顷/人
1	澳大利亚	1.93	26	冰岛	0.37	51	尼加拉瓜	0.25
2	哈萨克斯坦	1.68	27	塞尔维亚	0.37	52	柬埔寨	0.24
3	加拿大	1.22	28	多哥	0.36	53	泰国	0.24
4	阿根廷	0.90	29	乍得	0.35	54	赞比亚	0.24
5	俄罗斯	0.85	30	土库曼斯坦	0.35	55	摩洛哥	0.23
6	尼日尔	0.84	31	布基纳法索	0.33	56	阿富汗	0.23
7	立陶宛	0.75	32	纳米比亚	0.33	57	老挝	0.23
8	巴拉圭	0.72	33	捷克	0.33	58	南非	0.23
9	乌克兰	0.72	34	波黑	0.29	59	冈比亚	0.22
10	乌拉圭	0.70	35	波兰	0.29	60	塞拉利昂	0.22
11	拉脱维亚	0.62	36	英属地曼岛	0.28	61	爱尔兰	0.22
12	白俄罗斯	0.60	37	法国	0.28	62	伯利兹	0.22
13	圭亚那共和国	0.55	38	利比亚	0.28	63	马拉维	0.22
14	摩尔多瓦	0.52	39	喀麦隆	0.27	64	吉尔吉斯斯坦	0.21
15	爱沙尼亚	0.51	40	西班牙	0.27	65	塞内加尔	0.21
16	保加利亚	0.49	41	土耳其	0.26	66	阿尔巴里亚	0.21
17	美国	0.47	42	瑞典	0.26	67	缅甸	0.21
18	匈牙利	0.45	43	古巴	0.26	68	希腊	0.21
19	罗马尼亚	0.44	44	突尼斯	0.26	69	莫桑比克	0.20
20	玻利维亚	0.42	45	几内亚	0.26	70	阿塞拜疆	0.20
21	丹麦	0.41	46	贝宁	0.26	71	克罗地亚	0.20
22	芬兰	0.41	47	斯洛伐克	0.25	72	马其顿	0.20
23	中非共和国	0.40	48	津巴布韦	0.25	73	蒙古	0.19
24	巴西	0.39	49	坦桑尼亚	0.25	74	尼日利亚	0.19
25	马里	0.37	50	叙利亚	0.25	75	阿尔及利亚	0.19

续表

序号	国家	公顷/人	序号	国家	公顷/人	序号	国家	公顷/人
76	伊朗	0.19	91	德国	0.15	106	布隆迪	0.12
77	斐济	0.18	92	马达加斯加	0.14	107	苏里南	0.12
78	墨西哥	0.18	93	巴拿马	0.14	108	洪都拉斯	0.11
79	博茨瓦纳	0.18	94	乌兹别克斯坦	0.14	10+	利比里亚	0.11
80	安哥拉	0.18	95	伊拉克	0.14	110	沙特阿拉伯	0.11
81	乌干达	0.17	96	斯威士兰	0.13	111	卢森堡	0.11
82	加纳	0.17	97	秘鲁	0.13	112	刚果共和国	0.11
83	几内亚比绍	0.17	98	新西兰	0.13	113	葡萄牙	0.11
84	汤加	0.17	99	不丹	0.13	114	意大利	0.11
85	加蓬	0.17	100	科特迪瓦	0.13	115	毛里塔尼亚	0.11
86	巴基斯坦	0.28	101	莱索托	0.13	116	赤道几内亚	0.10
87	奥地利	0.27	102	东帝汶	0.12	117	海地	0.10
88	挪威	0.27	103	肯尼亚	0.12	118	卢旺达	0.10
89	亚美尼亚	0.15	104	印度	0.12		南苏丹	2.00
90	埃塞俄比亚	0.15	105	萨尔瓦多	0.12		苏丹	0.39

数据来源：世界银行，https://data.worldbank.org/indicator/AG.LND.ARBL.HA.PC? year_high_desc= true, 2015 年数据。注：以上数据没有把苏丹和南苏丹包括在内，其中苏丹的人均可耕地面积为 0.39 公顷，南苏丹的人均可耕地面积为 2 公顷，是全球人均可耕地面积最大的国家；但是目前已耕地面积可能要远远小于这个数据，因此，世界银行数据库没有统计进入。

表 4-9 重新按照地区对这些国家（把苏丹和南苏丹纳入统计之中）进行了归类，以上 120 个国家中人均耕地 0.10 公顷以上，属于具有耕地潜力的国家，它们分布在全球的四个地区中，即非洲地区、美洲地区、欧洲地区、亚洲及太平洋地区。人均耕地面积达到 0.3 公顷的国家有 33 个，其中非洲 9 个，美洲 8 个，欧洲 15 个，亚太地区仅有 3 个，在表中为第一个双划线之前的国家；人均耕地面积在 0.20~0.30 的国家有 39 个，其中非洲 15 个，美洲 3 个，欧洲 14 个，亚太地区 7 个，在表 4-9 中为第一个和第二个双划线之间的国家；人均面积为 0.10~0.20 公顷的国家有 48 个，

第四章　包容性粮食价值链中游投资：后现代农业生产模式

其中非洲22个，美洲5个，欧洲7个，亚太地区12个，在表中为第二个双划线之后的国家。总体而言，这些国家都可以被认为是具有耕地潜力的国家，从地区分布看，非洲的44国、美洲16国（北美和南美）、欧洲36国和亚洲及太平洋地区的22国。

表4-9　全球人均耕地面积在0.10公顷以上的国家（按地区分类）

地区分布	国家排名
非洲（46国）	南苏丹，尼日尔，中非共和国，苏丹，马里，多哥，乍得，布基纳法索，纳米比亚//利比亚，喀麦隆，突尼斯，几内亚，贝宁，津巴布韦，坦桑尼亚，赞比亚，摩洛哥，南非，冈比亚，塞拉利昂，马拉维，塞内加尔，莫桑比克//尼日利亚，阿尔及利亚，博茨瓦纳，安哥拉，乌干达，加纳，几内亚比绍，加蓬，埃塞俄比亚，马达加斯加，斯威士兰，科特迪瓦，莱索托，肯尼亚，布隆迪，苏里南，洪都拉斯，利比里亚，刚果共和国，毛里塔尼亚，赤道几内亚，卢旺达
美洲（16国）	加拿大，阿根廷，巴拉圭，乌拉圭，圭亚拉，美国，玻利维亚，巴西//古巴，尼加拉瓜，伯利兹//墨西哥，巴拿马，秘鲁，萨尔瓦多，海地
欧洲（36国）	俄罗斯，立陶宛，乌克兰，拉脱维亚，白俄罗斯，摩尔多瓦，爱沙尼亚，保加利亚，匈牙利，罗马尼亚，丹麦，芬兰，冰岛，塞尔维亚，捷克//波黑，波兰，英属地曼群岛，法国，西班牙，土耳其，瑞典，斯洛伐克，爱尔兰，阿尔巴里亚，希腊，阿塞拜疆，克罗地亚，马其顿//奥地利，挪威，亚美尼亚，德国，卢森堡，葡萄牙，意大利
亚太（22国）	澳大利亚，哈萨克斯坦，土库曼斯坦//叙利亚，柬埔寨，泰国，阿富汗，老挝，吉尔吉斯斯坦，缅甸//蒙古，伊朗，斐济，汤加，巴基斯坦，乌兹别克斯坦，伊拉克，新西兰，不丹，东帝汶，印度，沙特阿拉伯

数据来源：世界银行，https://data.worldbank.org/indicator/AG.LND.ARBL.HA.PC?year_high_desc=true，2015年数据。注：第一个双斜线前是人均耕地0.3公顷以上的国家，第一个和第二个双斜线之间是人均耕地0.2~0.3公顷的国家，第二个双斜线后是人均耕地面积0.10~0.20公顷之间的国家。

表4-10对全球分地区进行了人均耕地面积统计，并对比了1961年和2015年的数据，在世界银行的数据中，实际上包含了大多数国家从1961年到2015年人均耕地面积变化逐年数据，大体趋势是下降的。这一阶段全球人均耕地面积下降幅度极大，可能反映了全球城市化进程对耕地的侵占、全球人口数量的快速攀升或者人类的活动对耕地的荒漠化影响等。总之，全球人口增长与全球人均耕地面积不断减少形成了一对显著的矛盾，对于2030年可持续发展目标的解决提出了严峻

的挑战。全球人均耕地面积从 0.37 公顷下降为 0.19 公顷，降幅接近 50%；东欧和中亚国家的人均耕地面积达到 0.59 公顷，在全球具有最高的土地开发潜力和面向全球的粮食供应潜力；北美地区其次，达到人均 0.55 公顷的水平，目前它们已经是全球粮食市场中的主要出口地区；再次是中欧和波罗的海国家的人均耕地面积达到 0.36 公顷、拉丁美洲和加勒比海地区的人均耕地面积达到 0.28 公顷；撒哈拉南部非洲国家 1961—2015 年的人均耕地面积下降幅度超过 60%，应该说非洲人口数量的快速上升是这一比例下降的主要原因；而中东和北非地区人均耕地的下降比例超过 2/3，应该是与荒漠化的推进直接关联。南亚地区的比例下降幅度也接近 2/3，具体原因可能比较复杂，既有城市化推进，也有人口过快增长的原因。这些数据变化的趋势与同期及当前全球粮食国际贸易状况的经济地理分布保持匹配。

表 4-10　全球分地区人均耕地面积统计（公顷/人）

地区	1961 年	2015 年
全球	0.37	0.19
欧洲和中亚（去掉高收入国家）	—	0.59
欧洲和中亚	—	0.37
北美	1.10	0.55
中欧和波罗的海国家	—	0.36
OECD 成员国家	0.54	0.30
拉丁美洲和加勒比地区	0.38	0.28
高负债穷国	0.60	0.23
撒哈拉以南非洲国家	0.57	0.21
欧盟	0.32	0.21
脆弱和冲突影响地区	0.57	0.20
欧元区	0.30	0.19
最不发达国家	0.47	0.19
中东和北非	0.45	0.59
南亚	0.35	0.37

续表

地区	1961年	2015年
东亚及太平洋地区（去掉高收入）	0.18	0.55
高收入国家	0.53	0.36
中高收入国家	0.25	0.30
低收入国家	0.52	0.28
中低收入国家	0.31	0.23
中等收入	0.29	0.21
较低中等收入国家	0.34	0.21

数据来源：https://data.worldbank.org/indicator/AG.LND.ARBL.HA.PC? year_high_desc=true.

表4-10也从人均收入分类国家进行了数据汇集，可见中高收入国家的人均耕地面积下降很少，仅从0.25公顷下降为0.20公顷；中等收入国家的下降幅度在40%左右，而中等收入以下国家的人均耕地面积下降普遍在60%以上。这种现象仍将持续，因为这些国家的工业化、城市化进程正在深入推进，而它们的人口增速在全球处于领先，并远超中等收入以上的国家。如果没有来自全球的合作治理，这些地区总体将面临越来越大的粮食缺口。

大洋洲是世界上耕地面积最少的洲，人口数量少，人均耕地占有量最大，约为25亩。亚洲虽然耕地面积最大，但人口众多，人均耕地占有量在5个大洲中最低，仅为2.5亩。这表明全球耕地资源分布不均衡，人口多的一些国家并没有拥有相匹配的耕地资源。随着人均粮食消费量的持续增长，如何保障粮食安全成为这些国家急需解决的问题。

三、全球耕地面积大小及排名

人均耕地面积的多少代表了耕地潜力的大小，反映了从自然资源视角考查人均占有潜在粮食供应能力的大小。从粮食供给的战略角度思考，那些人均耕地面积大，但耕地面积有限的国家不适合作为中国的海外粮食生产投资对象。所以我们需要观察全球不同国家耕地面积的状况，从中选择那些总耕地面积大且人均耕地面积大的国家，或者在运输成本较低、适宜粮食和油籽作物种植的地区寻找可耕地面积大的国家进行粮食和油籽合作。

由于我国是一个人口大国，同时也是全球粮食和油籽进口大国，仅以大豆为例，大豆 2017 年中国大豆消费量超过了 1.1 亿吨，进口达到 9554 万吨（约占全球大豆出口量 60%），同年全球大豆的产量约为 3.36 亿吨，中国大豆产量是 1455 万吨，仅占全球大豆总产量的 4.3%[①]。随着中国食物结构的改变，对动物蛋白的需求持续增长，即使保持目前的消费水平，大豆进口量几乎占到全球大豆产量的三分之一，而我国耕地资源有限，只有通过庞大的进口才能满足需求；当前国际大豆供应来源主要是美国、巴西，2018 年中国大豆 8803.1 万吨，从美国进口 1664 万吨，从巴西进口 6610 万吨，也在逐渐加大阿根廷、乌拉圭、俄罗斯、印度等国进口大豆的力度，并正在加强国内大豆的种植和补贴力度。如果中美贸易摩擦继续，同时假定巴西遭遇天灾或政策上的变化，中国大豆进口来源必然紧张，而解决的途径无非两个方面：一方面从内部增加大豆种植面积（空间有限）、提升大豆单产，另一方面增加从其他渠道进口或者租赁土地种植大豆后进口以满足需求。后一条就意味着跨国耕地投资对象的选择了，那些耕地面积大、交通运输便利、气候适宜的国家或地区就是潜在投资目标区。注意巴西和美国分别位于南、北半球，大豆收获季节分别开始于为 3 月和 10 月，除了传统的大豆进口来源外，来自俄罗斯、埃塞俄比亚和印度的大豆将会成为中国进口大豆的重要选择。

---

① 2017 年中国大豆进口再创新高[EB/OL].https://www.sohu.com/a/217707862_100032755, 2018-01-19.

表 4-11 全球耕地面积大小排名（单位：百万公顷）

序号	国家	公顷/人	序号	国家	公顷/人	序号	国家	公顷/人
1	印度	156	26	波兰	10.9	51	玻利维亚	4.48
2	美国	152	27	缅甸	10.9	52	匈牙利	4.41
3	俄罗斯	123	28	罗马尼亚	8.76	53	乌兹别克	4.40
4	中国	119	29	摩洛哥	8.13	54	日本	4.20
5	巴西	80	30	阿富汗	7.77	55	秘鲁	4.15
6	澳大利亚	46	31	孟加拉国	7.76	56	津巴布韦	4.0
7	加拿大	44	32	阿尔及利亚	7.46	57	柬埔寨	3.8
8	阿根廷	39	33	民主刚果	7.10	58	马拉维	3.8
9	尼日利亚	34	34	越南	6.99	59	赞比亚	3.8
10	乌克兰	33	35	乌干达	6.90	60	保加利亚	3.51
11	巴基斯坦	30	36	意大利	6.60	61	沙特阿拉伯	3.50
12	哈萨克斯坦	29	37	马里	6.41	62	马达加斯加	3.50
13	印度尼西亚	24	38	喀麦隆	6.20	63	塞内加尔	3.20
14	墨西哥	23	39	英国	6.01	64	捷克	3.14
15	土耳其	21	40	布基纳法索	6.00	65	巴新几内亚	3.10
16	南苏丹	20	41	肯尼亚	5.80	66	古巴	3.01
17	法国	18.5	42	白俄罗斯	5.69	67	科特迪瓦	2.90
18	泰国	16.8	43	莫桑比克	5.65	68	突尼斯	2.90
19	尼日尔	16.8	44	菲律宾	5.59	69	埃及	2.90
20	埃塞俄比亚	15.1	45	伊拉克	5.03	70	贝宁	2.70
21	伊朗	14.7	46	安哥拉	4.90	71	委内瑞拉	2.70
22	坦桑尼亚	13.5	47	乍得	4.90	72	多哥	2.65
23	南非	12.5	48	巴拉圭	4.80	73	塞尔维亚	2.59
24	西班牙	12.3	49	加纳	4.70	74	瑞典	2.58
25	德国	11.8	50	叙利亚	4.66	75	乌拉圭	2.41

续表

序号	国家	公顷/人	序号	国家	公顷/人	序号	国家	公顷/人
76	丹麦	2.35	87	哥伦比亚	1.69	98	拉脱维亚	1.23
77	朝鲜	2.35	88	塞拉利昂	1.58	99	布隆迪	1.20
78	芬兰	2.24	89	老挝	1.53	100	卢旺达	1.15
79	希腊	2.22	90	尼加拉瓜	1.50	101	葡萄牙	1.13
80	立陶宛	2.17	91	韩国	1.46	102	索马里	1.10
81	尼泊尔	2.11	92	斯洛伐克	1.38	103	海地	1.07
82	土库曼斯坦	1.94	93	奥地利	1.35	104	厄瓜多尔	1.07
83	阿塞拜疆	1.94	94	智利	1.31	105	荷兰	1.33
84	摩尔多瓦	1.82	95	斯里兰卡	1.30	106	爱尔兰	1.03
85	中非共和国	1.80	96	吉尔吉斯斯坦	1.28	107	波黑	1.03
86	利比亚	1.72	97	也门	1.25	108	洪都拉斯	1.02

数据来源：https://data.worldbank.org/indicator/AG.LND.ARBL.HA?year_high_desc=true.

注：以上仅列举耕地面积超过100万公顷以上的国家的数据。

四、全球农地投资成交金额和成交土地面积

通过土地矩阵（Land matrix）的农地投资对象国的数据，我们可以观察到那些能够吸引较大投资金额和投资面积的国家，应该在吸引外资的政策、自然资源的竞争力、社会稳定和政局稳定方面具有比较优势，结合前面数据，可以作出更为具有说服力的判断。我们首先从土地矩阵10大海外农地投资对象国的数据进行分析。

从土地矩阵的数据中我们选择前10大海外农地投资对象国，其中南部非洲有4国（民主刚果、刚果布、南苏丹、莫桑比克）、北非一国（利比亚）、亚洲两国（印度尼西亚和巴布亚新几内亚）、欧洲两国（乌克兰和俄罗斯）、南美一国（巴西）。这个结果如果与人均耕地面积的数据和耕地总面积的数据对比，就会有一些有意思的发现。

已耕种面积占可耕种面积较小，说明具有巨大的耕地开发能力和粮食生产能力，

比如刚果布的已耕种面积和可耕种面积之比为150,民主刚果的这一比例为1:11,巴布亚新几内亚的为1:9,莫桑比克为1:7;这些国家的森林覆盖面积广大,其中民主刚果和刚果布分别占非洲森林面积的第一和第三位(第二位是加蓬,比刚果布多1.4万平方公里);从前面人均耕地面积数据,南苏丹2,俄罗斯0.85,乌克兰0.72,巴西0.39,利比亚0.28,莫桑比克0.20,刚果布0.11,民主刚果、巴布亚新几内亚、印度尼西亚的人均土地面积都在0.10公顷以下;从耕地总面积全球排名的数据看,俄罗斯3,巴西5,乌克兰10,印度尼西亚13,南苏丹16,民主刚果33,莫桑比克43,巴布亚新几内亚65,利比亚86,只有刚果布的耕地面积在100万公顷以下,但要注意的是刚果布的可耕地面积为1000万公顷,是已耕地面积的50倍。

表4-12 十大海外农地对象国及被投资面积(单位:公顷)

投资对象国	被投面积(ha)	拥有耕地面积:耕地、森林、牧场(ha)
民主刚果共和国	5 222 198	710万(8 000万)+1.25亿(林)
巴布亚新几内亚	3 792 653	230万(1 200万)+3600万(林)
印度尼西亚	3 235 335	2350万(8 000万)+1.2亿(林)
巴西	3 048 838	8000万(1.525亿)+1.77亿(林)
乌克兰	2 715 954	3 300万+966万(林)
南苏丹	2 691 453	2 500万+2 232万(林)
莫桑比克	2 521 580	565万(3 500万)+3 794万(林)+1 200万(牧)
俄罗斯联邦	2 431 852	1.23亿(2.2亿)+8.67亿(林)
刚果(布)	2 303 379	20万(1 000万)+2 247万(林)
利比亚	1 883 871	172万+850万(牧)

数据:http://www.landmatrix.org/en/get-the-idea/web-transnational-deals/#target-countries.

注:耕地面积后面的括号中的数据是指可耕地面积,括号前的数据是已耕地面积;利比亚没有列出森林面积,而仅仅列出牧场面积;其他国家没有列出牧场面积并不表明牧场面积为零。被投资面积数据来自于土地矩阵,而最后一列的耕地面积、森林面积及牧场面积数据来自百度百科,数据截至2018年10月3日。

五、粮食价值链中游包容性投资的地理目标选择建议

从人均耕地面积的地区分布看,非洲的44国、美洲16国(北美和南美)、欧洲36国和亚洲及太平洋地区的22国的人均耕地0.10公顷以上,属于具有耕地潜力的国家,具体见表4-8和表4-9。从农地面积占国土面积比例来看,全球最高的40个国家中,亚洲国家6个,美洲国家6个,欧洲国家9个,非洲国家19个,见表4-7。从全球十大海外农地投资对象国的数据看,非洲国家6个,另外四个是巴西、印尼、俄罗斯和乌克兰,见表4-12。总体而言,非洲、南美、俄罗斯和乌克兰可以作为重要的粮食价值链中游投资对象,特别要注意,非洲是一个重要备选区域。

中国耕地面积128万平方公里,非洲174万平方公里,而全球七成未经开垦的土地位于非洲大陆。中非之间在粮食与农业领域具有良好的互补性。比如刚果民主共和国,国土面积235万平方公里,可耕地面积高达1.36亿公顷,目前已耕地达600万公顷。刚果河流经该国,支流几乎覆盖了刚果金的全境领土,湿润的气候,为刚果金发展农业提供了优越的先天条件,它几乎是一个"世界上任何植物都能生长的地方"。再比如尼日利亚,国土面积为92万平方公里,可耕作农田约为3400万公顷,目前他们的粮食单产具有极大的提升空间。再次是马里,其国土面积124万平方公里,可耕地面积约3 000万公顷,已耕地面积仅约350万公顷,马里中北部的畜牧业和中南部的种植业都有很好的发展基础和条件。坦桑尼亚的可耕地面积4 400万公顷,实际耕种面积1 056万公顷,有5 000万公顷适宜放牧,实际放牧面积为2 600万公顷。同样存在农业生产投入严重不足,基础设施较差,农业机械化程度低,农民农业技术落后,粮食加工及仓储能力较弱等问题。

虽然非洲土地丰裕广阔,可耕地面积大,但是基础设施匮乏,农作物无法顺利运输到各大港口,因此在开始种植之前,需要大量投资于土地开垦和公路修建。中国在非洲进行粮食和农业投资具有几方面的优势,一是中国的"一带一路"倡议下,通过国家开发银行、中国进出口银行、亚洲基础设施开发银行等投资性银行的贷款,结合中国高质高效的基建力量可以很快完成投资对象国的基建项目;二是中国与非洲国家之间长期的友谊、援助以及具有可持续性的经济合作;三是中国和非洲国家之间的强大的经济互补性,中国从欠发达国家向发展中国家发展过程中

的经验。中国农业专家带去优良种子和技术、培育当地技术人员、优选合适的耕作模式,快速提高单产、丰富种植的粮食、油籽及蔬菜品种。非洲在保护生态的前提下,改变低效的农业生产模式、学习推广先进的农业生产技术、加强区域和全球性企业合作,可以逐步摆脱对外部粮食进口的依赖,甚至可以为全球其他缺粮地区提供丰裕的粮食和油籽。

基于非洲国家存在的共同问题,如技术落后、产量低、品种需要改良等,中国在和非洲国家通过建设技术示范中心、合作农场等形式探索广泛的农业合作方式。以坦桑尼亚中国农业技术示范中为例,自2010年建成以来,该示范中心将中国农业种植技术与品种引到坦桑尼亚,持续不断地在水稻、玉米、蔬菜、香蕉组培和蛋鸡养殖领域进行试验示范,对当地农民进行技术培训、技术指导与技术推广,提高其种植水平,增产增收。水稻示范平均单产达每公顷8~12吨,而坦桑尼亚全国水稻平均单产水平仅每公顷2吨多点;玉米示范单产从平均该国平均水平的1.46吨/公顷,提高到6~7吨/公顷[①]。通过此类技术合作,提高非洲国家的土地利用率和劳动生产率,培养了农民、推广了技术、增加了粮食产量和农民收入,为中资粮商在非洲后续粮食价值链的全面合作和深化打下坚实的基础。

第六节 本章小结

粮食价值链中游主要指粮食生产环节,粮食生产方式选择、市场状况不同、政策激励不同,投资的重点也不同,粮食生产活动选择的包容性商业模式也不同。本章首先按照粮食生产方式的历史演进逻辑说明后现代农业的哲学思想来源,然后以美国和以色列的后现代农业实践为例体会包容性的实现方式;第三节描述全球跨国粮食与农业投资趋势,分析其矛盾和影响,接着指出包容性商业模式是解决矛盾的关键,并列举了生产环节通常能够采用的包容性商业模式;第五节是针对中国的海外粮食生产投资的地理目标进行了初步筛选。

---

① 陈林华.坦桑尼亚农业投资视野[J].中国投资,2018(3)(下).

粮食生产方式的选择不仅仅依据自然资源禀赋状况,而且有赖于粮食生产哲学思想的形成,有赖于人们对人类生存和自然共生的包容性价值观。在人类粮食生产的历史上,经历了原始农业、传统农业、现代农业和后现代农业的发展阶段。现代农业强调效率,个体利益最大化,而后现代农业坚持整体观和动态观,强调效率与公平的协调,强调短期和长期的协调。

包容性粮食生产方式是指在粮食价值链的生产环节尊重自然和环境,根据自然禀赋的特点选择适合的粮食生产的农作模式和技术,保护小规模农民的利益,满足本国或本地区的粮食消费需求及衍生粮食需求等。粮食生产方式的选择既要考虑到自然条件(土地、水、气候)、作物特点,还要考虑到人力资源及技术条件(如劳动力状况、生产技术和工具水平),同时要认识到人类的粮食生产方式是一个动态过程,处于不断在吸纳、更新的过程中。

粮食生产的包容性模式与建设性后现代农业思想相一致,在满足人类粮食需求和不断提升粮食供给能力基础上实现人与自然的和谐发展、短期供求平衡和长期供给能力兼顾、效率与公平兼顾、公司利益和社会公平正义兼顾的可持续的包容性价值链。过去几年,国际社会提出了大量体现负责任投资的国际原则和指引,这些工具都具有相似的核心价值:尊重法定的土地使用权、获取粮食的权利、良好的治理、协商、收益分享和环境的可持续性。讨论粮食生产方式时不能脱离现实的资源状况和潜在的粮食生产潜力,土地和水资源稀缺的国家可以通过技术替代,劳动力短缺、土地资源充裕的国家可以通过机器和工具对人的替代实现粮食高效生产。

跨国粮食投资可以带来广泛的好处,比如更高的生产力,获得粮食的渠道及数量增加,就业机会的创造,贫困的减少,技术转移和获得资本和市场。也会带来负面效应,如对小农的取代、牧场的侵占、农村人群的收入和谋生方式的改变、生产性资源的耗竭和对生物多样性的影响等,特别是在缺少良好治理、法律和清晰的土地使用权的地方。良好的国家和地方治理水平、法律规则、责任、透明度、和平和稳定性有助于更加可持续的投资项目。坚持负责任投资原则,采取包容性投资和运营模式,实现经济、政治、社会、生态协调,实现国家、地方、企业、社区合作共赢。包容性粮食生产模式把大规模经济主体和小规模经济主体联系起来,主要包

第四章 包容性粮食价值链中游投资：后现代农业生产模式

括：订单农业，管理合约，承租耕种，分享耕种，合资企业，农民所有企业和上下游业务联系等。

通常粮食价值链的粮食生产环节风险大，收益率低，而且生产环节与土地问题紧密关联，土地问题极其敏感，容易引起纠纷，所以海外粮食投资应该尽量避开粮食价值链中游生产环节的投资活动。由于中国的大量企业在海外进行粮食生产环节的投资，我们依据全球人均耕地面积指标、全球耕地面积以及全球农地成交数据筛选出粮食生产投资目标区域，投资企业可以根据自身技术、人员、资源互补及对目标国的熟悉程度综合作出决策。总体而言，除传统的农业投资区域东南亚外，非洲、南美、苏东地区（俄罗斯、中亚和乌克兰）可以作为重要的粮食生产的投资对象。

第五章 包容性粮食价值链下游投资：对跨国粮商价值链活动的分析

全球主要跨国粮商当前的价值链增值活动是逐渐向价值链的上游和下游延伸，通过占领价值链的核心环节，建立竞争优势，获得市场话语权，并持续地获得利润。跨国粮商的价值链一体化是通过在全球范围内新建、并购和战略合作而实现的。这些主要跨国粮商不仅仅从事传统的实物商品交易，他们参与从农场运作到食品加工，再到消费者餐桌的几乎所有活动。他们为粮食生产者提供种子、肥料和农药，购买农产品，提供储藏设施；他们作为土地所有者、牲畜和家禽生产者、粮食加工者、交通提供者、生物燃料生产者以及商品市场金融服务提供者，跨国粮商们已经把粮食生产转化成一个复杂的、全球化和金融化的商业模式。粮食价格、对稀缺资源如土地和水的获得、气候变化和食品安全等所有方面都被交易者的活动所影响。

第一节 全球主要跨国粮商的经营概况

全球耳闻能熟的跨国粮商最著名的是 ABCD(ADM、邦吉、嘉吉、法国的路易达孚)，以及日本的丸红和全农等，它们价值链运作的特点与趋势，成为全球粮油食品行业企业学习和追随的榜样；另外像新加坡的丰益国际、奥兰国际、印尼金光集团控股的新加坡上市公司 AFP，瑞士的嘉能可农业（Glenco Agri），还有中国的中粮集团（COFCO），俄罗斯的联合谷物公司，这些跨国粮商也占据了全球粮食和油料的贸易、加工和销售的很大份额。国内粮商可以观察这些跨国粮商的价值链运作得失，思考自身如何取长避短，适应这个越来越一体化的行业发展特点。表 5-1 是全球 500 强中粮油食品行业的排名，其中嘉吉公司因为是私人公司没有排名，但是其营业收入很高，本报告把它放入此表中；奥兰国际营业收入没有进入全球 500 强，但是在粮油食品行业的影响力很大，也把它列入表 5-1 中。

表 5-1 全球主要跨国粮商的营业收入、利润及 500 强排名

2019排名	2018排名	2017排名	2016排名	公司名称（中英文）	2018营业收入（百万美元）	2018利润（百万美元）	国家
无	无	无	无	嘉吉（Cargill）	113 490.0	2 816.0	美国
147	130	116	138	日本丸红株式会社（MARUBENI）	66 753.5	2 082.5	日本
155	152	134	112	ADM 公司	64 341.0	1 810.0	美国
134	122	136	121	中粮集团（COFCO）	71 223.3	337.8	中国
302	173	182	157	路易达孚集团（LOUIS DREYFUS）	40 571.0	355.0	荷兰
219	199	191	185	巴西 JBS 公司（JBS）	49 709.7	6.9	巴西
247	233	229	214	邦吉公司（BUNGE）	45 743.0	267.0	美国
258	248	239	254	丰益国际（WILMAR INTERNATIONAL）	44 497.7	1 128.0	新加坡
306	297	283	235	泰森食品（TYSON FOODS）	40 052.0	3 024.0	美国
283	372	359	299	CHS 公司（CHS）	30 347.2	424.2	美国
无	无	无	无	奥兰国际（OLAM INTERNATIONAL）	22 411.0	255.7	新加坡

资料来源：各公司网站、《财富》杂志网站等。

从这些该公司排名上看，营业收入越高的企业，利润额越大，基本能够体现出规模经济的特点，但是泰森食品的主营业务与其他公司稍有不同，主要是肉食，所以它的利润占营业收入的比例要相对高一些。以中国为代表的新型市场国家的食物消费中肉类比例在增加，进而对饲料的需求增加，为了降低对 ABCD 们的依

赖，中国政府鼓励新的参与者如丰益国际和中粮集团发挥更大的作用。俄罗斯、乌克兰以及中东欧国家越来越多的土地开始进行谷物、大豆和其他商品的生产，而这些大多由新型贸易商（比如俄罗斯联合谷物公司和乌克兰的 Agrotrade）进行运作。新的生产和贸易机会对大量的主要亚洲地区开放（包括印度尼西亚、马来西亚、巴布新几内亚），这些地方的棕榈油和糖等商品的生产正在快速扩张，导致在新开垦土地上进行大规模种植。

一、ADM 的经营概况

1905 年 ADM(Archer Daniels Midland)在美国的明尼苏达州注册，1923 年公司更名为 Archer Daniels Midland，1924 年纽约证券交易所上市；ADM 是世界上最大的农业加工和食品配料供应商之一，拥有约 31 000 名员工，服务于 170 多个国家的客户。全球价值链包括大约 500 个作物采购地点、270 个食品和饲料原料制造设施、44 个创新中心和世界一流的作物运输网络，生产用于食品、动物饲料、工业和能源用途的产品。ADM 利用其全球资产网络、商业敏锐力以及与供应商和客户的关系把农业收获和家庭连结起来，它旗下的企业包括食品、饮料以及饲料等，从事可可、玉米加工，食品添加物、营养补助品、食用油等的生产和市场推销以及有关农粮储备与运输交通等大型行业。2013—2017 年 ADM 的营业收入呈现下降趋势，净利润、净利润率和每股收益 2016 年以来呈现稳步上升的趋势。

表 5-2　ADM 公司 2012—2018 年的部分财务数据（单位：百万美元）

项目	2018 年	2017 年	2016 年	2015 年	2014 年	2013 年	2012 年
总资产	40 833	39 963	39 769	40 157	43 997	43 720	41 734
营业收入	64 341	60 828	62 346	67 702	81 201	89 804	89 038
净利润	1 810	1 595	1 279	1 849	2 248	1 342	1 223
净利润率	2.81%	2.62%	2.05%	2.73%	2.77%	1.49%	1.37%
每股收益	$3.21	$2.80	$2.18	$2.99	$3.44	$2.03	$1.84

数据来源：ADM 公司 2012—2018 年年报。

第五章　包容性粮食价值链下游投资：对跨国粮商价值链活动的分析

ADM公司成立以来的116年间，技术挖掘、政府公关和合资开发是其站在行业前沿的三大法宝，而并购是ADM实现版图扩张的首要秘诀。ADM公司采用全价值链战略，涉及的粮油品种主要有大豆、玉米、小麦和可可。ADM构建了完善的"农场生产—储存—运输—加工—分配—销售"全价值链，其终端产品除了食品和饲料，还有生物燃料、工业品、全球粮食贸易体系和全球涉农咨询，是对传统粮食价值链的延伸。ADM公司的生物酒精和生物柴油的产量非常大，是全球重要的生物燃料提供商。ADM业务涉足到信托、银行、期货、投资咨询等领域，为其他业务发展提供了信息支撑和资本后盾。

二、邦吉的经营概况

邦吉（Bunge）1818年在荷兰的阿姆斯特丹创立，1935年进入北美地区，1999年其将总部正式迁至美国纽约，2001年邦吉在纽约证券交易所上市，2004年邦吉加大了在东欧地区的投资。目前，邦吉在全球32个国家拥有450多个工厂。"本地化战略"是邦吉不断扩展的主要法宝，决策基于最接近市场的人士，启用当地人才，鼓励雇员关注基层。在粮食价值链的上游、中游和下游提供增值服务，一方面向农民提供种子、化肥和咨询服务，另一方面将农民的农产品收购、储存、加工并使之进入全球贸易体系中。比如在波兰与油菜籽农业工人达成协议，为其提供种子、技术支持、农学培训、收割、烘干、储存等一系列涉农服务；邦吉在乌克兰通过网站和呼叫中心向生产者提供财务管理工具和市场信息，如"实时商品价格展示"和"市场最新新闻"。邦吉主要产业集中在化肥、农业和食品业上，化肥是其支柱产业，目前化肥总部在巴西，在巴西有近50家肥料工厂和矿山。从邦吉的发展历程看，大致可以分为三个阶段，一是稳扎稳打，建立粮食贸易王国；二是南北美均衡发展，"农业+食品+化肥"三大业务并进；三是通过"农资+农场+终端"的纵向一体化价值链构建，发挥协同效应。

通过表5-3观察邦吉的总资产、营业收入与利润率，发现2013年邦吉营业收入和总资产处于过去十年的高位，但是利润率却处于最低水平，2014—2016年间邦吉开始进行资产和债务调整，总资产和长短期债务的下降很快，营业收入虽有所下降，但是幅度并不大，而利润率上升幅度却很大，可见邦吉这一阶段在价值链一体化方面有一定成效,而 2017 年因多种原因导致利润大幅下降,2018 年利润稍有提升。近 6 年中,2013 年、2014 年、2017 年、2018 年的净利润率水平均在 1%以下。

表 5-3　邦吉公司 2013—2018 年的部分财务数据(美元)

项目	2018 年	2017 年	2016 年	2015 年	2014 年	2013 年
总资产(百万)	19 425	18 871	19 188	17 914	21 425	26 771
营业收入(百万)	45 743	45 794	42 679	43 455	57 161	26 771
净利润(百万)	267	160	745	791	515	306
净利润率(%)	0.58%	0.35%	1.75%	1.82%	0.9%	0.50%
研发投入(百万)	—	20	17	16	20	19
每股收益	1.65	0.90	5.07	5.14	3.20	1.57

数据来源:Bunge2013—2018 年公司年报。

三、嘉吉的经营概况

嘉吉(Cargill)于 1865 年在 Iowa 创立,是全球第一大私人控股粮商,它拥有全美最多的粮仓和强大的粮食全价值链一体化能力。嘉吉公司物流能力强大,拥有 400 条平底运粮拖船和 2000 辆大货柜车。嘉吉的发展历程大致可以分为三个阶段:第一阶段(1865—1950 年)拓展粮食贸易,构建物流网络,借助战争环境,开拓海外市场;第二阶段(1951—1994 年)大举并购,构建全球农业价值链;第三阶段(1995 年以来)拓展农业细分领域,全价值链和多元化格局日趋成熟。打造"农业一体化+物流+金融风险管理"的价值链系统,以农业为核心,"谷物+食品+生物工程"的多元化产业协同。嘉吉公司不但精于收购、加工、销售各类农产品,更善于为农业和畜牧业提供服务,包括辅导农民如何改善土壤、如何合理利用化肥、如何增大农作物的产量等。它的核心能力在于供应链管理、风险管理和研发。

表 5-4 嘉吉公司财务数据(2013—2019 年)(单位:百万美元)

项目	2019 年	2018 年	2017 年	2016 年	2015 年	2014 年	2013 年
销售收入	113 490	114 695	109 699	107 164	120 393	134 872	136 654
净收益	2 564	3 103	2 835	2 377	1 583	1 822	2 312
净利润率	2.26%	2.71%	2.58%	2.22%	1.31%	1.35%	1.69%
流动资产	34 768	33 146	30 600	32 385	34 613	37 878	37 198
固定资产	26 911	26 329	25 200	25 104	24 626	24 403	22 682
总资产	61 679	59 475	55 800	57 489	59 239	62 281	59 880
总股东权益	33 130	33 038	30 452	28 376	27 318	28 183	27 116

数据来源:https://www.cargill.com/about/financial/five-year-financial-summary.

四、路易达孚经营概况

1851 年路易达孚(Louis Dreyfus)创建于巴黎,开展欧洲谷物出口贸易业务,现在是世界第三大粮商。160 多年来,路易达孚的业务扩展领域极其广泛。巴黎的总部通过管理及制定公司的发展策略,统筹整个集团的商业活动,目前路易达孚的分支机构遍布全球,比如布宜诺斯艾利斯、伦敦、巴黎、圣保罗、美国的威尔顿和孟菲斯等。

表 5-5 LDC 的价值链及业务单元

2 个部门	12 个平台
粮食价值链	油籽、谷物、食糖、稻米、果汁、化肥与生产资料、运输
商品化	咖啡、棉花、奶制品、金融和金属

LDC 拥有两个部门和 12 个平台。两个部门分别是粮食价值链部门和商品化部门。在粮食价值链部门包括:油籽、谷物、食糖、稻米、果汁、化肥与生产资料、运

输;商品化部门包括:咖啡、棉花、奶制品、金融和金属。目前 LDC 已成为全球第三大橙汁加工商,全球前五大咖啡贸易商,路易达孚大豆压榨量直逼 ADM 和嘉吉公司,它在美国的能源公司已经成为世界上生物能源的巨头之一,此外它在金融衍生品交易方面的规模和影响也极大。路易达孚的最新业务是生产和经营全球性生物燃料,包括制造和交易经由发酵或合成方式生产的乙醇,它用以制造发酵式乙醇的主要原料是蔗糖和谷类等农作物。它在巴西拥有两处巨大的发酵式乙醇制造厂,路易达孚积极从事着乙醇从生产到终端的交易,以及乙醇市场的开发。路易达孚集团的大宗商品部从事大规模的农产品全球贸易,同时它很重视期权期货的买卖。

表 5-6 LDC 公司 2013—2018 年的部分财务数据(单位:美元)

项目	2018 年	2017 年	2016 年	2015 年	2014 年	2013 年
总资产(百万)	18 440	20 394	19 843	18 592	19 433	19 175
营业收入(百万)	40 571	43 005	40 649	55 733	64 719	63 596
净利润(百万)	357	316	306	211	646	639
净利润率(%)	0.88%	0.73%	0.75%	0.38%	1.00%	1.00%

从路易达孚总资产看,在 ABCD 四大粮商中与邦吉的资产接近,位于第三;从收入、利润和利润率指标看,最近两年与邦吉比较接近,都在 1% 以下。

五、丸红的经营概况

丸红(Marubeni,2017 年世界 500 强排名 116 名)是一家综合性企业集团,粮油食品业务只占一部分,在日本国内拥有以东京为中心的市场具有很大影响力,经历了两个阶段的战略转化,一是 20 世纪 70 年代到 20 世纪末的全球化战略阶段,二是 21 世纪以来,向跨国战略转化,建立全球谷物采购调配体系,面向全球销售粮农产品。丸红旗下的哥伦比亚谷物公司,是美国西北部沿太平洋地区的粮食领导者之一,通过铁路接收从中西部粮食主产区的小麦供应日本,在铁路沿线收集货源,供应出口。丸红通过收购美国的 FGDI 公司,拓展到更东部的大豆、玉米产区。2005 年,丸红收购了巴西的港口码头运作公司 Terlogs 25.5%的股权,2011 年收购其剩余全部股权。2012 年,丸红出资 36 亿美元收购高宏控股(Gavilon Holdings)的全部股权,获得了该公司在全美拥有的约 140 个粮食收购点,以及该公司在巴西、澳洲、乌克兰等美国以外的主要产地配备的基地,进一步扩充了丸红谷物贸易的全球采购,增强了自身的谷物调运能力。2017 年丸红粮食经营量超过了 7100 万吨,超越了 ADM、邦吉、路易达孚,规模仅次于全球最大的嘉吉。

表 5-7　丸红的粮食与食品价值链资产分布

项目	主要领域和主要产品	设施分布特点
粮食部门	粮食(玉米、大豆、小麦、菜籽等)	南北美采购,全球销售。美国通过高宏控股和哥伦比亚谷物采购,通过 Pacificor 海运出口到日本和其他国家;巴西 Terlogs 公司运营粮食仓储和运输业务;咖啡及水产品的销售网络和高水平采购能力建设
粮食部门	饲料成分(大豆粕、菜籽粕、鱼粉等)	
粮食部门	配合饲料	
食品部门	消费者食用食物、商业用食材和农业资源	
食品部门	水产品、加工海产品和新鲜及加工肉类	
食品部门	食物原材料(面粉、食糖、油脂等)	
食品部门	饮料原材料(咖啡、茶、果汁等)	

资料来源:丸红网站,https://www.marubeni.com/en/business/grain/.

丸红发展的关键性驱动因素可以归纳为以下几个方面:一是"稀缺资源"与"价值链一体化能力"结合,通过在产地的并购和物流网络建设发展其在东道国的谷物采购和物流能力。二是通过"规模经济"增强全球粮食调运能力;三是在新兴市场扩大市场规模。丸红的版图扩张和经营势力的增强本质上为日本本土的粮食安全保障提供强大的支撑,可以深刻感受到粮食保障来源于粮食价值链的强大控制能力,培育强大运作能力的跨国粮商、充分利用东道国的资源和区位优势、采用以跨国并购为快速扩张的主要手段都是中国控股的跨国粮商进行全球包容性粮食价值链构建的宝贵经验借鉴。

表 5-8　丸红的部分财务数据（单位：美元）

项目	2018年	2017年	2016年	2015年	2014年	2013年
总资产(百万)	61 526.0	64 677.1	61 904.1	63 335.9	63 990.2	70 461.1
营业收入(百万)	66 753.5	68 057.2	65 791.6	60 809.9	71 254.3	70 429.5
净利润(百万)	2 082.5	1 906.8	1 433.7	518.6	960.5	2 105.6
净利润率(%)	3.1%	2.8%	2.2%	0.9%	1.3%	3%

数据来源：财富 500 强，http://www.fortunechina.com/global500/189/2018.

以上有关丸红的总资产、营业收入、利润和利润率指标是整个丸红集团的数据，并不是粮食和食品价值链业务数据，在此仅作为一个观察的参考。从丸红的公司资产数据看 2015 年相比较之前有较大的规模的瘦身，2014 年、2015 年的净利润和净利润率出现了较大幅度的下降，2015—2018 年总资产和营业收入保持基本稳定，但净利润和净利润率呈现较大幅度的逐年提升。

六、丰益国际的经营概况

丰益国际（Wilmar International）成立于 1991 年，总部位于新加坡，是亚洲领先的农业综合企业集团。1994 年 ADM 入股 20%，此后 ADM 成为丰益国际的长期投资者和商业伙伴。2000 年在乌干达的维多利亚湖建立第一家非洲油棕榈种植园，当前已经在非洲大陆的 14 个国家建立油棕和橡胶种植园、食用油的精炼和包装等业务。2005 年进入乌克兰的尤日内（是乌克兰最大的植物油精炼厂），2 年后与俄罗斯的 NMGK 合并（是俄罗斯最大的人造奶油、蛋黄酱和沙拉酱的供应商）；2006 年油棕业务上市；2010 年收购澳大利亚糖业公司 Sucrogen Limited（世界最大的糖业公司之一）。丰益国际的业务活动包括油棕榈种植，油籽压榨，食用油精炼，制糖和提纯，特种油脂，油脂化工，生物柴油，化肥制造和谷物加工。丰益国际的核心战略是成为一个有弹性的、综合的农产品全价值链运营企业，从原料加工到品牌、销售，产品大范围渠道配送，丰益国际在 15 个国家拥有超过 500 家工厂以及覆盖中国、印度和其他 50 多个国家广泛的分销网络，由不同国家的约 90 000 名员工构成。

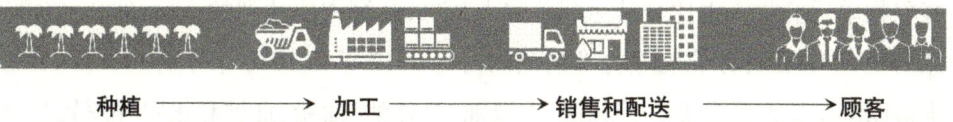

种植 → 加工 → 销售和配送 → 顾客

丰益国际目前已发展为全球知名的棕榈油和月桂油的生产商、精炼商和贸易商、零售包装食用油生产商，全球主要的的原糖生产商。成为中国主要的油籽压榨厂、食用油炼油商、特种油脂、面粉和大米加工制造商之一。高品质的农产品加工，使得丰益国际成为食品制造行业以及工业和消费餐饮行业的首选，其消费包装产品占据了目标市场的领先份额，通过业务模式的规模化融合，以及物流优势，同时利用经营协同效应和成本效率原则，丰益国际能够在价值链的每一个环节中都获得利润。

表 5-9 2017—2018 年丰益国际的四大粮食价值链及收入结构（单位：%）

价值链	业务单元	状况	2018年收入占比	2017年收入占比	2018年收入占比	2017年收入占比
热带油脂	种植园	最大上市种植园公司	37.4%	40.2%	32%	25%
	加工销售	棕榈油和月桂油全球最大加工销售商				
油籽谷物	加工	中国最大大豆加工商、全球最大面粉加工商之一	49.2%	44.1%	49%	45%
	消费品	亚洲和非洲最大的小包装食用油商				
食糖		澳洲最大食糖生产、精炼、销售商	8.8%	10.6%	1%	1%
其他	—	化肥、海运	4.6%	5.1%	1%	15%
合资企业			—	—	17%	14%

资料来源：丰益国际 2017 年、2018 年年报。

通过表5-9，我们可以比较清楚观察到丰益国际的主要业务的收入与利润结构，主要业务为热带油脂、油籽与谷物、食糖、化肥和海运，其中热带油脂单元和油籽谷物单元的收入占比合计达到总收入85%，利润占比达到的70%~80%。值得注意的是，丰益国际来自合资企业的利润占比2017年和2018年分别14%和17%。丰益国际主要产品分布在棕榈油、大豆油、月桂油、面粉、食糖和化肥等商品上，在粮食价值链的上游有棕榈油园（亚洲和非洲）和化肥、中游加工（油厂和面粉厂）、下游品牌和销售（小包装食糖和油脂）。

表5-10　丰益国际2013—2018年的部分财务数据（单位：美元）

项目	2018年	2017年	2016年	2015年	2014年	2013年
总资产（百万）	45 680	40 933	37 032	36 926	43 558	46 632
营业收入（百万）	44 498	43 846	41 402	38 377	43 085	44 085
净利润（百万）	1 128	1 196	972	1 023	1 156	1 319
净利润率（%）	2.53%	2.78%	2.35%	2.67%	2.68%	2.99%

数据来源：丰益国际2013—2018年年报。

通过表5-10的部分财务数据，可以看出丰益国际的净利润率在所有粮商中是最高的，与嘉吉相当；总资产规模略低于嘉吉、营业收入仅为其40%左右；总资产与ADM相当，但营业收入只有其2/3；总资产是路易达孚的两倍，但营业收入与路易达孚相当；总资产是邦吉的两倍，营业收入与邦吉相当，但是净利润率要远远高于邦吉。

七、奥兰国际的经营概况

奥兰国际（Olam international）成立于1989年，当时主要业务是把尼日尼亚的腰果卖到印度，今天奥兰国际是一家全球领先的农业综合性企业，在65个国家从事着从种子到商场零售的业务，供应食品以及为全球超过23 000个客户提供工业原材料，拥有70 000个雇员，在可可、咖啡、腰果、大米和棉花领域在全球具有领导地位，在16个平台中拥有44种不同产品。承诺负责任增长，相信可持续地开展业

第五章 包容性粮食价值链下游投资:对跨国粮商价值链活动的分析

务才能给所有的利益相关者带来长期价值。奥兰国际正在通过它的可持续标准发起从种子到商场零售供应链的革命。表 5-11 列举了奥兰国际从 2013—2017 年的部分财务数据,注意财报中的货币币种是新加坡元,与其他粮商的数据单位不一致。与其他跨国粮商相比,奥兰国际的营业收入相对低一些,但是从净利润率进行观察,奥兰国际处于居中的位置,比邦吉和路易达孚的净利润率要高。

表 5-11 2013—2017 年的部分财务数据(单位:新加坡元)

项目	2018 年	2017 年	2016 年	2015 年	2014 年	2013 年
总资产(百万)	23 446.8	22 298.5	23 468.9	20 854.9	13 562.3	12 672.0
营业收入(百万)	30 479.0	26 272.5	20 587.0	19 052.6	19 421.8	20 801.8
净利润(百万)	346.6	431.5	363.8	363.8	641.3	391.5
净利润率(%)	1.14%	1.64%	1.77%	1.91%	3.30%	1.88%

数据来源:奥兰国际 2014—2018 年年报。

奥兰国际的战略取决于以强大的核心业务为中心,建立于农场采购和交货、客户关系、研发和交易、加工、内陆和海运物流、风险管理、成本管理和卓越的运营能力之上的粮食及农业价值链管理。选择性投资农业物流,包括俄罗斯、乌克兰和加蓬的仓储和港口设施。奥兰国际的战略包括:聚焦在全球具有领导地位的细分商品和细分业务,比如食用坚果、可可、咖啡,香料和植物调料,棉花,大米,包装食品和橡胶;在主流商品大类中采取防御性的细分战略,比如非洲谷物制粉和轻资产贸易,非洲和亚洲动物饲料重要新型市场,印尼食糖精炼,西非棕榈领导能力。独特的非洲足迹和运营能力,直接在非洲 25 个国家开展业务。直接从种植者和乡村代理人手中采购原料。为客户提供增值解决方案和服务:可追溯担保,原材料的可持续和可认证,供应商管理存货方案,风险管理方案。为客户提供增值解决方案和服务,可追溯担保,原材料的可持续和可认证,供应商管理存货方案,风险管理方案。

奥兰国际的战略决定了它的业务单元和资产配置,它追求在细分商品和细分业务的领导地位,比如食用坚果、香料和植物佐料等方面;奥兰国际在价值链的上游环节和下游环节参与程度较深,比如上游的种植园、下游品牌包装食品业务以及商品衍生品的金融服务领域等;对于主要跨国粮商很少涉足的非洲地区,奥兰国际配置了大量资产,一方面是保证原料供应,另一方面是提供产品供应。

表 5-12　奥兰国际的 5 大业务单元和 18 大平台

5 个业务单元	18 个平台
食用坚果、香料和植物佐料	1.食用坚果(腰果、花生、杏仁、开心果、核桃、芝麻和豆类); 2.香料和植物佐料(胡椒、洋葱、大蒜、辣椒和番茄)
糖果和饮料	3.可可;4.咖啡
大宗粮食和包装食品	5.大米;6.糖与甜味剂;7.谷物与动物饲料 8.食用油;9.奶制品;10.包装食品
工业原材料,农产品物流和基础设施	11.棉花;12.木制品;橡胶;14.化肥; 15.加蓬经济特区(包括港口和基础设施)
商品金融服务	16.风险管理;17.做市商,波动性交易和资产管理;18.交易与结构金融

数据来源:奥兰国际 2018 年年报。

第二节　跨国粮商的全球价值链观察

通过 ADM、邦吉、嘉吉和路易达孚四大跨国粮商的网站及年报,我们进行了分类综合,由于在第一节已经对它们的价值链进行了比较分析,此处着重对其全球价值链的资产地理分布和业务分布进行观察分析。

一、ADM 的全球价值链

(一)ADM 公司主要业务单元

ADM 主要从事采购、运输、仓储、加工和销售农产品、加工产品和配料,ADM 公司组织和管理的业务主要分为四个部分:原粮采购(农业服务)、油籽(油籽加

---

① 注:括号中部分是 2018 年以前 ADM 业务单元分类。

第五章 包容性粮食价值链下游投资：对跨国粮商价值链活动的分析

工）、糖类方案（玉米加工）和营养（香料和配料）[①]，每一类业务基于产品和服务的特质进行组织。农业服务是利用其广布全球的提升机、运输网络以及港口设施购买、仓储、清理和运输粮食产品，比如油籽、玉米、小麦、蜀黍、燕麦、稻米、大麦，然后把这些粮食产品作为食物和饲料的原材料销售给加工企业。农业服务部门通过瑞士罗尔的全球贸易服务平台管理着 ADM 的国际农产品采购和处理。农业服务的谷物采购、处理以及运输网络为客户和加工运营提供了高效服务，运输网络能力包括驳船、海洋运输船舶、卡车、铁路和集装箱运输服务。农业服务部门也包括与结构性贸易融资相关的活动、小麦加工成面粉等。玉米加工部分主要从事玉米的干磨、湿磨和其他活动，利用位于美国中部、中国、保加利亚、法国、摩洛哥、西班牙和土耳其的加工基地，把玉米转化成为甜味剂、淀粉、糖浆、葡萄糖和生物产品，通过对左旋糖发酵可以生产乙醇、氨基酸和其他食品及饲料配料，玉米加工部分也包括与配方饲料和动物营养相关的活动。油籽加工部分包括与油籽的采购、销售、压榨和深加工相关的全球活动。通过压榨生产出的植物油毛油需要进一步精炼、混合、脱色、脱臭加工成色拉油，而色拉油可以进一步氢化和酯化为人造黄油、起酥油和其他食品。油籽蛋白粕作为饲料原料进行销售，部分精炼油可以生产生物柴油或其他工业品。在欧洲和南美，油籽加工部分包括采购和销售活动，比如谷物仓库、港口设施和运输资产，在丰益国际的 24.9% 的股权投资也属于该单元。金融业务单元主要包括期货和保险活动。

表 5-13 是 ADM 各业务单元的收入分布及其占比情况，从每年的业务收入结构看，农业服务、油籽加工和玉米加工分别占据业务收入的前三位，其中农业服务中采购与处理占其中的 90% 以上。由于玉米和豆粕价格上涨和销量上升，2018 年收入增长 35 亿美元（6%）达到 643 亿美元；毛利润增长 7 亿美元（19%），达到 42 亿美元；其中由于大豆和饲料价值链的强劲表现带来原粮运营利润增长 35%，油籽利润增长 79%，淀粉和甜味剂利润下降 12%，期货中介佣金收入带来其他利润增

[①] ADM.2018 annual report[EB/OL].https://assets.adm.com/Investors/Shareholder-Reports/2018/ADM-Annual-Report- Letter-to-Stockholders-2019 -Proxy-Statement-and-2018-Form-10-K-final-.pdf.PDF.

长 14%①。

表 5-13 ADM 业务单元收入及占比(百万美元,%)

项目	2018 年	2017 年	2016 年	2015 年	2014 年	2013 年
农业服务	26 279	26 246	27 893	29 682	36 288	41 480
占比(%)	40.8%	43.15%	44.74%	43.84%	44.69%	46.19%
采购与处理	24 816	23 127	24 609	25 957	32 208	36 968
制粉及其他	1 219	2 910	3 060	3 479	3 815	4 284
运输	244	209	224	246	265	228
玉米加工	10 279	9 352	9 466	9 995	12 282	13 139
占比(%)	15.98%	15.37%	15.18%	14.76%	15.12%	14.63%
甜味剂、淀粉	6 696	4 253	4 028	3 713	3 767	4 717
生物产品	3 583	5 099	5 438	6 282	8 515	8 422
油籽加工	24 831	22 530	22 152	25 217	30 933	34 883
占比(%)	38.60%	37.04%	35.53%	37.25%	38.09%	38.84%
压榨及浸出	16 943	14 091	13 976	15 597	18 452	20 552
精炼及生物柴油等	7 888	8 169	7 880	9 364	11 937	13 656
天然香料等	2 571	2 313	2 427	2 407	1 368	—
占比(%)	4.00%	3.80%	3.89%	3.56%	1.68%	—
其他-金融	381	387	408	401	330	302
占比(%)	0.59%	0.64%	0.65%	0.59%	0.41%	0.34%
总收入	64 341	60 828	62 346	67 702	81 201	89 804

数据来源:ADM2014—2018 年报,其中百分比是作者自己计算。

(二)公司资产地理分布

ADM 公司主要从事采购、运输、储存、加工和销售农产品、加工品和配料,利用其全球资产采购、运输农产品,并把全球超过 170 个国家连结在一起。ADM 大约拥有 450 个农作物采购地点,超过 330 个粮食与饲料加工设施,62 个创新中心

第五章 包容性粮食价值链下游投资：对跨国粮商价值链活动的分析

和世界一流的农作物运输中心，生产粮食、动物饲料、工业和能源用品。公司加工玉米、油籽和小麦成粮食、动物饲料、化学制品和能源用品。ADM提供包括全球期货中介在内的广泛服务超过50年，ADM投资者服务部门（ADMIS）为零售商、商业客户和机构客户提供期货执行、清算、市场分析和风险管理，它在美国拥有250个分支机构，另外香港、中国台湾、新加坡、上海及伦敦都有其办公机构。农民服务部门拥有输送和加工设施，ADM FarmView app提供全天候本地现金收购、商品市场更新以及ADM账户信息和交易。

南美业务已经超过20年，目前雇佣总人数超过5000人，在南美运营着包括粮油加工、物流运输在内的粮食全价值链活动，拥有52个粮仓，6个港口，其中3个在阿根廷，2个在巴西，1个在巴拉圭。其中巴西的运营开始于1997年，目前雇员达到3300人，从事的业务主要包括：收储、大豆加工、葵花籽加工、生物柴油、食用油、食品调料，包括功能性大豆蛋白（浓缩蛋白、组织蛋白和分离蛋白等）和饮料等。南美总部位于巴西的圣保罗，分享服务中心位于巴西的里贝朗普雷图。巴拉圭是ADM在拉丁美洲运营的另一重要国度，它是该国最大的油籽加工公司和最大的生产资料供应商，雇佣了900名雇员，办公室在首都亚松森，一家工厂在比列塔，在该国共有14个农作物采购单元，三个办公室，一家船运公司。1998年进入阿根廷，两家花生加工厂，在森马丁、El Tránsito和阿罗约西科Arroyo Seco拥有港口终端。ADM也注重社会投资计划，从2009年起已经南美社会项目中投资超过450万美元，支持教育、环境和社会领域的几个项目以增强与运营相关的社区的能力。

表5-14 ADM全球投资的地理分布及资产类别分布

国家	业务类别及投资	产品类别	进入时间，雇员数量
ADM南美洲投资地理分布			
阿根廷	2办公室，位于Buenos Aires and Rosario	销售、物流、管理服务客户，出口玉米、高粱及大豆；为慈善组织Caritas Argentina提供帮助	1999；28人
秘鲁	1办公室；1工厂	生产、销售植物油（瓶装和散装）；进口销售来自于全球的ADM产品，包括玉米、高粱、小麦、大豆及粕、油、DDGS等	1998；—

续表

国家	业务类别及投资	产品类别	进入时间,雇员数量
乌拉圭	1办公室;4筒仓	采购、销售、出口大豆、玉米、小麦	2008
巴拉圭	内河运输;大豆加工厂;30仓库;13拖船,230驳船;1港口	加工了巴拉圭30%的谷物和油籽;大豆蛋白、大豆油	1997;1300人;大豆生产的可持续认证 ISCC and 2BSvs;IPOPA积极环境倡议
智利	进口、仓储和销售(进口的饲料、化肥、玉米、小麦、高粱、大豆粕、葵花籽粕、玉米蛋白粉和卡罗拉毛油);3化肥厂1办公室	消费品(瓶装油,散装精炼油、罐装鱼、意大利面包)和进口销售农产品	2010
巴西	加工、包装、销售、仓储、运输、出口;30多个粮仓;两个港口;5大豆加工厂;1葵花籽加工厂;2生物柴油厂;1大豆蛋白厂;2调料厂	大豆油粕、葵花籽油、生物柴油;食用植物油的加工、精炼、装瓶和销售;天然食品调料;大豆功能蛋白(浓缩蛋白、组织蛋白和分离蛋白);玉米;动物饲料	1997;3300人;终止购买亚马逊生物群落种植的大豆承诺;不销售巴西环保署禁止区域的谷物;全国废除奴隶制公约;The Doing it Right Program保护环境和保证工人工作条件;成为负责任大豆圆桌成员,承诺按照标准进行负责任大豆生产
南美洲	拥有52个粮仓,6个港口,其中3个在阿根廷,2个在巴西,1个在巴拉圭	谷物贸易及加工、植物油、食品及动物营养配料及原料、生物柴油,物流运输等全价值链	超过20年;大约5000人;自2009年以来超过450万美元支持教育、环境和社会领域,增强社区活动

续表

国家	业务类别及投资	产品类别	进入时间，雇员数量
亚太地区	ADM的亚洲战略是通过丰益国际的所有权利益实现的；丰益运营棕榈种植园、植物油压榨设施、精炼和包装设施；生产人造奶油、大豆蛋白和肥料的工厂；面粉厂和大米加工厂；中国的动物饲料预混厂；销售农产品	销售食品配料，比如可可粉、卵磷脂、维生素E、赖氨酸、苏氨酸等	—
澳大利亚	服务于环太平洋的客户，包括新西兰和南太地区，提供来自于玉米、大豆和小麦种的特色食品、饲料和工业添加剂	为国内外客户提供澳大利亚的小麦、大麦、卡罗拉、高粱和豆类；提供散装和集装箱谷物出口的方案	1991；45人
中国	与中粮和丰益国际合作包装植物油；特色食品配料和饲料添加剂；天津甜味剂厂；风味创新实验室；南京动物饲料预混厂	全球采购和加工能力、全球物流网络帮助中国降低食品成本和减少浪费	20世纪90年代中期；700人
印度	加工油籽为食用油、动物饲料和饲料配料；销售食品配料给食品厂，提供动物营养产品、生产和交易玉米及小麦；提供货运和仓储服务。4办公室；1货运设施；2仓库；5油厂	大豆油、菜籽油、葵花籽油和棉籽油及饼粕	1200人
印尼	通过丰益国际的运作实现		
以色列	4.5万吨仓储设施	进口和销售玉米副产品和其他谷物产品作为动物饲料；销售饲料配料（从豆粕到添加剂）	—
日本	1应用实验室产品开发	销售谷物、食用油、食品配料、风味调料、果汁、饲料和工业产品	1978；60人

续表

国家	业务类别及投资	产品类别	进入时间,雇员数量
韩国	—	销售谷物、油籽、植物油、食品、风味调料和特色调味品	2015
新西兰	—	储存销售饲料产品如 DDGS、棕榈仁、玉米蛋白饲料、卡罗拉粕;销售食品配料	—
菲利宾	1 办公室	供应农产品和食品和饲料的特色配料	1989
新加坡	东南亚销售办公室;与丰益国际合作	特色饲料配料如赖氨酸、苏氨酸和大豆浓缩蛋白	100 人
越南	—	进口、出口和当地销售谷物、油籽、油粕和饲料、饲料添加剂、食品添加剂等	—
ADM 欧洲投资地理分布			
比利时	1 全自动仓库;2015 年收购了一家植物油瓶装公司 Antwerp N.V.,进入欧洲零售和食品服务市场,提高了出口增值产品的能力	提供菜籽油、大豆油、玉米胚芽油、葵花籽油和调和油	2015 年;80 人
保加利亚	1 玉米淀粉厂	生产玉米产品用于食品、饮料、纸张、包装和动物营养	1994 年;330 人
捷克	1 油厂;1 贸易办公室	采购谷物和油籽,粮食作物销售到德国、意大利和波兰;油籽供应本地和欧洲其他油厂	2009 年;125 人;与当地生产者紧密合作促进环境友好型农业实践
法国	1 油脂精炼厂;1 小麦淀粉加工厂	精炼葵花籽油、菜籽油、大豆油、橄榄油和芝麻油;葡萄糖浆、果糖浆、水解小麦蛋白、淀粉和小麦胚芽	—
德国	4 油厂;1 办公室;3 调料厂;1 筒仓;2 出口终端	生产及销售菜籽油、大豆油、人造黄油、烘焙品、甘油、生物柴油	2860 人

续表

国家	业务类别及投资	产品类别	进入时间,雇员数量
匈牙利	1谷物和油籽贸易办公室;1仓库	—	20人
爱尔兰	1子公司;2办公室	储存销售饲料提供食品和饲料配料,如乳酸、卵磷脂、大豆蛋白和黄原胶;油粕、谷物副产品。产品如DDGS、棕榈仁、玉米蛋白饲料、卡罗拉粕;销售食品配料	15人
荷兰	1大豆压榨厂和1港口终端;1办公室;1特色饲料配料生产厂;浓缩橘汁厂	提供大豆油及大豆分离蛋白、浓缩蛋白、组织蛋白、卵磷脂和黄原胶;食品和饮料的配料;浓缩橘汁	800人
波兰	2油厂;2仓库;1全自动生物柴油厂;1合资进出口终端	销售瓶装植物油,谷物和动物饲料	480人
罗马尼亚	8仓库;50驳船,6拖船;1潜水码头;黑海最大的港口运营商;1运输和贸易办公室	—	620人
俄罗斯	1野生风味和特色配料销售办公室,3销售办公室;阿斯顿玉米加工厂50%股权	交易小麦、玉米、大豆和豆粕;食品和饲料配料	1980;430人
斯洛伐克	2仓库	为国内外市场提供谷物和油籽,包括菜籽、葵花籽、玉米和小麦	30人
西班牙	1办公室;1特色配料厂	为饲料商、面粉商和乙醇生产商进口谷物	120人
瑞士	欧洲总部;2合资企业	丰益国际合资公司销售食用油	160人
土耳其	1玉米淀粉厂	生产、销售和出口玉米淀粉、葡萄糖浆,结晶果糖	1989;200人
乌克兰	1油厂,1谷物终端;6仓库,1贸易办公室	生产及出口谷物、葵花籽及油粕	850人

续表

国家	业务类别及投资	产品类别	进入时间,雇员数量
英国	7面粉厂,2精炼油厂,1植物油包装厂,1益生素生产厂,1配料贸易办公室	每年处理80万吨小麦,提供白、棕及全麦粉、特色粉,散装或袋装;菜籽油、亚麻籽油和葵花籽油、棕榈油	1160人
北美投资地理分布			
墨西哥	谷物总部;1大豆加工厂;1合资玉米加工厂	采购白玉米、硬质小麦和高粱;进口和分销玉米、小麦、大豆、高粱、大米、食用豆、谷物副产品如玉米蛋白粉、干酒糟等;销售豆油、豆粕;进口各种粕类和植物油;各种特色食品配料	260人
加拿大	42家工厂,包括小麦加工厂,2油籽加工厂、肥料混合场、仓库、动物饲料厂等	生产销售出口各种面粉、小麦胚芽、大豆油和菜籽油及粕;销售动物饲料	1000人
美国	320工厂加工大豆、玉米和小麦、豆类、燕麦、大麦和花生	各类谷物、植物油及蛋白产品	—

数据来源:ADM公司网站,作者自行统计汇总。

在北美,ADM提供粮食加工链条的重要联系,一端与农民,另一端是把农作物转化成各种产品的加工商,采购、运输、加工农作物为食品配料、动物饲料、可再生能源以及来自天然的工业化学品。ADM北美总部在伊利诺伊州的迪凯特,目前在美国40个地方的320个工厂加工大豆、玉米和小麦,以及豆类、蜀黍、燕麦、大麦和花生。利用玉米可以生产24种产品,如玉米甜味剂、赖氨酸、玉米糖浆、乙醇等。把油籽(大豆、棉籽、葵花籽、卡罗拉、花生和亚麻籽)转化成植物油和粕,把植物油转化成人造黄油、动物饲料添加剂如卵磷脂。在加拿大的42家工厂加工小麦、硬质小麦和油籽(如卡罗拉和葵花籽),也生产卵磷脂和动物饲料,这些工厂涉及油籽压榨、精炼、化肥混合、提升机仓库、烘焙混合、动物饲料厂等。在墨西哥,运营着大豆和玉米加工厂,同时销售蛋白粕、油和相关副产品作为饲料原料;在伯利兹,ADM运营着该国唯一的小麦面粉厂和一家饲料制粉厂。

表 5-15　ADM 美国资产分布

资产类别	数量	资产描述	地点
油籽加工设施	160+	—	—
油籽加工厂	70	油籽压榨厂 25,精炼厂 27	18 个州
玉米加工厂	17	干磨:研磨、破碎、轧制 湿磨:纤维素、面精、胚芽和淀粉	4 个州
农业服务加工厂	62	面粉、烘焙混合物加工、配方饲料、动物营养产品加工、食用豆类	23 个州
运输与仓储设施	300+	1300 拖车,2,600 驳船,28,100 轨道车;220 谷物提升机仓库,仓储能力超过 1300 万吨。	23 个州

数据来源:ADM 网站,https://www.adm.com/adm-worldwide/united-states/facilities。

ADM 在欧洲 16 个国家开展业务,欧洲总部位于瑞士,涉及 4 个业务单元,包括收储(包括全球贸易、运输和结构性贸易融资)、油籽、碳水化合物和营养。全球贸易团队把 ADM 的全球收储和加工业务以及最终用户或港口连接在一起,全球海洋运输团队作为支柱服务于 ADM 的远洋运输,结构向贸易融资团队通过为客户、供应商和合作银行提供融资解决方案而创造价值。油籽业务一方面提供植物油和粕,用于食用和饲料用,另一方面用于生物柴油。碳水化合物单元指把玉米和小麦加工成食品、饲料等其他产品。通过表 5-14,可以清楚观察 ADM 的资产地理分布情况。从雇员人数看德国、英国、荷兰、乌克兰、罗马尼亚位居前 5 位;从价值链环节看,在乌克兰、俄罗斯、土耳其、捷克、斯洛伐克和波兰的资产配置位于上游环节,在德国、英国、法国等资产主要配置于中游,在比利时、荷兰、罗马尼亚、爱尔兰、瑞士的资产主要配置于下游环节。ADM 的非洲业务很少,只分布在南非、摩洛哥和埃及;在亚太地区主要是销售和运输谷物、植物油和动物饲料;另外由于占有丰益国际的股权,因此很多战略实施是通过丰益国际展开的。

由于跨国粮商与生产资料跨国供应商的核心优势存在差异,后者主要通过不断研发投入、技术与产品创新来获得市场优势地位,而前者除了研发持续投入来保证自己产品的市场领先外,还需要通过构建一体化价值链的高效转化来构建自己的竞争优势。因此保证转化的资产数量是观察跨国粮商市场地位的一个重要数据,公司采购、加工设施以及产品交付设施的数量见表5-16。

表5-16 ADM运输、加工和采购设施一览(2017财年)

项目	运输设施						加工工厂	采购设施
	驳船	铁路车辆	卡车	拖车	轮船	海运船		
自有	1 800	12 300	290	1 300	100	10	254	382
租赁	510	16 000	270	130	10	15	16	114

数据来源:ADM 2017年公司年报。

表5-17是ADM主要业务单元的设施数量和日处理能力的全球地理分布统计,我们进行此类数据汇总的目的是观察ADM的主要业务能力的地理分布特点,可以看到ADM的农业服务中的加工能力布局主要在北美,欧洲仅英国一地,而采购来源于北美、南美和欧洲,其中北美占据份额达到90%;玉米加工分布在北美、欧洲、亚洲和非洲,其中亚洲和北美占据主要产能,而玉米采购主要来自北美;油籽加工中压榨分布于北美、南美和欧洲,而精炼包装及生物柴油在以上五大地区均有,油籽采购的仓储能力主要集中于北美、南美和欧洲。从ADM的主要业务单元的资产地理分布看,ADM主要在北美、南美和欧洲开展其主要业务,与其他资料汇总,亚洲的业务主要是借助丰益国际的运作而实现,非洲资产配置很少。

由于ADM是美国本土的纽约证券交易所上市公司,长期资产的地理分布中美国国内占比在70%左右;从收入结构看,最近5年美国的收入占比在47%左右,比较稳定。具体数据见表5-18和表5-19。

表5-17 ADM部分业务单元设施数量及日处理能力全球地理分布(单位:千吨)

项目		北美		南美		欧洲		亚洲		非洲	
		数量	能力	数量	能力	数量	能力	数量	能力	数量	能力
农业服务	加工	43	21	—	—	7	4	—	—	—	—
	采购	192	14 733	16	898	28	1 164	—	—	—	—
玉米加工	加工	43	480	—	—	4	3	4	236	1	1
	采购	6	377	—	—	—	—	—	—	—	—
油籽加工	压榨	27	57	8	18	10	36	—	—	—	—
	精炼	43	78	12	8	21	15	3	2	4	2
油籽采购	自有	94	616	54	2,173	8	596	—	—	—	—
	租赁	65	210	11	354	3	6	—	—	—	—

注:油籽加工中的精炼一栏,不仅包括精炼,还包括包装、生物柴油等;数量的单位是个,日处理能力的单位是1000吨。数据来源:ADM2017年年报。

表5-18 ADM收入的地理分布(百万美元)

收入地理分布	2018年	2017年	2016年	2015年	2014年	2013年
美国	18 726	27 894	29 419	31 828	39 609	41 427
占比	44.6%	46%	47.19%	47.01%	48.78%	46.13%
瑞士	12 911	14 095	13 413	11 681	10 118	10 467
开曼群岛	5 724	4 189	3 617	4 456	—	—
德国	2 179	2 090	2 341	3 436	7 147	10 029
其他地区	14 081	12 560	13 556	16 301	24 300	27 881
总收入	64 341	60 828	62 346	67 702	81 201	89 804

数据来源:ADM2014—2018年年报。

表 5-19　ADM 长期资产美国内外分布（百万美元）

项目	2017 年	2016 年	2015 年	2014 年	2013 年
美国国内	6 767	6 763	6 877	6 693	7 192
占比	66.75%	69.31%	69.80%	67.20%	70.95%
美国以外	3 371	2 995	2 976	3 267	2 945
占比	33.25%	30.69%	30.20%	32.80%	29.05%
长期资产总额	10 138	9 758	9 853	9 960	10 137

数据来源：ADM 公司 2014—2017 年年报，占比为作者自己计算。

(三)ADM 的可持续发展策略及行为

ADM 结合联合国 2030 可持续发展目标和公司的业务确定了可持续发展的四大支柱：减少气候变化、保护自然资源、创建商业联盟、提高雇员和社区的福利。通过再生产品和加工创新(碳隔离项目)、供应链承诺(不乱砍滥伐政策)以及通过卓越运营的战略方法(提高效率、全球标准化运营以及促进业务单元的高效合作)来减轻气候变化；ADM 建立了全球环境管理体系和支持信息平台以保证环境数据的质量和完整以及对环境商业活动进行标准化，节约用水、减少废物排放，对大豆、棕榈原料建立可追溯、认证制度等；通过供应链管理创建商业联盟，ADM 几乎不涉足种植环节，而通过购买解决原料来源，在粮食与农业价值链上与产业伙伴、商会、种植户、政府、非政府组织和社区紧密合作，ADM 以最高伦理行为标准建立互利的商业关系。关注雇员安全性、待遇和培训，关注食品安全和质量，采购地区的社会问题、投资教育等。

ADM 在董事会设立可持续和社会责任委员会，由首席可持续官(Chief Sustainability Officer)领导，成员包括战略、法律、沟通和运营团队的高级经理和公司官员，每年发布可持续报告。ADM 宣布了关键的社会和环境政策，建立了原材料采购、环境管理和雇员行为的清晰标准[①]。ADM 是超过 200 家商业/贸易协会和可持续倡议的成员。ADM 聘请德勤出具正式的重要性评价报告(Materiality Assessment)以报告公

---

① https://assets.adm.com/Sustainability/2018-ADM-Sustainability-Report.pdf[EB/OL].

司的经济、环境和社会影响。把公司的商业目标和联合国可持续发展目标结合，聚焦零饥饿、清洁水和公共卫生、气候行动、体面工作、经济增长和陆地生态。气候行动措施包括碳隔离项目（2018年使用碳捕获和存储技术）、不破坏森林政策、温室气体排放减少措施。

（四）ADM包容性价值链构建的特点

（1）从价值链上游、中游到下游的所有环节积极配置资产，发挥自身的核心优势，部分区域或国别采取战略联盟的方式进行横向合作，比如中下游与丰益国际合作。在土地资源丰裕的经济体进行谷物和油籽原料的采购及加工，比如巴西、阿根廷、美国、加拿大、墨西哥、英国、乌克兰、澳大利亚等；在交通便利的经济体建立仓储、运输和加工设施，比如荷兰、德国、罗马尼亚；在人口多、收入与消费能力提升的经济体建立广泛的加工、物流和销售网络，比如中国、印度等；规避在经济欠发达、基础设施缺乏地区的风险，比如非洲大部分国家。

（2）注重科研投入和新产品开发，持续增加利润增长点。ADM通过新产品研发扩张业务规模和全球覆盖性，特别是营养部门。公司专利、商标和许可证的账面价值达到2.69亿美元。2018年的研发投入达到1.41亿美元，2014年ADM收购Wild Flavors后科学家和技术人员数量翻倍，此后实验室数量不断增加，包括食品饮料应用实验室、酶制剂实验室、益生菌和基因排序实验室。通过ADM风险资本进行内部高潜力新产品研发项目投资。

（3）不断通过并购优化产业版图，增强价值链核心资产。增持已投资非并表企业的股权比例，比如增持丰益国际股权到24.9%；2018年花费5.06亿美元并购资产包括Protexin（益生菌补充提供商）、Rodelle有限公司（香草产品加工商）、Algar Agro（大豆全价值链企业），前两项收购扩展了ADM在健康保健领域的资产，后一项收购增强了ADM在传统大豆价值链的竞争能力。2017年花费1.94亿美元收购了在点心和食品、小麦淀粉和甜味剂、饲料进出口贸易、微生物技术等方面的股权。2016年花费1.41亿美元在一家大豆价值链企业、一家供应链企业、一家无麸质高蛋白意大利面企业和一家淀粉及葡萄糖摩洛哥企业。

（4）提供全方位的风险管理策略。ADM使用期货、交易所期权和OTC期权管理包括农业商品和乙醇在内的存货净头寸，提供远期买卖合约降低农产品价格风险和外汇风险,并作为销售的补充策略以提高利润;用利率互换来对冲公允价值。

(5)积极履行社会责任,关注环境、气候、社区以及利益相关者的利益。

二、邦吉的全球价值链

(一)邦吉资产的全球地理分布

邦吉在全球40多个国家开展业务,通过表5-20,我们可以看到邦吉的全球资产的地理分布,包括谷物加工厂、糖厂、港口、油籽压榨厂、油脂精炼厂、食用油包装厂、商务办公室和肥料厂等。目前邦吉拥有32个港口终端,51个油籽加工厂,超过160个谷仓和119个生产设施,31 000名雇员。邦吉的港口资产主要分布在美洲,其中南美洲10个(分别位于阿根廷、巴西和巴拉圭)、北美洲3个(美国),另外在乌克兰、越南和澳大利亚各有一个港口。谷物加工厂资产也主要在美洲,其中巴西8个、美国6个、墨西哥8个;油籽压榨和精炼厂资产主要配置于南北美及欧洲,另外中国有5家;化肥厂主要集中于阿根廷。从加工能力看,邦吉在南美和北美地区的日加工能力相当,欧洲和亚太地区的加工能力之和与这两个地区相当;对比历史数据,发现邦吉的加工能力在四个地区均呈现较快增长。

表5-20 邦吉粮食价值链全球资产分布

资产类别	分布地区及数量
谷物制粉厂	北美14,南美9
糖厂	南美8,非洲1,欧洲1,印度1,中国5
港口	北美3,南美12,欧洲3,澳大利亚1,越南1
油籽压榨	北美14,南美13,欧洲18,亚洲6,新加坡1
植物油精炼	北美14,南美7,欧洲19,印度3,中国5,马来西亚1
植物油包装	北美11,南美4,欧洲18,亚洲6
办公室	北美7,南美7,欧洲12,亚洲9,非洲6,澳大利亚1
化肥厂	阿根廷3

数据来源:邦吉网站,https://www.bunge.com/where-we-are#。

第五章 包容性粮食价值链下游投资：对跨国粮商价值链活动的分析

邦吉建立广泛的全球物流网络运输产品，包括卡车、轨道车和海运船舶。要么租赁要么与第三方签订服务协议。为更好地服务客户、发展全球分销和物流能力，直接或通过合资企业、各种港口终端设施拥有或运营，具体国别包括巴西、阿根廷、美国、加拿大、俄罗斯、乌克兰、波兰、越南和澳大利亚。农业综合性业务方面全球拥有 182 家仓储，与农业生产和出口地点接近；拥有 52 家油籽加工厂；39 家销售和分销办公室。食品和配料业务拥有 112 家精炼、包装和制粉设施，105 家仓储设施，8 家分销中心。食糖和生物能源业务部门，拥有 8 家甘蔗加工厂，位于巴西的甘蔗产区。在阿根廷运营着 3 家化肥加工和混合工厂，巴西和阿根廷的化肥港口。

表 5-21 邦吉设备能力的地区分布（单位：公吨）

地区	总体日生产能力	总存储能力
北美	82 386	6 176 026
南美	86 831	10 345 069
欧洲	62 367	2 587 112
亚太	31 591	1 132 649

数据来源：邦吉 2017 年年报。

（二）邦吉资产的业务分布

邦吉业务主要分布在 5 个方面：农业、食用油产品、制粉产品、食糖和生物能源以及化肥，其可以把食用油和制粉产品归为粮食与配料业务。邦吉的基本战略是提升谷物和油籽价值链地位，在追求运作优势的同时有效利用一体化的全球原料、生产、物流、加工和风险管理能力。聚焦粮食和调料业务的价值增值，使之在将来的收益中占更大的比例。战略制定的原则是符合长期的全球宏观经济和消费者增长趋势，包括对可持续性的承诺。农业综合性业务是一个一体化的、全球化的业务，包括农产品的购买、储藏、运输、加工和销售，并在全球设有销售和分销网点，其中从加工能力的分布看，北美 27%、南美 33%、欧洲 25% 以及亚太地区 15%。食品和配料业务，主要有食用油产品和研磨产品，包括植物油、起酥油、人造黄油、蛋黄酱，以及小麦粉、烘焙混合物、以玉米为原料的产品以及稻米。食用植物油产品部门主要位于南北美、欧洲和亚太地区,制粉产品部门主要位于南北美地区,主要销售给粮食或食品加工商、食品服务公司和零售网点等三类客户。邦吉是全球包装植物油的龙头企业,在北美、南美、欧洲和亚太地区有食用油精炼和包装设施,北美采用采用B2B模式,在欧洲和巴西采用B2B和B2C混合模式,在亚太是B2C模式。食糖和生物能源部门在巴西生产和销售食糖,利用甘蔗生产乙醇,并进行食糖和乙醇的全球贸易与销售。化肥部门主要位于南美,进行化肥产品的生产、混合和分销,生产基地位于阿根廷,港口设施在巴西和阿根廷。邦吉的主要竞争者包括但不限于ADM、嘉吉、路易达孚、嘉能可国际,以及大的地区性公司比如在亚太地区的丰益国际、中粮农业等。

表5-22 邦吉四大业务领域的设施能力(单位:公吨)

业务领域	2017日生产能力	2018日生产能力	2017总存储能力	2018总存储能力
农业综合性业务	145 697	155 412	15 474 260	16 289 648
食品和配料	81 744	94 054	1 878 322	2 214 860
食糖和乙醇	121 353	11 474	734 458	636 248
肥料	6 408	2 235	878 283	1 100 100

数据来源:邦吉2017—2018年年报。

虽然金融服务不是邦吉的主要业务但是也给它带来一定的收入,更为重要的是金融服务既增加了客户黏性,又有效地规避或减少了各种风险。它所提供的金融服务,主要包括为客户和其他第三方提供大部分贸易结构融资和金融风险管理服务。贸易结构性融资利用该公司的国际贸易流动为客户和第三方在新兴市场带来贸易融资流动性。金融风险管理服务包括OTC产品的结构化和销售,能够使农业生产者和终端使用者管理他们的商品价格风险。通过金融服务团队从事外汇和其他金融工具的交易。另外,在巴西,为生产大豆或其他农产品的农场主客户提供金融服务。农场主融资活动是谷物和油籽采购活动的不可分割部分,帮助确保巴西农业综合性业务的原材料供应。

第五章 包容性粮食价值链下游投资:对跨国粮商价值链活动的分析

(三)邦吉经营的可持续理念和行为

推动可持续农业,保证生产安全和高质量的粮食,保护和改善自然环境,雇员和当地社区的社会和经济福利必须得到支持。构建透明的、经过认证的可持续的、创造积极影响的价值链以支持实现可持续发展目标,具体包括:消除破坏森林行为、降低温室气体排放、保护泥炭地和其他碳捕获生态系统、在缺水地区保护淡水和负责任行动、保护生物多样性、尊重劳动力和土地使用权。把可持续政策内嵌于整个价值链,比如棕榈油采购政策要求可追溯、保护森林和生物多样性、可持续采购、尊重原住民、工人和当地社区的权利。到2026年,每吨产品用水、废弃物、排放量和能源消耗分别至少下降10%。为雇员及承包商创造安全和健康的工作环境,遵守当地法律、规则和规定。参与社区建设,邦吉基金会1955年在巴西建立后,持续进行社会投资帮助当地社区发展,提升学徒和残疾人在劳动力市场的能力和包容性,通过自愿者小组开展社区需要的自愿者服务。

把可持续与公司运营结合起来,承诺成为负责任法人,董事会下属可持续和公司责任委员会是最高治理机构,负责审查公司社会责任的相关政策、战略和规划,包括绩效目标、风险管理和披露。邦吉的可持续运营原则包括:有助于所工作社区的经济和社会发展;通过采用久经考验的、文化敏感的和务实的最佳实践致力于良好的环境表现;推动和应用可持续措施;开放沟通。

(四)邦吉的包容性价值链构建特点

(1)价值链上游延伸到化肥业务单元,构建稳固的粮源供给关系。通过在阿根廷、乌拉圭和巴拉圭的生产基地生产氮磷钾化肥,在巴西通过易货协议为农民提供化肥,从而稳定粮源收购,也能获得化肥单元的增值收益。

(2)巩固南美和北美的粮油价值链主阵地,逐步扩大在欧洲和亚太地区的市场份额。2018年完成了对Loders Croklaan的收购,强化了邦吉在全球食用油B2B的领导者地位。2016—2018年的并购资金支出分别为3400万美元、3.69亿美元和9.81亿美元,分布在从农业综合性业务到生物燃料和运输业务的一系列资产上。

(3)重视研发和创新。邦吉的研发活动聚焦于开发产品和完善加工过程,为核心价值链增值,在粮食与配料业务单元全球拥有17个研发中心以支持开发和提升。邦吉的风险资本单元投资于与行业有关的新技术初创公司。

(4)贯彻负责任经营原则,以可持续行为塑造良好的社会、经济和自然生态。

三、嘉吉的全球价值链

嘉吉是全球最大的粮食与食品企业,嘉吉在全球提供食品、农产品、工业产品及金融服务,在 70 个国家或地区拥有 15.5 万名雇员,以负责任的方式滋养世界、减少环境影响、改善社区。

(一)嘉吉资产的全球地理分布和业务分布

通过表 5-23,我们可以看到,嘉吉的业务遍及非洲、亚洲及太平洋地区、欧洲、南美和北美洲。非洲主要业务涉及 7 个国家,其中科特迪瓦和加纳主要是可可及咖啡业务,阿尔及尼亚主要是纺织品和甜味剂业务,其他非洲四国(南非、埃及、肯尼亚和赞比亚)主要是谷物和油脂的销售。

在亚太地区的 15 个国家和地区建立了自己的分支机构,包括中国、印度、澳大利亚、印度尼西亚、日本、韩国、马来西亚、新西兰、新加坡、越南、泰国、巴基斯坦、菲律宾等。中国的主要业务集中在饲料以及油籽加工及销售,澳大利亚主要集中在啤酒麦芽、植物油精炼、面粉加工以及风险管理,印度尼西亚和马来西亚主要是棕榈油加工和销售。

欧洲是嘉吉的资产配置的主战场,分布在中东欧到西北欧的 13 个国家,欧洲既是嘉吉重要的原粮供应地(主要来自俄罗斯、乌克兰、波兰、罗马尼亚和保加利亚),同时也是重要的加工基地(比利时、法国、德国和英国)和销售市场(比利时、意大利、西班牙、奥地利、丹麦、荷兰、法国、德国和英国等)

嘉吉的业务单元比较广泛,包括农业、动物营养、生物产业、食品配料与应用、远洋运输、美容与个人护理、制药、动物蛋白、风险管理九个大类。嘉吉作为全球领先的谷物和油籽商家,把全球的谷物和油籽生产者及使用者连结起来,他们基于一体化运作进行采购、储存、贸易、加工和分销,包括小麦、玉米、油籽、大麦、高粱以及植物油和粕。在粮源、海运、加工方面全球表现耀眼,为农户服务及提供风险管理方案方面具有令人信服的专业性。嘉吉是欧洲生物柴油的主要提供者,也是全球最大和历史最久的棉花商业机构。嘉吉的动物营养单元在全球 40 多个国家有超过 275 个设施,雇员超过 20 000 人,产品涉及水产、肉牛、奶牛、家禽和生猪

第五章 包容性粮食价值链下游投资：对跨国粮商价值链活动的分析

饲料及饲料添加剂，提供全价饲料、预混饲料、基混料、浓缩饲料、饲料添加剂、供应链和风险解决方案、软件工具以及动物营养专家意见。嘉吉的远洋运输单元拥有从CAPE大型船舶、沿岸贸易船舶和油轮的600多艘船只的租赁船队，98%的嘉吉干散货船被RightShip评为五个效率最高的等级之一。风险管理部门为60多个国家/地区的农业、能源和金属商品生产者和消费者，以及想要在这些市场投资的机构投资者提供定制的商品价格风险解决方案。嘉吉蛋白业务单元是全球最大的肉类和禽类加工商之一，拥有从饲料、孵化、养殖、屠宰初加工到深加工的全价值链运作优势。

从嘉吉的业务拓展和投资的地理区域观察，发现它与ADM、邦吉的投资地理分布高度重合。这也说明他们在位置选择上具有共同的标准，也就是在土地资源丰富且政治经济社会比较稳定、基础设施相对比较完善的经济体进行谷物和油籽的采购、加工和出口；在交通比较便捷、占据交通枢纽的经济体的城市进行仓库和码头投资，有的加工设施与仓库和码头结合在一起，产品向周围辐射。非洲的投资总体而言不大，非洲的投资主要围绕可可及咖啡进行，在油籽和谷物方面的投资与其他地区比较要远远落后；嘉吉在全球的网点积极履行企业社会责任，坚持在社会、经济、环境等方面可持续发展，积极投身于教育、医疗、研发和环境保护等项目中。

表5-23 嘉吉全球资产的地理和业务分布

国家	业务类别及投资	产品类别	进入时间，雇员数量
非洲			
阿尔及尼亚	纺织品和甜味剂的销售和供应；提供系统性解决方案。	纺织品和甜味剂；改善社区营养和健康、提供教育、鼓励负责任使用自然资源	2009年建立办公室
科特迪瓦	4可可加工厂；可可豆收购加工，棉花的采购及贸易	可可浆，可可脂，可可粉，棉花；建学校和健康中心，为农民提供商业融资	1997；500人
埃及	98%埃及国际植物油公司股权，87%国家运输公司股权；油厂及仓库	谷物贸易、大豆加工、食糖分销、动物饲料配料	1994；300人

续表

国家	业务类别及投资	产品类别	进入时间,雇员数量
加纳	1可可加工厂	可可脂、可可粉;动物营养	2008年建厂;400人
肯尼亚	1散装谷物加工厂	谷物采购;小麦、玉米、大麦、大豆粕、茶叶贸易	1984;159人
南非	—	谷物、油籽、动物营养、风险管理	—
赞比亚	1大豆油厂;1办公室	谷物、油籽贸易和分销;大豆加工	2006
亚洲和太平洋			
澳大利亚	5麦芽厂;3压榨厂;10谷物采购;3办公室;澳大利亚小麦局	棉花、谷物物流、仓储与处理;植物油精炼;牛肉;啤酒麦芽、食物配料;海洋运输;医药;风险管理	—
中国	31饲料公司;3食品公司;2生化公司;5粮油公司	生产销售谷物、油籽、食用油、食品及饲料配料	1987
印度	玉米加工厂;商业服务中心;谷物加工厂、植物油厂	采购、处理及销售小麦、玉米、稻米、豆类、小米、大麦和高粱;油籽加工、植物油、粕销售及进出口	1987;2 000人
印度尼西亚	共31家机构;农业供应链3家;可可及巧克力2家;热带棕榈8家;饲料营养9家;淀粉及甜味剂5家;蛋白质2家	椰子加工、可可加工;海草、加工食品出口;谷物、油籽及棕榈油加工、动物饲料加工及销售;淀粉及甜味剂加工及销售;蛋白质加工及销售	1974;19 000人
越南	16家机构,包括2家办公室,2家谷物与油籽加工厂;12家动物营养饲料厂	谷物、油籽加工及贸易;动物饲料加工及贸易	—
马来西亚	4家饲料厂;3家棕榈油精炼厂;3家粮油分销中心;1家办公室	动物饲料加工与销售;棕榈油精炼与销售	—
菲律宾	共25家机构,饲料厂5家,预混饲料厂1家;谷物加工5家,椰子加工1家,椰子采购中心9家;生物能源1家;禽类加工2家	动物饲料和预混料加工及销售;谷物加工及销售;椰子收购及加工椰子油	1991

第五章　包容性粮食价值链下游投资：对跨国粮商价值链活动的分析

续表

国家	业务类别及投资	产品类别	进入时间,雇员数量
泰国	6家饲料厂;5家仓库;2家加工厂	饲料加工及贸易,肉类加工及贸易,仓储	1968;14 000人
欧洲			
奥地利	1销售办公室	销售淀粉及其制品,食品及饲料配料	1987
比利时	14家公司	加工、进口和出口谷物及油籽;生产生物柴油,饲料及饲料添加剂;风险管理	—
保加利亚	嘉吉的欧洲中东和非洲农业供应链业务总部;海运团队;欧洲共享业务服务中心	为国内外市场供应谷物与油籽	2006;1 200人
芬兰	1销售办公室	销售淀粉及其衍生品、甜味剂、乙醇饮料和纤维	
法国	17个机构	加工,进出口谷物和油籽;生产葵花籽油、菜籽油及粕;动物营养;可可及巧克力;家禽处理	
德国	12工厂	加工、仓储、交易和出口谷物与油籽;服务于食品和生物柴油部门;乙醇、可可、巧克力、麦芽,风险管理,淀粉与甜味剂,动物营养	1 700雇员
丹麦		淀粉、甜味剂;淀粉衍生物如葡萄糖、果糖、多元醇等;乙醇;饲料配料	—
荷兰	13个机构	进口及交易谷物与油籽	—
波兰	24个机构	采购、贸易和供应谷物与油籽;主要产品是小麦、饲料小麦、玉米、菜籽、大麦和葵花籽粕	
罗马尼亚	300万公顷土地生产玉米;3仓库,3动物营养厂	采购和出口菜籽和葵花籽,玉米,小麦	
俄罗斯	10处设施	加工和分销谷物与油籽	

续表

国家	业务类别及投资	产品类别	进入时间,雇员数量
英国	投资重镇,19个机构	油籽压榨及精炼,进口饲料配料	
乌克兰	港口;饲料厂;油厂;3谷物仓库	购买谷物和油籽,动物营养;	超过20年
南美洲			
阿根廷	5港口;超过50仓库;2麦芽加工厂;1动物营养厂;1玉米加工厂;4油籽加工厂	粮油加工、分销谷物、油籽及其加工产品	
巴西	6大豆加工厂;5谷物终端;3食糖与乙醇厂;2巧克力厂;3食品厂;3甜味剂厂;3动物营养厂	产品广泛	
北美洲			
加拿大	加拿大最大的销售商和加工商	加工牛肉、家禽、麦芽、油籽及动物饲料;生产资料零售,谷物处理、研磨、食盐分销	8 000人
美国	—	风险管理及金融解决方案,动物营养,农场服务,食盐,能源,甜味剂等	1865
墨西哥	9个商业单位,27设施	墨西哥最大的食品供应商	1965;1 750人

资料来源:嘉吉网站,其中业务类比及投资中的数字代表拥有该类资产的数量。

(二)嘉吉价值链核心环节——风险管理

嘉吉在商品、行业和地理风险管理方面具有很高的声誉,1994年开始就为客户提供定制的解决方案,今天已经成为全球商品价格风险定制解决方案的提供商,为超过60个国家的农业、能源和金属商品的生产者和消费者以及机构投资者提供在这些市场的风险暴露解决方案。为生产者和大农场经营者提供保护利润和减少风险的对冲策略,为机构投资者提供风险最小化和机会最大化的策略,利用嘉吉全球粮农产品的贸易洞察力优势和OTC结构化及对冲的专家提供alpha和beta策略,超越传统市场指标;提供全球农业供应链独特的实物资产投资机会。

第五章 包容性粮食价值链下游投资:对跨国粮商价值链活动的分析

嘉吉的贸易与结构金融提供金融解决方案以促进贸易和减少公司在新兴市场和发达市场中与贸易有关的风险,与客户紧密合作,创建融资结构在降低跨境交易风险的同时促进农产品和其他商品的买卖。客户包括生产者和加工商、食物商品贸易商、进口商和终端使用者以及金融机构,嘉吉帮助他们从事全球贸易、减少伴随风险,这些包括信贷风险和跨境风险①。作为一个中介,尽力满足交易双方需求,提供广泛的、适合客户的融资解决方案,包括信用证、对供应商的预付融资、对加工者的仓单融资、对出口商的贸易应收账款贴现、贸易信贷保险等。除了服务于客户,嘉吉也要满足自己的贸易融资和风险管理需求,对公司的商品贸易流动进行优化以创建贸易融资产生的流动性。在执行这些活动时,也涉足金融产品、外汇、信贷和货币市场的自营交易。嘉吉贸易结构金融的基地在新加坡,全球有18个办公室和300名雇员,建立于1993年。利用嘉吉对全球市场、商品贸易流动、国际贸易的业务特点及对金融机构的理解,在帮助客户及嘉吉自身全球扩张中扮演着一个重要的角色。

(三)嘉吉的包容性价值链

嘉吉制定了全球运营的指导原则:道德守法、公开透明;经营可持续的供应链;保护人权;提倡包容、多元;确保人员、动物和食品系统的安全。这些原则从商业运营行为规范、人权、利益相关者的包容性以及产品和产品提供者的安全性提出了要求。农业可以满足全球不断增长的粮食需求,在气候变化的环境下,在高产地区种植合适的农作物,再将粮食从丰裕地区向短缺地区输送,从而滋养世界。同时通过投资创新和培训提升农民能力,以帮助其适应不断变化的种植条件、消费者需求和营养需求。农民需要市场销售粮食、存储设施来保管粮食、农民还希望获得贷款机会、透明的价格以及具备风险管理能力。嘉吉虽然不直接进行粮食生产,但是他们利用他们的洞察力构建可持续价值链制订长期解决方案以帮助农民实现繁荣发展。通过构建全面高效的全球物流网络将粮食及其制品从丰裕地区运往需要的地区;随着全球粮食及食品需求的增长和变化,采用健康配料和新方

---

① 对外支付时当地货币不可自由兑换,或者不可预见的政治、经济事件干扰正常的商业活动。

法生产营养安全的食品配料，以满足消费者对产品口味、外观、便利性、保质期、价格和营养的需求和偏好；通过科技手段选择合适农作物适应气候变化、保持水土健康和减少对环境的影响是构建可持续价值链的必要行动；市场波动、天气干扰、丰收或库存积压都会导致价格波动，嘉吉帮助粮食生产者积极进行风险管理；嘉吉的可持续性运营需要社区的支持，通过在改善社区教育、营养健康及男女平等方面进行投资是其持之以恒的举措。

在滋养世界的同时，嘉吉通过改善土地利用、改善气候及保护水资源等在保护地球方面做出积极努力。2014年签署了《纽约森林宣言》承诺在粮食及农业价值链中减少到最后结束森林砍伐（到2020将森林砍伐减半，到2030年结束森林砍伐）；作为农作物买家，承诺到2020年实现100%透明、可追溯和可持续的棕榈供应链，不在高保护价值（HCV）土地或高碳量（HCS）区域进行森林砍伐、不开采泥煤以及不剥夺原住民和当地社区的权利。2006年在巴西推行大豆暂停计划承诺此后不向亚马逊生态区砍伐森林种植大豆的农民收购大豆，也不向他们提供资金支持，遵守巴西新的《热带森林法典》并与大自然保护协会一起帮助农民遵守该法典。嘉吉每年的的包装支出达到约12亿美元，为秉持安全、负责任和可持续运营原则，专门出台了可持续纤维包装政策，规定到2025年，嘉吉采购的纤维包装100%是负责任的来源：要么是重新利用的，要么是经过森林管理委员会（FSC）认证的。通过这样的政策约束包装供应商，以实现可持续的森林管理和保护。此外，嘉吉通过一系列努力在促进经济发展的同时造福社区。通过经济发展、慈善捐赠、员工志愿服务和合作伙伴关系推动社区活力。2016财年在全球57个国家/地区捐赠达到5000万美元，嘉吉基金会为教育和儿童营养计划提供支持等。

（四）嘉吉的全球价值链特点

（1）在全球构建核心业务的全价值链，比如谷物与油籽业务单元从生产、加工、仓储、航运、贸易和分销的价值链各环节，在下游环节与零售商合作；动物营养业务单元从饲料原料、饲料、饲料添加剂到屠宰、肉类提供的全价值链。从资产的地理分布上看欧洲、亚太、非洲、南北美洲的资源优势地区获取粮源，交通便利地区加工，粮食及食品需求旺盛地区建立销售网络。面向客户需求进行供给侧调整，从初级产品向高附加值转变。

(2)塑造强大的风险管理能力。通过专门的风险管理团队,检测各业务单元的整体风险,选择合适的风险评估工具,在集团内部进行合理的风险分配;财务风险方面,准确真实记录每个部门的独立财务报表和风险头寸,嘉吉风险管理团队高达数千人,使用一套通用的风险评估工具;对于外部的价格风险,嘉吉在全球范围内全面评估偶发因素对全球粮食供应的影响。运用期货、期权等衍生工具进行风险管理;通过严格的供应链管理体系管理供应链风险,封闭的全产业链模式保证质量安全,塑造自己在供应链管理方面的核心竞争力。

(3)各业务单元全面注重研发和服务。粮农领域的平均利润率较低,进入门槛不高,该领域面临着从天气、灾害到政策、价格、质量的一系列风险。要保证公司的可持续经营,要避免恶性价格竞争,必须构建自己产品和服务的核心竞争力。嘉吉从农业、食品、生物化工、风险管理、饲料与动物营养、动物蛋白等诸多业务单元持续研发投入以满足客户需求,并扩展自己的利润边界。

(4)坚持负责任运营原则构建良好的利益相关者关系。在全球建立合作网络,与政府、非政府组织、同业和农产品提供商等建立广泛合作关系,在追求经济发展的同时造福社区、保护环境,将公司的行为准则贯穿于业务实践之中,维护客户、社区、员工利益,作为长期企业责任,自然带来长期的企业利益。

四、路易达孚的全球价值链

(一)路易达孚资产的全球地理分布和业务分布

路易达孚的粮食价值链资产在全球的配置见表5-24,其中在非洲涉及15个国家,主要与食糖、咖啡、可可等产品有关;北美的美国、加拿大、墨西哥及南美的巴西和阿根廷是路易达孚在全球主要的谷物和油籽供应地;而路易达孚欧洲的粮源主要来自于乌克兰、波兰和俄罗斯。路易达孚的固定资产80%集中于北美和南美,而新型市场的销售收入占比为70%,北美和欧洲合计收入占比仅为30%。

表 5-24 路易达孚的全球投资地理分布

地区	国别	业务	雇员数量	资产比例	收入比例
欧洲	与非洲中东合计25国，29办公室，10个平台。比利时，保加利亚，法国，德国，意大利，波兰，葡萄牙，俄罗斯，西班牙，瑞士，荷兰，土耳其，乌克兰	谷物和油籽的生产集中于乌克兰、俄罗斯和波兰等国	欧洲非洲雇员合计超过2800人	11%	29%
非洲	安哥拉，布基纳法索，喀麦隆，象牙海岸，埃及，肯尼亚，加纳，马达加斯加，马里，尼日尼亚，塞内加尔，南非，坦桑尼亚，乌干达，赞比亚	非洲西海岸国家主要集中于食糖、咖啡等产品			
北美	3国，13办公室，10个平台。美国、加拿大、墨西哥	2家油厂；2家玉米乙醇厂，2家食糖厂；43处采购与物流设施。路易达孚最重要的油籽和谷物生产地区	超过2100人	32%	13%
南美	7个国家，8办公室，6平台。巴西，阿根廷，哥伦比亚，巴拉圭，乌拉圭，玻利维亚，洪都拉斯，秘鲁，智利	4家油厂，8家咖啡工厂，3处港口设施，4支平底船队和14家仓库。早已介入化肥和种子市场，成为农民的一站式服务店	仅巴西就有雇员14 000人	48%	11%
亚洲	8国家，14办公室，19平台。澳大利亚，印度尼西亚，新加坡，中国，马来西亚，越南，印度，巴基斯坦，哈萨克斯坦，阿拉伯联合酋长国	1973年进入中国，目前4家办公室，开展采购、加工、销售和物流业务；5家油籽、食糖和果汁加工厂	超过2400名雇员	9%	47%

数据来源：LDC, http://www.ldc.com/files/5215/5379/4832/Update_on_FY_2018_Financials.pdf.

从2018年年报披露的信息中，可以看到路易达孚通过两个部门的10个平台配置自己的资产，一个是价值链平台，一个是商品化平台；价值链平台包括油籽、谷物、运输、全球市场和果汁（限制），商品化平台包括棉花、咖啡、稻米、食糖、牛奶

(2019年中期退出),金属业务2018年5月已经退出,表5-25是路易达孚资产的业务分布、产品范围及其市场地位。

表5-25 路易达孚资产的业务分布

部门	平台	需求动力	产品范围	市场地位
价值链部门	油籽	动物蛋白消费增长,亚洲显著	主要加工和销售大豆、豆粕、豆油、油籽、棕榈油、生物柴油、甘油、卵磷脂	龙头
	谷物	新消费者趋势出现,特别是在欧洲和北美	销售小麦、玉米、高粱、大麦、黑麦、燕麦和乙醇;加工和提炼谷物和副产品	龙头
	运输	支持运营活动	通过海运解决方案支持路易达孚的全球商品活动	支持
	全球市场	支持商品销售	外汇和利率风险管理支持路易达孚的全球商品活动	支持
	果汁	全球加工商,高度资本密集	生产和销售桔汁、青柠、柠檬、苹果汁、油及副产品	龙头
商品化部门	食糖	可持续全球需求	销售原料糖、白糖、乙醇;精炼原料糖	龙头
	棉花	天然纤维需求增长	销售皮棉、长绒棉、特长绒棉	龙头
	咖啡	对可追溯咖啡的需求	销售和调配阿拉比卡咖啡和罗比斯塔咖啡	龙头
	稻米	人口增长和城市化,特别是非洲	销售稻谷和稻米	龙头
	奶	奶制品贸易商之间挑战加剧	销售奶粉、乳脂、乳清、浓缩奶和其他奶制品配料	重大参与者

数据来源:LDC(路易达孚)2018年年报。

通过路易达孚资产的地理分布和业务分布的观察,我们发现:①路易达孚采取的投资方式大多是合资而不是独资;②南美(包括巴西和巴拉圭)是投资重镇,资产类别主要是物流仓储和加工设施,主要为整个价值链提供原料供应;③非洲是路易达孚的重要基地,从南非的制粉与油籽加工设施可见一斑(这与ABC的情况有些差异,可能是因为路易达孚的总部在欧洲,与非洲存在紧密的地缘关系);④澳大利亚是奶制品和棉花的提供来源;⑤中国收入上升与饮食结构变化,对肉类需求上升,进而饲料需求上升;⑥新加坡和荷兰分别作为全球重要海运节点,是路易达孚的物流资产的战略配置目标;⑦在印尼和菲律宾的食糖生产销售,越南的大米加工都体现了路易达孚充分利用了这些产品的传统地理优势。

(一)路易达孚战略的四大支柱

(1)增强贸易竞争力。通过增加在现货市场的参与度调整路易达孚的市场表现,增强竞争优势和盈利能力。保持大量信息作为创新数据科学和建模的基础,重新检查研究方法以更好合并量化数据,在人力资本上进行投资,合适的地理足迹以保证市场洞察力。

(2)提升对纵向一体化的聚焦。在现有的商业平台上深入进行上游和下游的拓展,成为正在萎缩的价值链上首选的买方和卖方。追求下游整合以保证内部需求,保持规模和获取更高利润;重新平衡在原产地的表现与目的地的投资及伙伴关系,保证长期的流动。

(3)通过价值增值产品促进收入的多元化。开发不容易受到商品价格波动影响的业务,通过合资和合伙等方式补充自身专门技术,寻求以客户为中心的方法路径。在油籽业务的高增值产品的扩展,包括医用甘油、食品级卵磷脂。在配料、动物饲料和蛋白质添加剂等专业领域进行探索。

(4)创新。今后十年要在以下领域拥有关键参与者地位,在影响农产品和粮食价值链的创新性和颠覆性技术方面投资,包括数字(比如区块链)和农业科技开发。探索用健康和营养的食物、安全可持续生产来解决世界蛋白质挑战。创设PE/VC工具和合作投资来补充自身增长,包括植物替代蛋白、可持续创新农业生产体系和技术、提升安全性的技术、可追溯高校的供应链等。

(二)路易达孚价值链特点

(1)从农场到餐桌的全价值链运作。原粮采购和生产环节通过伙伴和自己农场与全球农民和生产者分享专业知识,投资于长期采购网络;在加工和精炼环节符合伦理和可持续性,提供安全健康的产品;优化粮仓、仓库、转运设施和港口网络,在加工全程控制成本降低风险;利用行业经验、研究团队和独到的市场知识支持研发和销售;通过定制和多样化的产品组合带给顾客食物满足和愉悦体验。

(2)全面风险管理能力的构建。在优化风险资本的使用的同时不断管理、控制和监控风险以及减少风险。对风险暴露整体分析,包括信用风险、贸易融资与国家风险、物流风险、流动性和融资风险、外汇风险、运营风险、内部审计风险和市场风险。风险管理原则包括:风险管理处于管理结构的中心,风险部门是一个全球整合的、专门的和平衡的结构,风险程序清楚、审慎和每日强制执行,内部风险体系是一个关键的竞争力优势。路易达孚的在险价值始终保持在权益的1%以下。

(3)按照雇员利益和长期价值创造进行管理,设定保持高标准治理水平。路易达孚的雇员和管理层占公司股权的5%,财务报表半年报、可持续报告年报及时披露。公司监事会下设审计委员会、战略委员会、赔偿提名及治理委员会。

(4)可持续运营。路易达孚的可持续性运营体现在人、环境、伙伴和社区四个方面。成功要依靠人,人的安全、幸福和发展是首要的,尊重人的多样性,与价值链上的利益相关者、专门组织和政府当局保证劳动权和人权被尊重。降低排放和资源消耗,帮助农民适应气候变化、以可持续的方式运输,保护生态体系和社区。加入各种专门的商品倡议,获得环境组织的认证。对支持当地社会和经济福利的倡议和项目进行投资,主要在教育、环境、粮食与农业方面,鼓励雇员自愿参与社区活动。

第三节 粮商的本质及粮食价值链一体化

一、粮商的本质

粮商在粮食价值链上从事着一系列转换工作,他们在上游利用石油化工原料生产农膜、化肥、杀虫剂,利用生物技术进行基因改良或品种的优选优育;在中游利用生产资料、阳光、水和土地资源进行粮食和油料作物的种植,利用设备对谷物和油籽原料进行加工得到能够给人类带来能量的淀粉、油脂和蛋白质,利用合适的设备和设施对粮油原料或产品进行储藏以保障人类在农作物的下次收获前得以延续生存;在下游利用便捷、安全的物流渠道和零售网点实现粮油产品向消费者的无障碍流动。在这个过程中,我们看到粮食和油料种子经历了空间、时间、形式上的多种转换，最终成为我们能够消费的食物。粮商通过识别和优化商品的转换来使供给和需求达成一致，通过物流和交易进行空间协调，通过仓储进行时间协调，通过加工来进行产品形式协调。粮商采用商品套利活动，涉及一种商品同时以不同形式买卖。他们并不直接就商品价格风险进行投机，但是目的在于获取未转换和转换商品之间的差额利润。他们专注于生产活动、专门分析识别最优转换的信息，对价格信号作出反应，投资于实物资本和人力资本来执行转换。总而言之，粮商的本质就是通过空间转换（物流和贸易）、时间转换（谷物与油籽的生产和仓储）、形式转换（粮食粗加工、精深加工和副产品综合利用）、风险转换（订单农业、供应链金融、农业保险、碳排放权交易以及商品衍生品交易）来实现粮食价值链增值。

空间转换涉及粮油商品从生产地点到消费地点的运输，以及生产原料的运输。商品生产和商品消费时间经常是不匹配的，比如粮食和油料作物的生产是有季节性的，但是粮油产品消费可能相对稳定。这种生产与消费的不匹配就需要进行时间转换，也就是商品储存。粮商在供给畸高或需求畸低时增加存货，在供给畸低或需求畸高时向市场投放粮油商品。仓储是一种平滑粮油商品价格、消费、生产冲击影响的重要工具。而且其他的转换（空间和形式上）要求时间来完成，这样，商品交易必然涉及融资问题。粮油商品也必须经历形式上的转换以满足需求，比如大豆通过压榨、浸出或精炼生产豆油和豆粕，小麦通过制粉工艺成为面粉等；或作为价值链上的一种投入品，比如豆粕作为饲料原料、豆油作为休闲食品配料等才能满足动物饲料和人类食物的需求。粮油商品在上述几种转换中面临着自然灾害等自然风险、资金可得风险、利率汇率风险和价格波动风险等多重风险，一个没有风险规避和转移的风险转换能力的粮商是无法在全球化、金融化的世界里持续生存。大多数商品经过了从农场、种植园到最终消费者之间多重转换，粮商是这些转换过程中的重要角色。粮商是生产者到消费者之间、农场到餐桌之间、产区到销区之间的重要联结的主体，没有粮商粮食价值链就会出现断裂，也就没有粮油商品流通顺畅的渠道和路径，一个地区、一个国家和全球就会出现因粮油商品供给不畅而导致的粮食危机。

二、价值链一体化

（一）价值链概述

在企业众多的价值链活动中，企业所创造的价值来自其价值链上某些特定的价值活动，这些真正创造价值的环节，被称为价值链的"战略环节"或"核心环节"。企业的竞争优势就是其在价值链某些特定环节上的优势，而行业的垄断优势来自于该行业价值链上某些特定环节的垄断优势。把握了价值链上的这些关键环节，也就把握了整个价值链，这些关键环节可以是产品研发、产品设计，也可以是市场营销、信息技术、人事管理等。价值链理论表明，企业之间的竞争，不仅仅是某个环节之间的竞争，而是整个价值链的竞争，整个价值链的竞争力将决定企业的竞争力。1985年波特（Porter）首先在《竞争优势》中阐述了价值链的概念，指出价值链可以阐述企业的设计、生产、销售以及一些辅助活动等，他把企业的价值活动分为五个基本活动和四个辅助活动。基本活动分别为内部后勤、生产作业、外部后勤、市场销售和服务，基本活动能直接创造价值；辅助活动分别为企业基础设施、人力资源管理、技术开发和采购，辅助活动不直接创造价值。波特的价值链通常被认为是传统意义上的价值链，偏重以单个企业的观点来分析企业的价值活动、企业与供应商和客户可能的连接，以及企业从中获得的竞争优势。他认为以上九种活动在特定环境下的自由组合形成了企业独一无二的价值链；企业竞争优势的来源是拥有能持续创造价值的价值链；企业的价值链应为整个行业价值链的某一部分，如企业与上游企业和下游企业之间，各个环节相扣，紧密相关，形成一个价值系统。Hines（1990）认为价值链是"集成物料价值的运输线"，对比于波特的以利润最大化为企业的主要目标这一观点不同，Hines仅仅把利润作为副产品，而把满足客户的需要作为主要目标，同时他把分析范围扩大到原材料供应商和客户，这使得价值链上每个不同的阶段对应着不同的公司。Collins（1997）认为，在产业的融合进程中，纵向发展的产业，伴随着社会的进步和市场的不断变化，不同产业的价值链上各环节分配发生变化，开始由纵向变为向横向变化。

(二)价值链一体化的动机与原则

价值链一体化(value chain integration)是指通过价值功能分析,针对值链中不创造价值、无法持续带来价值增值、对价值链的核心能力没有帮助、无法带来竞争优势的的环节进行调整,同时通过新建、并购和战略合作等方式充实或优化价值链,实现优势价值链对劣势价值链的替代,是企业内部价值链中核心竞争优势环节与外部具备竞争优势的价值链环节相互衔接磨合,重新组织企业价值链的过程。价值链一体化涉及实物价值链和虚拟价值链的整合两个层面,涉及内部价值链和外部价值链两个范围。实物价值链的整合意味着产品、客户、渠道和供应商的整合等;虚拟价值链一体化是对企业战略、文化、管理、组织等进行整合。在实物价值链一体化的基础上,根据各种生产要素对经济增长的不同贡献率,对虚拟价值链进行整合,实现功能价值最优配置。内部价值链一体化是企业内部通过拆并、组合和优化提升价值链各环节的价值创造能力;外部价值链一体化是整个价值链条上企业没有控制的且对本企业控制的价值链环节的价值提升具有重要的作用的环节,通过合适的方式如战略合作进行协同运作。

每个企业都有自己独特的价值链,而且企业内各价值活动之间存在密切联系。进行企业内部价值链的分析,研究企业各个价值活动在价值增值中的作用,便能识别出企业的价值链核心竞争优势环节,从整个市场来看则存在着许多相对独立的优势环节。通过价值链一体化将这些分散优势环节联结起来,随着各优势环节实现功能耦合,发挥整体协同功效,更创造出"1+1>2"的整体价值,为优势环节所在企业带来价值增值,带来竞争优势[①]。

企业进行价值链一体化不外乎降低交易成本、提升市场占有率和品牌影响力、提升研发水平、提升分工协作水平和运营效率等,企业在不同阶段的发展战略不同,采用的手段自然也不同。就降低交易费用而言,科斯在《企业的性质》认为"企业的本质特征是对价格机制的取代",在不确定条件下,市场交易成本非常大,企业内部的直接协调能够大大减少交易成本;随着企业规模的扩大,企业内组织交

---

① 杨淑芬.基于核心竞争力的企业价值链一体化研究[D].武汉理工大学学位论文,2009.

第五章 包容性粮食价值链下游投资：对跨国粮商价值链活动的分析

易成本会逐渐上升。因此，企业会持续扩大到在企业内组织某项交易的边际成本等于另一个企业组织这项交易的边际成本或通过价格机制组织这项交易的边际成本[①]。由于信息不对称、不完全竞争和交易成本的存在，企业的生产无法达到最优，通过纵向一体化可以解决企业之间的信息不对称、消除不完全竞争和交易成本的降低。企业内部可以统一协调，保证价值链各环节的连接和相互配合，实现纵向、横向合作成本费用最小化，企业整体利益最大化。

企业价值链是一个系统、复杂的活动集合，各项活动间既相互独立又相互联系。将这些价值活动分配到企业不同的职能部门，甚至外包给其他组织，那么每个单位的活动构成价值链中的一个环节，只有具备共同的目标和良好的协调，各组织间才能步调一致，价值链才能协调运作，发挥协同效应，使整体价值增值达到最大。为了有效整合企业内外部创造价值的各项活动，价值链一体化应遵循这样的原则：符合企业发展战略和规划；突出优势环节、抓住核心能力；协调性原则；整体性原则；动态性原则。

企业价值链一体化是指基于核心竞争力、价值链分析和客户价值的企业价值链管理过程，通过甄别价值链竞争力的强弱，选择匹配的价值链一体化路径与模式，以达到提升核心竞争力的效果。在价值链的整合过程中，目标企业挑选的首要标准就是是否具备互补性的核心优势，不仅仅要考虑企业的内部价值链，还要分析价值链上下游。在核心竞争力构建中，要形成以一个或若干个关键环节为主导、能对各种要素不断进行有机整合的机制，这种整合机制能够集中关键能力，消除无效和冗余，产生集成放大效应。唯有合作企业拥有各自的核心竞争力，并使各自的核心竞争力相结合，才能提高整条价值链的运作效率。外部价值链的整合促进企业内部价值链的价值创造，为客户提供更多的附加价值，也为企业带来更强的竞争力。通过价值链一体化，可以有效地实现上中下游的良好协同，带来更快捷和更优质的产品与服务；能有效缩短信息流通渠道距离，使客户需求信息迅速沿价值链逆向地反馈到价值链的各个环节，通过价值链节点企业的协调配合，

[①] 科斯.企业的性质[M]//路易斯·普特曼，兰德尔·克罗茨纳.企业的经济性质，上海：上海财经大学出版社，2000.

加快价值链中价值活动的实现过程,从而使整个价值系统产生差异化的竞争优势。价值链一体化能够提高价值链上各企业的竞争力,产生规模经济优势,价值链一体化并不需要扩大单个企业的规模,而是将不同企业的资源或价值链联合起来,优势互补,实现价值链整体效益最大化。

三、粮商的价值链纵向一体化

随着纯粹的实物套利面临着越来越大的压力,许多粮商开始在实物资产上加大投资,粮商的复杂性和多样性使得中介变得困难。从现有的跨国粮商情形看有重资产和轻资产两种类型,而且粮商总体呈现纵向一体化的趋势。所有的跨国粮商都拥有中游资产,比如仓储和终端,他们对自己的仓储和加工进行控制,不受制于第三方制造的人工瓶颈攫取超额利润的风险。因为套利机会容易失去,进行一体化的激励更大,比如大宗粮油交易中,价格透明度增加限制了套利机会使得仓储和物流更有价值。下游活动主要集中于新兴市场或发达经济体的发展中地区,通常是要求投资的小市场,治理水平低下,这样的条件偏好纵向一体化,中游和下游的融合正在成为新兴市场大型粮商的主要运作模式。粮商通过发展流动性的、有竞争力的市场减少交易成本和提升部门效率。

粮商正在从轻资产的纯中介向更为纵向一体化的在实物资产进行更多投资的企业演变,许多著名的粮商已经实现某种程度的纵向一体化,或在固定实物资产上进行了大量投资,或通过战略性地购买或投资粮食价值链各个环节的实物资产。传统纯中介性粮商倾向于持有流动资产,而其他从事商品转换的粮商则投资或拥有长期固定实物资产。可以使用固定资产占总资产比例来判别一家企业从事粮食价值链一体化的程度。从表5-26可以看到当前跨国粮商两类不同的情况,一类是包括路易达孚和奥兰国际在内的粮商,从2007年不到20%,逐年提升到接近40%的水平;另一类如丰益国际和嘉吉,该比例多数年份都在40%以上。该比例总体呈现向40%~45%的集中区域收敛的现象。

第五章 包容性粮食价值链下游投资：对跨国粮商价值链活动的分析

表 5-26 2007—2017 年部分跨国粮商固定资产占总资产的比例（单位：%）

项目	2007	2008	2009	2010	2011	2012	2013	2014	2015	2016	2017
ADM	31	39	42	35	35	34	35	36	37	38	38
邦吉	34	35	45	39	44	37	38	38	39	42	45
嘉吉	45	44	43	43	29	35	38	39	42	44	45
路易达孚	18	26	33	29	23	29	32	34	37	37	32
奥兰国际	10	21	27	24	32	36	37	38	36	35	39
丰益国际	54	54	45	41	40	43	40	41	49	47	45

数据来源：各公司年报，作者自行计算。

一些粮商拥有所有交易商品的全价值链资产（上游、中游和下游），一些粮商仅仅在交易的某些商品上拥有全价值链投资，而其他商品并不拥有全价值链投资。但是所有粮商都拥有自己的中游资产，比如仓储设施和终端，尽管一些企业作为贸易商参与一些商品市场，并不拥有资产所有权。中游资产的增加降低了交易成本，对价格和资金流信息的获得提高了中游资产所有权的收益。粮商对中游资产的投资有很长的历史，早在1920年美国联邦贸易委员会的粮食贸易报告就分析了贸易商倾向于控制终端的谷仓、乡村谷仓和粮食出口设施，80%的终端谷仓被粮食私人交易商所拥有。对粮商控制仓储设施和终端的必要性可以借助交易成本经济学进行解释；时间专用性是一个与中游资产特别关联的概念，在获得（或卖出）商品时即使一个很短的时间延迟也会对买方（或卖方）带来很大的损失。在这样的环境下，卖方（或买方）具有很大的讨价还价能力。广泛的讨价还价范围招致很多浪费，有时候可能使得对相互有利的交易无法达成。当需求出乎意料地高时或供给意外地低时平滑供求冲击，此时库存商品数量下降。这些冲击持续不断地发生，特别是在波动的市场条件下其幅度会很大。仓储能力的最优使用要求及时对这些冲击作出反应。商品市场的供给与需求冲击会提高对中游基础设施的需求，以促进商品流动。假如这些资产的主要使用者不拥有他们的时候，所有这些因素将会带来潜在的机会主义问题。假如控制商品流的贸易商没有控制资产的话，资产的专用化、场所的专用化和规模经济意味着讨价还价和合约障碍出现。

粮商一直拥有和运营中游资产,像终端、混合设备和仓储设施。这些资产的性质使得那些拥有他们的企业销售大量商品的时候降低交易成本、提高交易效率。而且供求模式的巨大变化引导新基础设施需求,大的粮商通过投资和所有权的合适安排,进而提高他们的固定资产强度。粮商的下游活动主要集中在新型市场或发达国家的快速发展地区,这些市场基础设施不发达,要求额外的投资。而且当地的资本市场也不发达,市场规模不足以支持大量的高效率的有规模的零售商、批发商和配送商。假如这些业务分开运营,在销售链的每个环节的企业具有市场力量引导形成多重垄断和机会主义行为。这些因素的存在就使得纵向一体化要比零售、批发和配送环节分散的所有权更具有效率。这些国家的市场高度监管,经常采用价格控制,这样的条件偏好纵向一体化。销售粮食和油籽的主要跨国粮商也在从事对这些商品的加工业务,因为未加工农产品和加工农产品的销售具有互补性,这就激励粮商从事加工业务,通过加工和销售活动进行中心化的风险管理也更有效率。较少的跨国粮商直接投资于价值链上游资产,特殊的如奥兰国际和丰益国际投资于棕榈种植园。粮商在粮食价值链上游进行投资是因为能够提升公司价值,比如种植园面积很大,具有规模经济优势和特定区位优势,奥兰国际和丰益国际销售大量的油脂,所有权可以避免双边垄断产生的无效率,公司在种植园拥有和运营加工设备。可以用交易成本解释把加工和营销融合的好处,运营商和贸易商之间短期协议的重复谈判成本很高,一体化可以避免这个问题。除了所有权还存在一些方式可以获得相似的经济性,比如粮商可以签订长期的包销协议以避免与交易对手重复磋商相联系的成本。

四、粮食价值链一体化整合模式

粮商的价值链的价值创造中存在微笑曲线的现象,即价值链中游的生产环节和加工环节附加值较小,比如粮食原料和油料种植以及加工,而粮油价值链上游的种子繁育和下游的品牌管理、市场营销和产品深加工等环节附加价值较高。因此粮商选择将原有企业价值链向上游或下游延伸,将研发和服务的核心活动纳入到原有的价值链中,从而实现第一二三产业融合,新的价值链与原价值链相比具

第五章 包容性粮食价值链下游投资：对跨国粮商价值链活动的分析

有更强大的竞争优势。

粮商价值链一体化的目的是为了提升核心竞争力，而提升企业核心竞争力的价值链一体化存在以下路径和和模式：一是内部价值链的延伸，通过新建或收购的方式，使得企业掌握的价值链环节达到战略实施所需要的合适状态；二是外部价值链的延伸，基于价值链环节的重要性和收益率、自身资金实力等方面的考虑采取战略合作、订单合作等方式延伸价值链。内部价值链延伸需要通过内部经验知识的学习、积累和自主创新，实现企业资源的最佳配置和有效利用，逐步构建企业的核心竞争力；而外部延伸则需要合约实施的强制性制度安排、合作伙伴之间的相对稳定等。在通过并购进行实物价值链延伸的过程中，对价值链一体化成功与否的关键还在于虚拟价值链的效果，企业文化、薪酬分配、职务晋升等都是至关重要的因素。

（一）内部价值链的上中下游整合：新建、出售和并购

企业展开价值链一体化的逻辑起点可能是环境或政策变化引起企业战略的改变、或者财务数据的恶化、或者行业竞争者竞合关系的变化、或者行业地位和市场占有率的变化等，比如中粮集团2005—2015年的持续并购，2015—2017年的资产持续出售都是根据行业趋势及结构的变化而做出的适应性调整。粮商只要财务稳健性允许并能够获得便捷和成本合理的资金就可以新建或购买港口、仓库、船舶、车辆等物流设施、粮油加工设备，甚至农场或种植园。而粮商的战略价值环节主要表现在技术、效率与品牌建设上。就研发来看，从种子的培育、谷物和植物油料的生产、粮油产品加工、销售直至服务各环节，甚至与新技术相关联的农业耕作模式和产品营销的商业模式开发等都需要相应的科技支持。只有通过不断提升研发水平，创造在粮油价值链关键环节上的独特优势，才能生产出具有市场竞争力的差异化产品。提高研发水平，需要进一步提高研发投入，不断满足企业各项创新活动的资金需求。同时，要有有效的创新激励机制作为保证。品牌建设与研发活动一样，处于"微笑曲线"的高端，也是需要进一步巩固和加强的战略环节。粮商需要个性化的品牌设计与管理，打造出具有鲜明个性的粮油品牌。粮商要善于借助外部智慧合作，提升研发效率和价值链一体化水平，比如与外部科研机构达成战略合作协议，共同研发新的产品或技术，共同分享其创造的价值。这样可以

缩短研发时间，提升研发水平。在营销活动这个核心环节上，粮商通过提高营销质量和服务水平，通过差异化营销，不断提高客户的价值与忠诚度。同时可以借助现有的"互联网+"平台，减少客户对于名牌产品的甄别时间与选择成本，发挥传统营销所难以达到的效果。

新建企业和收购企业取决于资本重置成本和市场价格之间的比较，如果仅从资金负担角度看，当资本重置成本高于市场价格则收购划算，反之则新建划算，这一点托宾 Q 值已经做了充分的诠释。在资金负担之外，两者还各自存在一些优劣取舍的差异，也需要认真比较权衡，比如新建项目可能需要较长建设时间，容易丢失稍纵即逝的市场机会；而收购项目需要人员、文化和制度整合，如果不能高效管理和融合，可能代价更大。

（二）外部价值链一体化：纵向战略联盟

获取和保持竞争优势不仅取决于本企业价值链内部活动的联系，而且也取决于企业价值活动与上下游价值链活动的联系。所以企业的价值活动之间以及企业价值活动与上下游价值活动之间衔接联系的有机性，决定着包括本企业在内的价值系统中各个企业价值创造的有效性和在竞争中的优势地位。企业自身所掌控的价值链如果并不完整，就涉及外部价值链的配合问题，而如果外部价值链不能很好地帮助内部价值链实现价值创造，那就涉及外部价值链的整合了。粮商在进行纵向价值链一体化过程中，从上下游众多企业中选择与其进行长期或短期合作的核心企业，从而打造出一条完整的有竞争力的粮食价值链。

战略联盟是指由两个或两个以上经营实力或发展规模对等的企业或特定的事业和职能部门，为达到共同拥有市场、共同使用资源等战略目标，通过签订协议而结成的优势互补、风险共担、要素双向或多向流动的松散型网络组织。战略联盟强调的是合作，联盟的成员企业彼此相对独立、平等，可以使各联盟企业共享各种活动以获得成本和创新优势，一定范围内的能力、资源和知识在联盟中得以拓展，企业可能获得盟友的核心竞争力和稀缺资源，促进本企业核心能力的构建与增强。

战略联盟包括以下形式：合作营销协议、合作研发、技术交易、专门生产权和专门经营权、股权投资和合资等。联盟形式不同，联盟强度也有所不同。像技术培训或一揽子承包这样持续时间不长的合作关系，联盟的强度稍弱；许可证协议，

第五章 包容性粮食价值链下游投资：对跨国粮商价值链活动的分析

可以包括知识产权或技术在联盟伙伴之间的重大转移，联盟的强度稍强一些；供应链的联盟甚至包括与供应商之间的合作研发，强度更大一些。联盟公司创立一家第三方的公司——合资企业，这是联盟程度最强的形式。很多跨国粮商通过各种形式形成了战略联盟，比如ADM公司占有丰益国际的一定股权，嘉吉与孟山都在上游的战略联盟等。联盟可以水平联结，例如两个企业的研发分配可以通过合作来进行，或者也可以在营销方面进行合作；联盟也可以垂直联结，像后勤供应链等。

粮商在进行海外资产运营过程中，需要来自价值链上提供相互补充的联盟企业之间的配合，比如在重要粮源地从事粮食的收储、运输、加工，可能需要种子、化肥、农药与农机公司对农民或农场主提供相应的培训和服务，从而保证农民的农产品收获丰收，进而保证了加工环节和贸易环节粮源，同时还必须要有足够的仓容和足够的运输工具，以保证粮食从产地向全球销售市场的转移。而这些环节单靠一家公司独资构建价值链，是非常不现实的。因此通过建立纵向战略联盟的方式，组建海外投资的航母群，可以在海外粮食投资初期带来减少风险、抱团取暖、降低成本、集群运作的好处。

五、跨国粮商的价值链构建共性

跨国粮商在全球粮食、饲料、纤维、生物燃料和金融价值链体系(5F, food, feed, fiber, fuel, finance)重构中扮演着决定性的角色，这种重构的背景是生物燃料部门的快速增长、外国投资者在发展中国家土地的大规模并购、农业商品市场的金融化。跨国粮商的传统领域（大宗散货粮油商品贸易）增长较慢，他们在全球粮食和纤维产品贸易中所占份额在不断下降，主要由于农产品供应链上的权力再分布，比如沃尔玛、家乐福和特斯科等终端销售渠道在价值链上的地位不断增强、消费者口味和预期的变化，加工后和高附加值商品的进出口逐渐成为主导。跨国粮商们不仅仅是实物粮食产品的交易者，他们在粮食价值链上作为土地所有者、牲畜和家禽生产者、粮食加工者、资金提供者、交通提供者和仓储运输者，他们在粮食生产和销售中提供着基础设施。尽管跨国粮商的规模、范围和主业具有多样化，但是他们的价值链大多具有以下共性。

（1）提升从农场到餐桌的粮食价值链一体化的掌控力。虽然粮商很少直接从事粮食生产，但从生产环节提供服务开始帮助生产者进行生产决策，开展订单生产，对生产者进行培训和建立长期关系。跨国粮商们控制着80%以上的全球谷物交易，利用他们自己的铁路和货船运输农产品，最终把粮食从粮源地运往遍布全球的销售网络。粮商经常为他们的客户提供金融中介服务，把融资、风险管理和营销服务绑定在一起，粮商比银行能更有效地管理信用风险[①]。

（2）从事粮油大宗商品原材料的散货交易。粮商们从事的都是大规模生产和交易的商品，如食品加工原料、动物饲料原料、生物燃料原料和工业加工原料上，这些商品是一般性的通用商品，可以相互替代，并且经常在期货交易所交易。比如嘉吉为很多公司如卡夫、雀巢、联合利华和通用磨坊（Kraft、Nestlé、Unilever、General Mills）提供原料，在欧洲和北美为零售网点提供禽类原材料，在美国为麦当劳提供鸡蛋，在俄罗斯为麦当劳提供禽类原料。

（3）强化仓储和物流能力。散货交易需要在物流、仓储和交付方面具有强大的实力，包括不同产品的海陆运输，运输的计划和跟踪，大企业在这个领域积累了大量的专业知识，这是他们获得增值价值的重要方面。跨国粮商拥有和运营着全球仓储和运输体系，由于美国和欧盟从20世纪80年代开始取消公共粮食储备，跨国粮商开始持有更多的实物粮食储备，这些库存对粮食价格具有重要的影响，相关信息对于指导这些企业在农产品衍生品市场的投资非常重要。

（4）通过外部并购与内部投资不断扩张规模和寻求新的利润增长点。跨国粮商的增长主要来自新产品（比如生物燃料、农产品为原料的工业产品等）或者与其他公司的并购。过去几十年中发生多起大型并购活动，如嘉吉并购大陆谷物，ADM并购A.C.Toepfer，嘉吉2010年购买澳大利亚小麦局的谷物业务，丸红并购高宏控股。这样的并购带来了规模效率，提高了公司从全球获得最便宜的生产资料的能力。但是产生了寻找新资本的压力，这种压力促使邦吉上市、促使嘉吉卖掉其化肥业务（Mosaic）。

（5）粮商大举进入生物能源产业是粮食价值链自我平衡的重要举措。粮油商

[①] 李援亚.粮食金融化：维度、主体与趋势[J].现代经济探讨，2016(10).

品价格波动风险可以通过金融工具来对冲,更为重要的和低成本的是借助价值链自我平衡和调节能力。当粮油商品价格过低而能源价格较高时,就在这种商品的形式转化中为粮商拓展了生存空间或利润空间。嘉吉在美国、巴西和萨尔瓦多生产乙醇,在欧洲生产生物柴油,在印度尼西亚利用棕榈油生产生物柴油。2009年路易达孚加入巴西最大的糖业公司 Santelisa Vale,创设了 LDC-SEV,这是全球第二大清洁能源公司;ADM 在美国掌握着 7 家工厂,年生产乙醇 18 亿加仑乙醇,每年生产 4500 万加仑生物柴油;邦吉的生物燃料集中于制糖和乙醇生产,特别是在巴西,他们为燃料生产商提供原料。

(6)积极的风险管理。粮商的价值链活动既面临一般企业的内部管理风险,外部的政策、外汇、利率和粮食价格风险,还面临行业特有的气候、自然灾害、粮食质量安全等风险。通过加强内控制度和全面风险管理能力,利用保险、期货交易、期权、远期合约以及使用对冲基金和其他金融工具来管理风险。跨国粮商也积极涉足资产管理活动,对专业投资者提供相关服务。通过在粮农价值链的增值环节进行大量投资,既可以对冲部分环节的损失,也可以获得信息优势,实现现货交易与衍生品交易的协同效应。

(7)以负责任原则进行可持续运营。粮食价值链涉及第一二三产业,粮商的运营会影响到政府、社区、合作伙伴、雇员和社区居民等诸多相关者的利益,也会对环境和自然资源产生影响。只有坚持负责任原则,实现价值链在政治、社会、经济、环境层面的包容性,才能保持运营的可持续。

第四节 中粮集团海外粮食投资实践分析

2016 年 7 月 18 日,作为首批国有资本投资公司改革试点央企,中粮集团正式向社会公布其《国有资本投资公司改革总体方案》,主要包括五大内容:首先是打造国际大粮商的发展战略,进一步厘清了定位、明确了战略,提出了"一个主体"[①]、

---

① 国家粮食安全战略和食品安全战略的执行主体。

基于包容性价值链构建的中国海外粮食直接投资研究

"三大平台"①、"四种作用"②、"三大发展目标"③、"321155"经营目标、"3579"经营能力等核心指标,确保巩固行业领导地位,服务国家宏观调控,打造中国的国际大粮商;其次是管资本与管资产分设职能,中粮总部将重点发挥"投融整"职能,更大范围整合农业经营资源。18家专业化公司的改革重点将转向职能部门与生产企业、区域性公司的职能划分,扶植发展核心企业和核心产业;接着是专业化商业发展模式,专业化公司(平台)明确专业化经营的发展道路和产供销一体化商业模式,深度推动由管理一体化向资产一体化迈进,致力打造责权利一体、产供销一体、人财物一体的独立市场竞争主体;另外是混合所有制改革及国有资本监管体系的构建。

一、中粮的实业化、国际化战略演进

中粮集团有限公司的历史可以追溯到1949年,经过几十年来的发展,公司从传统外贸公司成功转型为以全产业链为基础的农产品、食品领域多元化产品和服务供应商,业务涉及农业、地产、金融等多个板块。2004年宁高宁掌管中粮,开始大规模的外延式发展,自2005年开始到2016年离开中粮,中粮共完成了近50起并购项目。构建起以种植养殖为产业链起点,中游拓展至加工、物流、包装类业务,进一步延展至下游的贸易、食品、地产和金融等行业,中粮集团已经形成了跨产业的全价值链模式。作为控股企业,中粮旗下拥有13家直系上市公司,其中9家为香港上市公司,4家为内地公司。2013年,中粮收购粮食物流企业华粮,中粮、中谷、华粮3家粮食央企"三粮合一",实现了粮食内贸、外贸、物流业务的统一,中粮也成为国内最大的粮油贸易商。

---

①国有资本投资平台、国内资源整合平台和海外投资平台。
②发挥现代农业的引领作用、维护市场稳定的支撑作用、保障食品质量安全的示范作用、农业"走出去"的领军作用。
③中粮集团将打造全产业链的国际化大粮商、维护国家粮食安全的国有资本投资主体、市场化多元化专业化的现代企业作为三大发展目标。

第五章　包容性粮食价值链下游投资：对跨国粮商价值链活动的分析

中粮集团的体量增大同时盈利能力并没有同步提升，中粮自身的价值链一体化能力也是极为重要的一个原因。2016年7月公布的改革试点方案，中粮集团将压缩层级，形成"集团总部资本层—专业化公司资产层—生产单位执行层"三级架构。集团向资本投资平台转型，将用人权、资产配置权、生产和研发创新权、考核评价权及薪酬分配权等五大类关键权力下放给四大板块18个资产层的专业化公司。另外，2016年7月28日，国资委对集团董事会进行了18项授权，包括战略决策、资产配置、薪酬分配、市场化用人等。这个授权一定程度上实现了政企分离，给了中粮集团更大的自主经营决策权。

中粮集团一直在加紧全球化的发展战略，2014年，中粮集团出资15亿美元收购来宝农业51%的股权，随后，2015年12月23日，中粮又宣布将来宝农业剩余的49%股权以7.5亿美元的价格收购，仅用当时的一半价格，就完成了来宝农业100%的股权。中粮在2014年还收购了荷兰大宗农产品贸易商尼德拉公司51%的股权，并将业务拓展到巴西、美国、乌克兰和俄罗斯等区域，2016年8月收购了尼德拉剩余股权，完成了100%控股。随着两项收购，中粮成为财富500强榜上排名由2014年的第401位上升至2019年的134位。

产业整合、链条升级、结构调整是中粮改革的"三部曲"，中粮的混改方案具有系统性和集成性，有利于推动产业链条向中高端迈进。中粮集团大力推进国际国内一体化，产区销区一体化，储运加工一体化。与中纺实现战略重组后，中粮集团国内油脂加工产能达到2400万吨，整体市场份额提升至18%，成为国内第一，位居全球油脂加工企业产能前列。要打造产供销一体化的商业模式。每个产业都要由一个运营中心统一对采购、加工、销售进行一体化调度。在重组18家专业化公司的基础上，全力推进资产一体化，把分散于不同上市公司的资源资产，按照核心产品线，整合进各个专业化公司，并纵向整合打通产供销各环节，从产权归属上解决生产和采购销售割裂的情况。

表 5-27　中粮价值链一体化中的业务板块、业务主体与主营业务

业务板块	业务主体	主营业务	相关上市公司
粮油食品	食糖 / 中粮糖业	是中粮集团食糖业务的专业化公司,经营范围为制糖、原糖进口及炼糖、国内糖贸易、糖储备以及番茄酱业务	中粮糖业（600737.SH）
	肉食 / 中粮肉食	中粮肉食是中粮集团肉食业务的专业化公司,经营范围为养殖、屠宰、制品加工、营销、贸易、冷链物流	中粮肉食（01610.HK）
	乳制品 / 蒙牛乳业	蒙牛乳业致力于国内乳制品的生产及销售。2009年中粮集团入股蒙牛,成为蒙牛乳业第一大股东	蒙牛乳业（02319.HK）
		雅士利国际专注于婴幼儿配方奶粉、豆奶粉、麦片、米粉以及成人和青少年奶粉生产及销售	雅士利国际（1230.HK）
		现代牧业是国内最大的乳牛畜牧公司及最大的原料奶生产公司,主要向客户销售原料奶、液态奶等产品	现代牧业（1117.HK）
	酒类 / 中粮酒业	中粮酒业是中粮集团酒业业务的专业化平台,经营范围为白酒生产、营销;黄酒、白酒、葡萄酒生产及营销;进口酒业务。主要品牌有:长城葡萄酒、孔乙己黄酒、酒鬼酒以及中粮名庄荟等	酒鬼酒（000799.SZ）
	饮料 / 中可饮料	中粮集团65%和可口可乐公司35%的股权分布,共19个灌装厂,分布在中国西部和北方地区	中国食品（00506.HK）
	茶叶 / 中国茶叶		
	粮油 / 中粮油脂 中粮粮谷	中国粮油是中粮集团粮油贸易、储备、物流、加工、销售、包装粮油营销、啤酒麦芽加工和销售的专业化公司	中国粮油控股（00606.HK）
上下游延伸	玉米加工 / 中粮生化	中粮生化是中粮集团玉米深加工业务的专业化平台。一方面发展石油的替代能源燃料乙醇,另一方面生产L-乳酸、聚乳酸等可降解的材料,代替塑料材料,减少环境污染	中粮生化（000930.SZ）
	饲料 / 中粮饲料	中粮饲料是中粮集团饲料业务的专业化平台,经营范围为饲料加工和销售	

续表

业务板块		业务主体	主营业务	相关上市公司
上下游延伸	包装	中粮包装	中粮包装是中粮集团包装业务的专业化公司,中国最大的金属包装集团	中粮包装(00906.HK)
	海外	中粮国际	中粮国际是中粮集团农粮业务海外投资和管理平台,经营范围为中粮海外采购、海外贸易和加工业务	
	贸易	中粮贸易	中粮贸易是中粮集团粮油贸易、储备、物流、加工、销售、包装粮油营销、啤酒麦芽加工和销售的专业化公司	
	电子商务	我买网	我买网是中粮集团食品电子商务和进口食品业务的专业化公司	
辅助配套业务	地产	中粮置地	中粮置地是中粮集团地产业务的专业化平台。经营范围包括商业地产、住宅地产、旅游地产、酒店等。其中中粮地产专注住宅地产,大悦城地产专注商业地产	大悦城控股(000031.SZ)
	金融	中粮资本	中粮资本是中粮集团金融业务的专业化公司。经营范围为信托、期货、保险、银行、基金等	中粮资本控股(002423.SZ)
	纺织	福田实业	世界最大的圆筒针织面料生产商之一,提供针织、染色、印花及整理等高度垂直之综合服务。向超过40个国家的成衣制造商提供面料	福田实业(00420.HK)
	工程	中粮工科	中粮工科是中粮集团粮油工程科技业务的专业化公司,经营范围为工程设计、工程总包、设备研发与生产	
	研发	中粮营养健康研究院	中粮营养健康研究院立足生命科学,致力于营养健康,旨在引领中国人的饮食生活方式,最终达到促进全民健康,提高中国人寿命	

资料来源:COFCO 网站,作者自己总结归纳。

表 5-28 为中粮集团 2016 年以来的主营业务及毛利率情况,中粮的粮油糖棉等农产品贸易、加工、期货、物流及相关业务的收入占比近三年从 82%陆续攀升,2018 年达到 88.98%,而这一板块的毛利率仅为 5.76%,严重拖累了中粮集团的利润率,使得其整体毛利率仅为 10.02%。

表 5-28 中粮集团 2016—2018 年主营业务收入及毛利率情况（单位：亿元、%）

项目	2016年			2017年			2018年		
	收入	占比	毛利率	收入	占比	毛利率	收入	占比	毛利率
食品加工、制造及销售	366.55	9.06	21.67	384.47	8.41	23.34	254.12	5.55	44.50
粮油糖棉农业价值链	3321.25	82.08	4.14	3919.68	85.72	5.58	4071.38	88.89	5.76
酒店、房地产开发	241.68	5.97	42.29	260.65	5.70	42.64	228.79	4.99	46.26
土畜产品价值链	24.63	0.61	21.01	-	-	-	-	-	-
金融、其他	92.22	2.28	27.05	7.84	0.17	28.49	26.13	0.57	21.75
合计	4046.33	100	8.63	4572.64	100	9.83	4580.42	100	10.02

资料来源：中诚信评级报告，http://www.lhratings.com/reports/B0164-P11238-2018.pdf.

二、中粮国际的粮食价值链

（一）中粮国际的的诞生

中粮国际作为中粮集团海外粮农业务经营唯一专业化公司，在粮农"走出去"中起到领军作用，朝着 6000 万吨海外原粮掌控目标稳步迈进。中粮国际是中粮集团与中投公司共同出资成立的，主要资产来自于尼德拉和来宝农业。来宝农业（Noble Agri）是香港来宝集团的粮农业务单元，其核心业务是从事谷物、油籽、糖的采购、存储、加工、运输、分销和贸易。其价值链的核心是从低成本的生产地，如巴西、阿根廷、黑海地区获得资源，然后将其运至高需求的市场，如中国、印度、中东等国家。尼德拉（Nidera）是一家创建于荷兰的传统家族农业贸易公司，其主要粮油资产集中在阿根廷、巴西等地区，在北美、欧洲等地有仓储物流设施，需要大量资金做后盾。2013 年，缺少发展资金的尼德拉在全球寻找投资人，中粮集团成为他们目标，2014 年 2 月，中粮收购了尼德拉 51% 的股权。2014 年 4 月，中粮国际以 15 亿美元收购来宝农业 51% 的股权，9 月 30 日中粮来宝成立。2015 年 5 月，中粮集团与中投共同成立"中粮国际"，分别持股 80.1% 和 19.9%，作为中粮集团农业海

第五章　包容性粮食价值链下游投资:对跨国粮商价值链活动的分析

外投资于管理平台。2015年12月23日中粮国际以7.5亿美元收购来宝集团所持有的中粮来宝农业49%的股权。2016年3月,中粮成功交割来宝农业剩余49%的股权交易。2017年2月,中粮国际宣布完成收购尼德拉剩余49%的股权。至此,中粮国际将拥有中粮农业和尼德拉农业两家全球领先农业企业的全部所有权。中粮通过中粮国际进一步整合中粮农业全球战略性资产和尼德拉农业原产地及贸易优势,推进中粮在农粮领域的全球布局。作为中粮农业和尼德拉的控股母公司,中粮国际是中粮集团旗下农粮业务海外投资和管理平台。中粮集团旨在成为一家全球布局、全产业链的农业及粮油食品企业,此次收购是其中重要的一环。此次交易的成功将为一体化平台的整合铺平道路,加速推进中粮全球化进程。

2017年5月16日,中粮国际与瑞士日内瓦州签订战略合作协议,设总部于日内瓦。目前,中粮国际主要经营谷物,油籽,糖,棉花等产品,资产和业务覆盖全球50多个国家和地区,在35个国家设立有子公司及办事机构,海外员工1.4万人。全年预计实现营业收入370亿美元,总资产126亿美元,累计经营量1.1亿吨,可以说服务国家粮食安全和食品安全的主体地位和能力基本确立。习近平(2013)说过要借鉴国际大粮商的做法,到全球各地粮仓和主产区去建仓储物流设施,人家生产我们采购,掌控了粮源就掌控了贸易,就掌控了定价权(习近平,2013)[①]。中粮国际通过"走出去",可以在全球更广阔的空间进行资源优化配置,打造世界粮食走廊。

2018年2月7日,中粮国际旗下尼德拉种子业务被先正达收购。尼德拉种业是南美种子市场的一个重要参与者,其拥有多样的作物品种,特有的种质资源库,并在南美主要国家拥有相关的业务,包括巴西、阿根廷、乌拉圭和巴拉圭。这次资产整合既让尼德拉种业拥有优秀的种质资源,强大的研发渠道和广泛的业务范围能够对先正达的资产进行了有益的补充,增强了先正达在种子领域的竞争力;同时也使中粮能够进一步加强对谷物、油菜籽和食糖的关注。

---

① 习近平,2013年中央经济工作会议。

(二)中粮国际的战略

中粮的价值创造的战略逻辑是科学评估自己面临的政策环境、竞争环境和产品需求环境,通过一系列并购、重组和新建等战略活动,实现规模效应和关联效应达到集聚的目的,最终实现价值创造,而这个过程需要具备强大的管理控制能力。党的十八大以来,中央确立了"以我为主,立足国内,确保产能,适度进口,科技支撑"的新时期粮食安全战略,根据习总书记提出的"要有打造我们自己的国际大粮商的信心"的指示精神,中粮集团加快农业"走出去"战略,开启了打造国际化大粮商的新征程。

中粮国际希望成为世界级的全球农业综合性企业,提升全球采购能力和高增长目标市场的份额。通过以下几个关键点来实现战略:在具有显著的可持续增长机会的市场和地区优先投资核心产品(谷物、油籽和食糖);在物流和供应链尽可能高效和富有成效的同时提高直接从农民采购的商品数量;优化数据管理、资源和资产以创立和运用不同的盈利模式最大化市场收入;推动团队紧密合作以实现产品和区域能力的最大价值[①]。

中粮国际的全球收入达到310亿美元,流通量超过1.06亿吨,加工能力超过2400万吨。60%的资产在南美,资产配置在美洲、欧洲和亚太地区超过35个国家。贸易超过50个国家,主营业务为谷物、油籽、食糖、咖啡、棉花和货运,为全球农民提供独特的直接进入中国市场的通道。

中粮的国际业务植根中国市场,创造出全球供应链与中国需求相结合的特有商业模式。以稳定的国内采购量推动上游的粮源掌控能力,提升粮食安全保障能力。中粮国际作为中粮集团的大宗农产品海外统一采购和调配平台,以稳定超过3000万吨的国内采购量为支撑,通过掌控主要产粮国的关键仓储物流节点,在南美、东欧等优势产区掌控粮源,相当于为中国多掌控耕地8000万亩。构建全球粮食贸易网络,以国内需求撬动全球贸易。通过贸易体系的整合,中粮国际将国内需求与国际粮源及全球粮食贸易网络相结合,国内物流、加工、分销网络与全球供应链有机对接,基本形成连接6大洲的贸易渠道,海外粮油经营量超过1亿吨,约

---

① 中粮国际网站[EB/OL].https://www.cofcointernational.com/who-we-are/our-strategy/.

第五章 包容性粮食价值链下游投资：对跨国粮商价值链活动的分析

占全球贸易量的12%。整合全球农业资源，控制农业价值链的关键环节。中粮国际建立了在全球粮食主产区的战略资产网络，布局与掌控全球粮食贸易价值链关键环节，全球物流中转能力近3500万吨、码头仓储能力约300万吨。同时，还依托码头和压榨厂的地理优势，在黑海地区有效提升粮源掌控能力，完善"一带一路"布局，在黑海地区的出口量超过400万吨，成为罗马尼亚等国最大的粮食出口商。

表5-29 中粮国际的资产全球地理分布

项目	仓库	加工厂	港口
亚太	2	1	1
欧洲、中东和非洲	10	2	4
拉丁美洲	36	8	10
北美洲	2	0	4

数据来源：https://www.cofcointernational.com/media/1377/0755-cofco-sr-summary-ml-040719-online_chinese_spreads.pdf.

通过完善全球供应链布局，中粮国际逐步打破跨国粮商对粮源、信息、定价机制的垄断，由过去完全处于价值链下游的弱势买家，成为能够深入全球粮食贸易价值链核心环节、有能力积极参与全球竞争的全球重要粮商[1]。

三、中粮集团粮食价值链投资特点

（1）整合形成18个专业化平台，解决核心业务生产、采购、销售等价值链上中下游一体化，构建"全产业链粮油食品企业"。希望通过全产业链发展抵御外部经济周期波动，保持公司的稳定运营。主导产品品牌知名度高、市场占有率高。但中粮集团的粮油核心业务利润率低，子产业的广泛分布如果没有产生协同效应，那么将大幅拉低其利润率。

---

[1] 国家粮食局网站.立足中国市场 发展全球业务打造中国人自己的国际化大粮商[EB/OL].[2018-01-23].http://www.chinagrain.gov.cn/n316987/n1173458/n1173515/c1173926/content.html.

（2）通过中粮国际这个中粮集团农粮业务唯一海外统一采购、投资和发展平台与国内物流运输、加工中心和销售网络相融合。充分利用中粮农业的战略资产布局和尼德拉粮源以及贸易网络，在南美、黑海等全球粮食主产区和亚洲新兴市场之间建立起稳定的粮食走廊，统筹利用国际国内两种资源、两个市场。

（3）金融资产分布广泛、规模大、收益好，为其持续发展奠定基石。中粮集团金融资产分布在信托、期货、保险、银行等子行业。中粮信托建立了农业食品企业生态圈，以供应链管理、土地流转信托、农业股权投资消费信托为主要业务模式。中粮期货是大宗农产品期货的市场领导者。

（4）负责任投资和运营，构建可持续价值链。以持续方式对租赁甘蔗园进行耕作，与农民和社区合作，提高其收入，同时尽量减少对环境和社会的影响；践行可持续采购标准、负责任农业生产；仓储设施恪守最高质量和安全标准；船运团队提高运营效率，减少环境足迹；与环境、员工、社区、客户利益实现包容。

四、中粮集团与主要跨国粮商的比较

（一）中粮集团与跨国粮商的主要财务数据比较

我们选择营业收入、净利润、净利润率、资产收益率和杠杆倍数5个指标来观察中粮与传统四大粮商与亚洲新兴跨国粮商丰益国际之间是否存在差距。选择丰益国际进行比较的原因主要有两条：一是丰益国际的营业收入与邦吉和路易达孚相当，但净利润和净利润率远远超过这两家公司；二是其成立时间不过28年，但其在亚洲粮油食品领域的市场占有率居于领先地位。

首先从营业收入看，见表5-30，中粮集团排在六家公司中仅次于嘉吉的位置，稍多于ADM公司。纵向来看，中粮2014年由于大规模并购，导致2015年并表的营业收入数据出现60%的增幅，2015—2018年营业收入也呈现增长，在2016年之前中粮集团的营业收入落后于ADM公司，2017—2018年中粮集团营业收入较快增长的同时，ADM公司的营业收入增长缓慢。中粮集团与ADM最近三年的营业收入接近，但前者是大幅增加，而后者是逐步减少向下调整，同期其他几家跨国粮商的营业收入基本保持稳定。

第五章 包容性粮食价值链下游投资:对跨国粮商价值链活动的分析

表 5-30 中粮与跨国粮商的营业收入比较

项目	2018 年	2017 年	2016 年	2015 年	2014 年	2013 年
ADM	64 341	60 828	62 346	67 702	81 201	89 804
邦吉	45 743	45 794	42 679	43 455	57 161	61 347
嘉吉	114 695	109 699	107 164	120 393	134 872	136 654
路易达孚	40 571	43 005	40 649	55 733	64 719	63 596
丰益国际	44 498	43 846	41 402	38 377	43 085	44 085
中粮集团	71 223.3	69 669.1	61 265.3	64 515.5	40 524.5	30 748

其次从净利润看,见表 5-31,横向对比,六家跨国粮商中,嘉吉净利润远远高于其他五家,中粮集团的利润仅为嘉吉的 1/9;中粮的利润与邦吉和路易达孚相当,不到 ADM 净利润的 1/6,不到丰益国际的 1/3。纵向来看,中粮集团的净利润自 2015 年上升 100%后,2017 年和 2018 年维持在 3 亿美元之上,同期除邦吉利润大幅下降,嘉吉快速增长外,其他三家粮商净利润基本相对稳定。

表 5-31 中粮与跨国粮商的净利润比较(单位:百万美元)

项目	2018 年	2017 年	2016 年	2015 年	2014 年	2013 年
ADM	1 810	1 595	1 279	1 849	2 248	1 342
邦吉	267	160	745	791	515	306
嘉吉	3 103	2 835	2 377	1 583	1 822	2 312
路易达孚	357	316	306	211	646	639
丰益国际	1 128	1 196	972	1 023	1 156	1 319
中粮集团	337.8	393.5	204.5	265.5	123.7	41.6

数据来源:财富 500 强网站和嘉吉网站。

再次从净利润率看,见表 5-32,横向看,ADM、嘉吉和丰益国际的净利润居于第一方阵在 2.5%~2.9%,邦吉、路易达孚和中粮集团比较接近在 1%以下,其中 2018 年中粮集团净收益率为 0.47%,在六大粮商中最低。纵向看,ADM、嘉吉和丰益国际稳步上升,其余三家 2017 年、2018 年变化不大。ADM 在 2014 年调升到 2.77%,最近五年净利润率保持稳定。

表 5-32　中粮集团与跨国粮商的净利润率比较

项目	2018 年	2017 年	2016 年	2015 年	2014 年	2013 年
ADM	2.81%	2.62%	2.05%	2.73%	2.77%	1.49%
邦吉	0.58%	0.35%	1.75%	1.82%	0.9%	0.50%
嘉吉	2.71%	2.58%	2.22%	1.31%	1.35%	1.69%
路易达孚	0.88%	0.73%	0.75%	0.38%	1.00%	1.00%
丰益国际	2.53%	2.78%	2.35%	2.67%	2.68%	2.99%
中粮集团	0.47%	0.56%	0.33%	0.41%	0.31%	0.14%

数据来源:财富 500 强网站和嘉吉网站。

第四从资产收益率看,见表 5-33,嘉吉 2018 年为 5.22%,最高,ADM 次之,丰益国际、路易达孚和邦吉随后,均在 1% 以上,中粮集团的资产收益率最低,不到 0.5%。纵向看,中粮集团的该指标在 2015 年后有较大改观,最近三年比较稳定。嘉吉资产收益率最近四年持续上升,几乎翻倍;邦吉的数据在最近四年下降严重,特别是 2017 年以来;丰益国际和路易达孚相对稳定。

表 5-33　中粮与跨国粮商的资产收益率比较

项目	2018 年	2017 年	2016 年	2015 年	2014 年	2013 年
ADM	4.43%	3.99%	3.22%	4.50%	5.11%	3.07%
邦吉	1.37%	0.85%	3.88%	4.42%	2.40%	1.15%
嘉吉	5.22%	5.08%	4.13%	2.67%	2.93%	3.86%
路易达孚	1.94%	1.55%	1.54%	1.13%	3.31%	3.33%
丰益国际	2.47%	2.92%	2.62%	2.77%	2.65%	2.83%
中粮集团	0.41%	0.47%	0.28%	0.38%	0.17%	0.09%

数据来源:财富 500 强网站和嘉吉网站。

最后一个数据是杠杆倍数,中粮集团的杠杆倍数最高,最近五年稳定在 6.5 以上,远远高于其他五大粮商,接下来是路易达孚、邦吉、丰益国际、ADM 和嘉吉。这一数据意味着中粮集团债务资金比例过高,资金成本高,资本金相对不足,具有优化资本结构的空间。

表 5-34 中粮与跨国粮商的杠杆倍数[①]比较

项目	2018 年	2017 年	2016 年	2015 年	2014 年	2013 年
ADM	2.15	2.18	2.32	2.24	2.25	2.17
邦吉	3.15	2.64	2.69	2.78	2.54	2.72
嘉吉	1.80	1.83	2.03	2.17	2.24	2.35
路易达孚	3.67	3.98	3.88	3.83	3.95	3.85
丰益国际	2.85	2.56	2.57	2.51	2.81	3.11
中粮集团	6.87	6.58	6.53	6.52	6.93	5.10

数据来源:财富 500 强网站和嘉吉网站。

结合以上五个指标,可以看到,中粮集团虽然从营业收入和资产规模处于六家公司的第二位,但是净利润率和资产收益率远远落后于其他几家粮商。2014 年以来,中粮集团的资产规模和营业收入伴随并购而大幅增加,杠杆倍数上升较快,但是盈利能力并没有得到同步提升,或者说,并购的效果尚待观察。特别是通过债务资金进行杠杆收购,特别需要尽快整合资产,因为在资产收益率较低的状况下,较高的债务水平会使公司面临亏损的风险。

(二)中粮集团与跨国粮商的业务单元及价值链范围比较

跨国粮商的的传统核心业务单元在粮油产品加工与贸易,随着满足客户需求、风险管理和新的利润增长点的培育,跨国粮商正沿着价值链的上下游进行拓展。表 5-35 是六家粮商的主要业务单元和价值链范围,表中的业务类别和产品类别是从大类进行的统计,如果仅从大类统计进行比较,那么很难看出差别。通过前面的比较,我们发现 ADM、嘉吉和丰益国际的净利润率和资产收益率要远远高于中

[①] 杠杆倍数=总资产/权益资本。

粮集团,我们尝试从他们的核心价值链寻求原因。

ADM不断进行新产品的研发和推广,通过价值链的后向延伸,比如玉米加工向乙醇、山梨醇、膳食纤维和可再生塑料延伸,油籽从榨油到生物柴油、甾醇、卵磷脂的延伸,小麦从面粉到植物蛋白的延伸等来最大化粮食作物的价值。嘉吉注重传统粮油业务之外的远洋运输、美容与个人护理、制药、动物营养、动物蛋白、风险管理等业务板块的精耕细作,逐步培育成为其核心业务单元,同样在提升公司整体盈利能力的同时降低风险的能力。从利润的价值链结构看,丰益国际的利润主要来自于热带油脂、与消费者近距离接触的消费品业务以及合资企业的分红。中粮集团的业务单元和嘉吉一样广泛,但国际化步伐刚刚迈步,虽然在中国国内存在可能存在某种程度的垄断优势,但缺乏海外投资的所有权优势和内部化优势。中粮的粮油糖棉农业价值链收入占比2018年接近90%,但毛利率仅为5.76%,可见其核心业务需要提升盈利能力,特别是在高杠杆倍数下承担着高额财务成本。中粮集团需要加大研发投入进行价值链延伸、更加灵敏地反馈市场需求、提升在核心价值链的竞争优势。

表5-35 跨国粮商的业务单元及价值链范围

活动/企业	ADM	邦吉	嘉吉	路易达孚	丰益国际	中粮国际
商品						
大豆/油籽	√	√	√	√	√	√
棕榈油		√	√	√	√	√
玉米	√	√	√	√	√	√
小麦	√	√	√	√	√	√
果汁	√	—	√	√	—	
可可	√	√	√	√		
咖啡	√	√	√	√		
糖及深加工品	√	√	√	√	√	√
棉花	√	√	√	√		√
稻米	√	√	√	√	√	√

续表

活动/企业	ADM	邦吉	嘉吉	路易达孚	丰益国际	中粮国际
加工						
碾米磨粉	√	√	√	√	√	√
油脂压榨精炼	√	√	√	√	√	√
加工食品	√	√	√	√	√	√
动物饲料	√	√	√	√	√	√
生物燃料	√	√	√	√	√	√
肉、禽、蛋	—	—	√	—	—	√
农场生产服务						
化肥	√	√	√	√	√	√
种子销售	—	—	√	√	√	—
订单农业	√	√	√	√	√	√
农场咨询服务		√	√	√	√	√
保险	√	—	√	—	—	√
签约饲养场	—	—	√	√	√	√
仓储与运输						
仓储	√	√	√	√	√	√
交通	√	√	√	√	√	√
投资与风险管理						
金融服务	√	√	√	√	√	√
农地并购	√	√	√	√	√	√

数据来源：8家公司网页以及公开财经报道。
注：表内"√"表明从事该项业务。

(三)中粮集团与跨国粮商的成长足迹及内生性比较

ABCD四家跨国粮商成立的时间超过百年，在欧美主要市场中滚爬跌打积累了大量的经验、技术、人才和公司治理能力，能够合理充分利用资本市场和金融创新。ADM、邦吉和路易达孚都是公众公司，而嘉吉的长期优秀表现使得它没有任何融资障碍。它选择保留私人公司可能是因为路径依赖，在150多年的历史中积累了大量的留存收益，可以进行内部融资、通过参与细分市场内部分散风险；同时也不希望外来资本对公司的战略和文化做更多干扰。丰益国际的崛起不到30年，得益于中国的改革开放，满足中国人的消费升级需求，锤炼商业模式和完善技术并向全球特别是亚太地区输出。热带油脂、小包装粮油消费品、中国市场、合作是丰益国际稳步成长的关键词。在其全球投资的每一个东道国中，丰益国际会选择至少一家重要的合作伙伴成立合资企业，这也成为丰益国际利润的一个重要来源。检验价值链整合能力的重要指标是净利润率和资产收益率，ADM、嘉吉和丰益国际这三家公司这两个指标领先，说明他们在价值链构建和整合中具有独到的能力。他们在跨国投资中非常典型地发挥了自己的区位优势、所有权优势和内部化优势。而邦吉和路易达孚的这两个指标与中粮集团相近，说明他们在价值链整合上的能力不强，在激烈竞争的市场环境下和股东要求下可能面临大规模资产调整。

中粮的"全产业链"战略通过并购促成资产和营业收入规模的急剧扩大，如果没有良好的整合能力，将会被这种扩张拖垮。也就是说，以价值链整合能力为基础，能够对外输出技术、管理、人才和商业模式的价值链扩张才是具有内生动力的。中粮集团外贸体制改革后，为实现实业化战略，不断在粮油糖肉酒等领域扩张，希望构建自己的大粮商全产业链。在高杠杆支持下的价值链扩张，盈利能力并没有随之提升，内部不同平台出现投资重复和内耗的现象，需要进行内部价值链一体化，以提升价值链的核心能力和不同环节的协同能力。

粮食价值链牵涉无数风险，风险管理实质上是把粮商不愿意承担的风险转让给那些在风险管理上具有优势的主体，而把精力、人才和资金集中于他们的核心转换活动产生价值。粮商面临着商品价格风险，外汇风险，利率风险，流动性风险，操作风险，政治风险，法律与声誉风险，合同履行风险等。粮商通过建立一个强健的包括政策和程序在内的风险管理框架来识别、测度、监控和管理重要风险，这个框架根据外部环境和商业过程的变化而定期地被评估和提升。跨国粮商的风险管理框架比较相似，以丰益国际为例，在董事会设立风险管理委员会首席独立董事为主席，评估全面风险管理原则、框架、政策和体系；下辖高管层组成的执行风险委员会，监控和改进风险管理的整体效力，评价贸易头寸和范围；再下一层是运营单位监控单个风险。中粮集团是中央企业，统一按照国资委和财政部相关风险管理指引和内部控制规范建立风险管理和内控框架，从形式上看比较完备。中粮

第五章　包容性粮食价值链下游投资：对跨国粮商价值链活动的分析

国际虽然承接了原来来宝农业和尼德拉的海外资产，在管理层面还存在一个企业文化融合和明确公司战略的过渡期，对海外经营环境的认识和适应、管理团队的磨合都需要时间。关键是中粮集团作为国有企业在公司治理方面与股权公开企业存在一定差异，中粮集团在粮食价值链的下游加工和销售环节积累了一定的国内经验，这对于其海外平台中粮国际而言可以借鉴的经验是有限的，中粮国际要在并购重组后迅速崛起是一件具有挑战性的工作。

第五节　本章小结

　　本章的基本逻辑是通过对跨国粮商相关财务数据、业务类别及投资地理分布的观察，了解粮商的本质、粮商价值链一体化的动机、原则和模式，并把中粮集团与主要跨国粮商进行比较以更加清楚粮食价值链下游环节的跨国投资到哪儿投、投什么、怎么投。本章在深入阅读跨国粮商财务报表，分析比较其主要财务指标的基础上明确了粮商的竞争力差异和各自价值链延伸方向选择的理由。

　　粮商的本质就是通过空间转换（物流和贸易）、时间转换（谷物与油籽的生产和仓储）、形式转换（粮食粗加工、精深加工和副产品综合利用）、风险转换（订单农业、供应链金融、农业保险、碳排放权交易以及商品衍生品交易）来实现粮食价值链增值。全球主要跨国粮商当前的价值链增值活动是逐渐向价值链的上游和下游延伸，通过占领价值链的核心环节，建立竞争优势，获得市场话语权，并持续地获得利润。跨国粮商的价值链一体化是通过在全球范围内新建、并购和战略合作而实现的，将价值链上不同企业的资源或价值链联合起来，优势互补，实现价值链整体效益最大化。

　　跨国粮商在全球粮食、饲料、纤维、燃料和金融体系（5F：food，feed，fiber，fuel，finance）重构中扮演着决定性的角色。跨国粮商在土地资源丰裕的经济体进行谷物和油籽原料的采购及加工，在交通便利的经济体建立仓储、运输和加工设施，在人口多、收入与消费能力提升的经济体建立广泛的加工、物流和销售网络，规避在经济欠发达、基础设施缺乏地区进行直接投资。从粮源抓起，在大宗粮油商品市场的定价中拥有强大的话语权，从事着大批量散货交易；专注于粮食原材料商品交易，拥有和运营着全球仓储和运输体系，通过并购和私人家庭基金模式在规模上不断扩张，积极进行着风险管理，并在全球粮食监管政策制定上具有很大的影响力。跨国粮商都建立了自己的可持续发展战略并积极实施，在追求经济收益的同时，保持对社会及环境的包容性。

观察中粮集团近年海外投资的行为和绩效发现，投资合约达成和可持续运营是实现包容性投资的两个重要环节。一方面需要学习跨国粮商塑造核心业务优势，可持续的品牌延伸，提升高效整合价值链能力；发挥在大宗粮油价值链领域的信息占有优势，为利益相关者提供最佳风险管理方案。另一方面需要采取加强与政府、社区的沟通，遵守负责任投资和可持续运营的一般准则，维护利益相关者利益和保护环境，实现经济、政治、社会、生态的可持续。粮商的跨国投资需要强大的资金动员能力和业务整合能力，缺乏人才和技术支撑，跨国投资的高财务成本将会使得看似科学的战略无法落地实现。

第六章 包容性海外粮食直接投资的原则、策略和实施要点

海外粮食投资中包容性价值链构建的主体是企业,从粮食价值链上游的生产资料供应企业、价值链中游的生产企业到价值链下游从事加工仓储销售的粮商,都需要基于公司发展战略,基于公司人才、技术和商业模式特点,基于所有权、区位和内部化优势制定海外投资策略及选择合适的海外投资方式。由于包容性价值链构建涉及面广,远不止投资主体自己就能完成,这就需要来自于投资者母国和东道国政府法律法规政策协调,需要来自国际投资规则、可持续发展和负责任原则的约束与国际合作机制协调,来自市场化的中介机构的专业化服务。本章的安排首先是就海外投资的包容性粮食价值链的内外部机制协调进行建议,然后提出包容性价值链构建原则和公司海外粮食投资策略,最后就粮食价值链上、中、下游企业海外投资实施要点进行专门分析。特别重申的是,我们认为投资不仅仅是投资项目的建成或所有权的转移,还包括新建或并购后的资产配置和运作,因为包容性价值链的构建是一个长期持续的过程。

第一节 包容性海外粮食直接投资的内外部环境协调

海外直接投资活动面临着非系统性风险和系统性风险,单个企业对系统性风

险是无力承担的,为降低企业海外投资的不确定性,一国政府要发挥好引导、监管、协调和服务的角色,通过各种法律、法规、政策和机构协调海外投资的内外部环境。以粮食价值链企业为主体进行包容性海外粮食投资所需要的内外部环境协调机制包括国内政策和法律协调、国内行业组织或协会的协调,也包括国际投资协定、投资目标国政府政策和法律法规的协调,还包括全球粮食价值链运作的行业可持续发展理念及负责任原则实施的协调。

一、基于包容性价值链构建的海外粮食直接投资内部环境协调

(一)完善对外投资法律法规,加强政策协调和部门协调

中国当前还没有对外直接投资基本法层面的法律,应该借鉴国外经验,遵循市场规律进行完善,以真正促进各类经济主体对外投资。把境外投资管理纳入法制化管理,防止各部门内部规定不稳定、不规范、不协调带来的问题,引导和规范企业对外投资行为,保障企业海外投资和跨国经营利益。加强外交保护,运用好国际法保护。同时完善海外投资保险法律规定,为企业的海外投资提供一个转移风险的强大工具。

我国对外开放的战略导向明确,相继强化和完善了中欧、中美、中巴(西)、中韩、中苏(丹)、中澳等30个部际双边合作机制,达成了农产品贸易、农业投资、农业技术合作等事宜,推动了农业国际合作深入发展。中国农业部已同"一带一路"的沿线48个国家签署101个合作协议。但从国内来看仍然面临着政策支持体系有待健全,公共服务水平有待提高的挑战,比如中央层面靶向性政策少、部门之间的政策缺少衔接,没有形成相互支撑的政策体系;多边合作机制作用发挥不够,信息服务水平、国际化人才培养机制、资金支持等都存在不足。

由于粮食价值链投资的敏感性,我国对外粮食投资需要政府加强宏观调控,根据中国粮食安全新战略目标制定长期的海外粮食投资发展规划,从宏观层面有计划建立渠道稳定、结构合理的全球粮食供应网络;前瞻性确定重点投资对象和区位,统筹国内部门间协调和政策协调。提前与投资区位中的目标国在政治、经济、社会与外交方面加强沟通交流,为两个经济体之间的实际投资打下一个坚实的合

作基础。推动区域投资一体化,增设与"一带一路"沿线国家的自贸区建设。通过双边自贸区的内部优惠政策,简化投资手续和流程,不但提高了跨国企业的投资效率,而且降低了进入新市场的成本。政府积极加强多边和单边投资协定的签署,从税收(减免税、签署避免双重征税协议)、财政(专项经费、补贴与援助)、金融(融资支持和保险支持)、贸易及投资便利服务(赋予海外投资企业粮食进口权、预留关税配额、建立专项基金支持海外粮食直接投资)提供给等方面为国内企业进行海外投资扫清障碍、降低成本。

(二)建立对外投资专门服务机构和完善对外投资信息服务

为帮助海外投资企业更好适应国际环境,有必要建立专业的对外投资服务机构,类似于日本贸易振兴机构和美国商会。目前商务部已经建立"走出去"公共服务平台,提供国别(地区)指南,服务"一带一路"建设的相关政策、数据和资讯,境外经贸合作区业务、政策等信息,以及境外安全风险防范和投资合作促进等方面的服务;中国农业农村部的国际合作司、对外经济合作中心等机构提供农业对外投资、贸易与经济合作方面的信息及数据统计。科研学术机构如中国社科院定期发布国家风险报告,中国出口信用保险公司和一些评级机构也在提供国别风险研究报告。但是这些资源没有汇总和集成,最好建立一个专门服务机构,将有关的信息及时通过通畅的渠道与企业分享,提高信息的利用效率,促成企业间的交流与合作,同时在驻外使领馆的商务参赞或商务办公室增设海外投资服务机构。

建立海外投资保险、海外投资信用担保和海外投资资金支持机构。中国出口信用保险公司虽然提供海外直接投资保险业务,但规模和专注度不足,很难满足中国海外投资保险需求。信用担保是帮助海外投资企业获得信贷支持一个重要手段,在完善当前中国进出口银行的对外投资优惠贷款的基础上,借助信用担保,促成商业银行的资金更大规模进入。我国目前仍然缺乏完整的、系统的海外投资资金支持政策体系,比如没有像很多国家那样建立专项投资发展基金,投资亏损准备金制度和对外投资税收优惠政策,鼓励粮食价值链企业开拓海外市场的机制与政策尚有欠缺。

行业协调也是有助于中国粮食价值链企业在进行海外包容性投资的重要方面,行业协调可以促进信息共享,减少本国企业海外投资的无序竞争,也有助于高效形成战略联盟。由于粮食价值链投资规模大、跨越产业多，只有具有相当资本实力、人才储备和跨国投资经验的企业才有能力进行海外粮食投资，所以更多的情形应该是通过行业协调，鼓励价值链上中下游企业建立战略联盟，抱团组队出海，减少投资风险，一定程度上增强与投资对象谈判的话语权以及抗御风险能力。行业协会可以和政府相关部门配合，借助官方机构的渠道，加强粮食信息体系建设，建立全球粮食与农业数据库，及时全面发布粮农领域的全球产、销、存及贸易数据，全球粮农资源分布及变化、贸易投资状况及政策，方便投资者了解投资目标区域的相关法律法规，密切跟踪和收集分析粮食价值链的信息及其变化，为粮商的海外投资提供信息数据和咨询服务以及投资风险预警信息服务。特别应该注意的是，粮食价值链投资具有投资量大、投资回收期长、投资收益率不高且风险较大的特点，它的复杂性不仅在于项目融投资的完成，更在于持续运营中。

二、基于包容性价值链构建的海外粮食直接投资国际协调

（一）积极发挥中国在全球粮食与农业治理中的作用

中国正在全球粮食与农业治理中积极发挥作用，比如成功举办二十国集团（G20）农业部长会议，首届中国—拉丁美洲和加勒比农业部长论坛，与联合国粮农组织（FAO）和经济合作与发展组织（OECD）合作在中国举办世界农业展望大会，逐步扩大中国对全球农业信息的话语权，另成功举办博鳌亚洲论坛首次农业圆桌会议，首届中国与南欧国家农业合作圆桌会议，中国—中东欧国家农业部长会议等。在亚太经合组织、二十国集团、上合组织、金砖国家、10+3 和中日韩等多边框架下的重要农业国际会议中均体现了中方主张，扩大了中国农业影响。与联合国粮农组织的合作持续深化，积极参与其他国际粮食安全治理机构和平台的合作，参加世界粮食计划署、世界粮食安全委员会等重要机构会议，主动参与国际粮农治理。

不断提升国际规则主导能力和话语权，不断提升在国际食品法典、世界动物卫生组织、国际植物保护公约等国际规则和标准制定中的话语权。我国连续 11 年担任国际食品法典农药残留委员会（CCPR）的主席国，主导制定了 8 种农药在 5 种作

物上11项农药残留国际标准。中国是多边贸易体制的积极参与者、维护者和贡献者,推动实现互利共赢的双边农业贸易,继续在农业领域积极帮助发展中国家提高农业发展水平、改善粮食安全与营养现状,比如通过中国—FAO框架下的"南南合作"、援建农业技术示范中心、派出农业专家和农业职业教师、开展农业管理与技术培训以及援助各类农业物资等多种方式,把中国农业发展的适用技术和经验、技术装备与受援国共享,支持和帮助广大发展中国家提高农业生产水平,增加农民收入,减轻农村贫困,促进农业可持续发展。

(二)制定与遵守粮食价值链海外包容性投资的国际协议与原则

经历半个多世纪的发展,以世界贸易组织(WTO)为代表的多边贸易体制在促进全球贸易增长和维护世界经济稳定上的作用,得到了全球大多数国家的认可。在WTO框架下,《与贸易有关的投资措施协议》(TRIMs协议)、《与贸易有关的知识产权协议》(TRIPs协议)、《实施动植物卫生检疫措施的协议》、WTO《农业协议》对全球粮食价值链投资具有重要的约束性。2018年以来单边主义、贸易保护主义倾向日渐浓厚,让全球感受到加速WTO改革、更好维护多边贸易体制的紧迫性。中国应结合自身定位,主动针对具体问题提出建设性方案;在维护WTO基本宗旨和基本原则前提下,渐进性地推动WTO在新议题上的规则调整或拓展;积极推动WTO等多边谈判,完善全球农业治理机制。

《世界粮食首脑会议行动计划》《世界粮食安全罗马宣言》《2009年世界粮食安全首脑会议最后宣言》《支持在国家粮食安全范围内逐步实现充足食物权的自愿准则》和《国家粮食安全范围内土地、渔业和森林权属负责任治理自愿准则》《农业和粮食系统负责任投资原则》《长期危机中保障粮食安全和营养行动框架》,以及《2030年可持续发展议程》等一系列文件确立了与粮食安全、营养和人权有关的国际准则。中国企业海外粮食投资要遵守这些协议及原则,既能减少项目风险,也是保证项目实现包容性,可持续运营的必要之举。

三、基于包容性价值链构建的海外粮食直接投资目标国法律及政策协调

我国粮食价值链包容性投资已经遍布全球,从投资的驱动因素上观察主要投

基于包容性价值链构建的中国海外粮食直接投资研究

资区域,一是利用资源同时规避风险,选择在周边邻近国家投资,如东南亚、中亚、俄罗斯地区;二是利用资源同时挖掘市场潜力,选择在南美洲、非洲等资源丰富、需求较高的国家投资;三是兼顾市场潜力挖掘和科技交流,在欧美等发达国家投资。加强境外投资协调、规范投资秩序,应尽量推进与重点国家签订双边"促进和保护投资协定""避免双重征税和防止偷漏税协定",在国民待遇、商业运营便利化、土地使用、劳动力雇佣、双重征税、企业利润汇出以及相关国家信息、公关、媒体等服务方面与目标国积极协调,为我国企业的境外投资创造一个相对完善的投资经营环境。通过政策沟通、贸易畅通和资金融通,与周边国家之间优化设施联通,真正使得粮食价值链投资实现包容性。

包容性价值链构建的目的是和谐共生发展,实现政治、经济、社会、环境、技术的可持续发展。为规范中国企业海外投资中的环境保护行为,引导企业积极履行环保责任,推动海外投资合作和支持东道国的可持续发展,商务部和环保部于2013年制定了《对外投资合作环境保护指南》,该指南倡导海外投资企业尊重东道国社区居民的宗教信仰、文化传统和民族风俗,保障劳工合法权益,为当地居民提供培训和就业业机会,促进当地经济、环境和社区协调发展,互利互惠开展合作。要求企业秉承环境友好、资源节约的理念,实现经济上的盈利和环境保护的"双赢"[①]。很多国家把包容性和可持续发展以法律形式进行了严格规定,比如泰国2017年泰国新宪法第58条规定,关于国家从事或国家允许任何人开展可能严重影响自然资源、环境质量、健康、卫生、生活质量或其他民众或环境基本利益的活动,国家应对环境质量及民众或社区健康的影响进行研究和评估,并事先安排利益相关方、民众和社区参加公开听证会,将其意见纳入实施考虑或根据法律规定获得许可。哈前任总统纳扎尔巴耶夫在其国情咨文《哈萨克斯坦——2050战略》中指出,哈萨克斯坦国家战略的主要方向之一就是发展农业,哈萨克斯坦具有面积巨大的未受污染的土地,可以生产环保食品,可以在农产品生产中实现质的飞跃[②]。

---

① 商务部、环境保护部关于印发《对外投资合作环境保护指南》的通知[EB/OL].[2013-02-18]. http://www.mep.gov.cn/gkml/hbb/gwy/201302/t20130228_248632.htm.
② 农业农村部对外经济合作中心,哈萨克斯坦农业发展机遇分析[EB/OL].[2019-04-19].http://www.fecc.agri.cn/ggxxfu/ggxxfw_zcfg/201904/t20190419_339110.html.

第二节 中国企业海外粮食直接投资的包容性价值链构建原则及策略

海外粮食直接投资的主体是粮食价值链企业,不同类型的价值链企业要结合行业特点和企业核心竞争力优势来确定海外投资的策略。海外粮食直接投资以包容性价值链的构建为目标,本节提出了实现这个目标要坚持的六项原则和价值链上中下游企业分别实施的策略。

一、中国企业海外粮食直接投资的包容性价值链构建原则

原则一,要符合国家农业和粮食发展的总体战略和国家对外投资的总体战略,统筹利用"两个市场两种资源",符合中国的"一带一路"倡议和"以我为主、立足国内、确保产能、适度进口、科技支撑"的国家粮食安全战略。粮食海外投资战略、规划、政策、措施应该与对外开放的总体战略相适应、相协调,把援外、贸易、投资、经济及技术合作等多种方式结合起来。

原则二,要符合平等互利共赢原则,投资项目要符合投资目标国的总体发展战略,比如哈萨克斯坦的"光明之路"战略,也就是要实现政治与政策上的包容性,只有投资双方的战略目标一致,才能构建良好的合作关系、避免政府更迭导致的政策变化产生的风险。

原则三,要符合粮食来源互补性原则,既要有地理上、气候上、粮食品种以及季节性的互补,又要保持在传统粮源地的可靠供给的同时积极培育新兴粮源地,在南北半球的资源富裕国家的粮源合理分布,要实现粮食供给的平稳性和避免个别市场异常变化带来的总体供给的波动。

原则四,要坚持项目运营经济可持续性原则。做不到经济可持续性,项目的社会意义再重大也无法持续运营,还将给其他潜在投资带来巨大的负面影响。海外粮食投资项目在可行性研究时要真实客观准确进行成本和收益的权衡,保证实施的项目具有持续盈利能力和自生能力。

原则五，要坚持负责任投资原则，保持社会和环境的包容性。项目的立项、实施和后续运营阶段要与所在地的政府、社区、原住民之间保持良好的互动，积极履行企业社会责任，关注项目的商业活动对环境、当地人的生活方式的负面影响，体现出社会包容性和环境包容性。企业要积极加入与保护地球、改善气候、关注公平和可持续发展的国际协议，定期出具可持续发展报告或企业社会责任报告，树立起负责任投资和运营形象，以可持续发展的理念及行动指导商业行为。

原则六，要坚持核心业务的价值链一体化动态调整原则。提倡核心业务单元的价值链一体化运作，不提倡所谓的"全产业链"运作，因为不具有竞争优势的业务单元会大量占用资金，提高杠杆倍数和风险暴露，大幅降低资产收益率。而核心业务的价值链一体化能够提高上中下游协同能力，在具备成熟的管理模式和商业模式后可以非常迅速地输出到其他业务单元和其他区域。来自于跨国粮商的一个重要借鉴就是其核心业务的一体化价值链运营，根据行业发展和全球供求进行不断的调整。

二、中国企业海外粮食直接投资的包容性价值链构建策略

粮食价值链细分业务众多、上中下游涉及的环节众多，各类别的海外投资目的存在差异，有的是为了获得粮食或投入品原料，有的是发挥优势、增加市场份额，有的是为了获得技术，有的是为了获得贸易机会，有的是建立渠道，还有的是为了降低成本。基于不同目的的投资行为会对东道国的利益相关者带来不同的影响，当然也会给投资合约的签署和实施带来难度上的差异。只有对不同类别的投资进行前瞻性设计和精准实施，才有可能尽量降低风险，促成投资项目的可持续运营，给投资主体、母国和东道国以及其他利益相关者带来正和博弈的效果。

中国海外粮食投资的主体最好是上游企业具有较强资本实力和研发能力，中游企业具有丰富的粮食生产管理能力或生产服务能力，下游应该是中大型粮商或者是以中大型涉粮龙头企业为核心的投资联盟，具有从事粮食价值链纵向一体化经营的能力（粮食加工、仓储运输和贸易）。对外粮食直接决策要认识到投资项目是相关业务单元价值链的关键节点，项目规模和投资资金安排经过了科学计量，项目的必要性得到充分论证；东道国国家和政策风险小、人力资源和物流成本低、

第六章 包容性海外粮食直接投资的原则、策略和实施要点

社会文化环境包容性强,使得项目实施的可行性强。项目投资及运营要体现出供给和需求结构的有效配合,并具有一定的动态性和弹性,也就是基于粮食消费目标市场的变化趋势,提前培育适应性商品的粮源基地并具有顺应变化进行调整的能力,比如中国人均收入的提高需要更多的动物蛋白,于是饲料、肉类和水产品的需求增加。具体策略建议如下:

(一)客观认识自己,理性评价公司战略

海外粮食直接投资的主体是企业,但到底什么样的企业才应该成为海外投资的主体呢?通过观察与比较,我们认为由于海外投资存在诸多不确定性,通常只有那些在人才、技术和资金有保障、公司治理完善的企业才有可能应对外部风险,才具有海外直接投资的优势。海默(Hymer,1960)"企业特定优势"或"垄断优势"理论提出那些具有资本规模、成本优势、技术专利和企业治理结构的跨国企业才拥有战胜东道国本土企业的优势。邓宁(1977)的折中理论认为那些具有内部化优势、所有权优势和区位优势的企业才能够获得海外直接投资的成功。即使是解释发展中国家之间直接投资的小规模技术理论也要求企业应该具有特别的比较优势,解释发展中国家企业向发达国家投资的技术创新产业理论同样要求企业具有满足市场需求不断吸收和创新发展的能力。

具体到粮食价值链上的大多数中国企业,不管是上游、中游和下游都存在海外投资的先天性不足,比如研发投入不足、产品创新持续性无法保障、跨国经营管理人才短缺、价值链核心优势不突出、盈利能力差、杠杆倍数高、抗风险能力差的共同特点。如果这样的企业通过银行融资进行海外直接投资,结果可想而知。失败的大量案例迫使企业深入思考自己是否具备海外投资的基本条件,已经确定的公司战略是否合理。如果公司已经确定了国际化战略,但暂时还不具备海外直接投资的能力,可以通过在海外设立代表处、分公司,先进行贸易活动,或者入股拟投资东道国的企业,先熟悉法律法规、政策和市场环境,所有的大型跨国粮食价值链企业都是采取的这种策略切入目标市场。

(二)对东道国的投资环境进行科学评估

拟投资东道国的投资环境分为软环境和硬环境,软环境主要指制度、政策、法律和社会治理,硬环境是包括道路、交通、电力和燃料等的基础设施。投资环境的

好坏直接决定着投资项目能否持续运营。海外直接投资主体可以结合经济自由度指标、竞争力指数、营商环境评价、跨境投资指数和FDI信心指数等指标对东道国的投资环境进行总体评估。对拟投资目标国的投资环境进行评价可以借助很多共享资源,美国传统基金会发布的"经济自由度指数",世界经济论坛发布的《全球竞争力报告》,世界银行发布的《全球营商环境报告》以及联合国贸易发展会议发布的《世界投资报告》都是重要的参考资源。我国一些机构也出具了相关评估报告,如中国社科院投资风险报告、大公国际的国家风险报告、中国出口信用保险公司的国别投资经营便利化状况报告等。

具体到粮食价值链的投资,地缘政治风险是海外粮食直接投资的最大风险,除了需要外部环境协调外,企业自身要加强对冲突可能性及其大小、政治风险敏感性的评估和防范。宗教、文化、习俗等会使得投资面临社会冲突风险,企业应该提高企业文化与当地文化的融合度,降低社会风险。而粮食价值链的投资环境评价还应该包括特定的粮食及农业投资政策、农产品贸易政策、土地政策、农作物、土壤、气候和水资源评价等。要结合投资目标国的自然资源状况、贸易投资环境、法律政策环境、人力资源状况和市场等条件综合筛选。

(三)结合价值链特点和海外投资目的审慎选择海外投资目标

粮食价值链上中下游企业基于提高市场占有率、获取技术或资源等不同目的,投资目标的选择标准就会不同。上游的种子企业会寻找有较大的的应用前景的经济体,本地化选种培育和推广,会进行研发投入和分销网络的依次投资建设。中游的生产企业选择具有土地潜力以及气候、降水适宜的经济体进行农场或种植园收购、长期租赁、订单农业方式开展粮食原料生产和采购。下游的粮商选择粮食主产区域和重要物流节点进行物流设施投资、在具有良好区域辐射性和良好基础设施条件或者具有巨大消费潜力的经济体进行加工设施投资。同时要考虑到价值链各环节的协同性,比如粮源地与仓库港口之间,粮源地与加工地及最终消费市场之间交通便利,跨国粮商通常选择如阿姆斯特丹、汉堡、新加坡等地作为仓储加工基地以更好辐射临近地区。下游的加工设施投资目标选择既要考虑交通状况、基础设施,还要考虑人力成本和金融便利化程度以保持较低运营成本;分销渠道投资时要考虑当地市场消费潜力,在当地分销与出口贸易结构上提前筹划,避免国际国内市场变化影响到项目的可持续性。

(四)合理选择包括独资、合资、合作和战略联盟在内的海外投资方式

海外直接投资有绿地投资(新建)和褐地投资(并购)两种方式,但具体到粮食价值链的上中下游,必须根据其具体业务和投资目的进行合理筹划。相比较价值链上游的生产资料提供环节和下游的粮商加工物流分销环节,价值链中游的粮食生产环节面临的风险更大、冲突更多,同时根据价值链的价值分布结构,参考全球主要粮商的价值链投资特点,我们认为粮食生产性海外直接投资要保持谨慎。在跨国粮商中,如丰益国际和奥兰国际通过直接投资棕榈种植园方式稳定自己原料来源的情形比较少见。过去十年大量跨国农地购买因"新殖民主义"非议招致投资失败,因当地农业基础设施投入不足导致投资失败的案例比比皆是。

在合作模式方面采用政府间、政府与企业、国内企业与当地企业及当地土地所有者及农户合作等多种形式,吸引粮食价值链不同环节的优势企业形成粮食战略联盟。为保证粮源,在生产环节可以采取订单收购、合作、分享耕作、战略联盟等包容性方式进行,也可以入股当地龙头生产性企业、提供农业咨询服务、提供生产性融资、提供商品场外期权或远期合约帮助转移风险,而较少采取直接购买农地进行粮食或农业生产。借鉴ADM与丰益国际的战略合作,把ADM中上游环节的优势与丰益国际中下游的优势结合起来,实现B2C无缝转化。借鉴孟山都与嘉吉的战略合作模式,把生产资料环节与生产环节紧密结合,既加强孟山都生产资料销售的稳定性,也加强了嘉吉在粮源方面的控制力。上游的生产资料供应商和下游粮商合作为当地粮食生产者提供一篮子农业生产服务方案,帮助解决生产者的生产投入和产品销售渠道以及进行风险管理,从而从根本上解决了粮商的粮食原料,同时又避开了容易产生冲突和风险的生产环节。粮食价值链上游的生产资料投入环节涉及种子、农化、化肥和农机等子行业,它们的共同特点是技术密集和资本密集,如果没有充足的资本、持续的研发投入和强大的研发能力就无法在粮食价值链上游立足,更遑论在陌生的环境中开疆拓土。价值链下游的生产设施、物流设施和分销渠道建立在资金、人才、品牌、风险管理、价值链整合能力和商业模式的竞争力上。

从价值链下游看,绝大部分粮商是从加工环节进入价值链,加工及物流基地的

设立要考虑到原料供应和人力资源的可得性、交通运输的便利程度、政府和社区的协调性等因素。应该借鉴大型跨国粮商的做法,在大宗粮食价值链上发挥自己的全球网络优势,在资源丰富国家进行收储、采购和初级加工,在国际交通枢纽如新加坡、荷兰鹿特丹、德国汉堡等建立产业园和物流中心进行深加工,如精炼、包装等,最后快速进入相关消费市场。

(五)保证项目融资的畅通,使用多样化手段管理商品价格和外汇风险

海外直接投资的一个重要约束是资金,融资渠道的通畅和外汇的可得性是项目顺利进行的关键,要充分利用好金融机构的间接融资工具,如中国进出口银行提供的"境外投资专项贷款",以及国家开发银行安排的"境外投资股本贷款",跨国商业银行或投资银行的并购贷款等;还需要主动性运用金融市场工具,比如发行私募可交换债券,上市公司可转换债券、定向增发股票、优先股、永续债等金融工具,还可以利用存量资产或收益权进行资产证券化解决收购资金难题等。并购投资中对融资可得性要求很高,同时还要兼顾投资主体的股权控制要求,就要通过多层次的结构性融资安排,比如中国化工收购先正达设立了三层结构、六个 SPV 子公司。与金融机构和金融市场保持紧密的联系,项目从立项到实施经历严格的程序是获得外部资金的重要保证。此外,要综合运用多种投资方式和广泛吸纳不同来源资金参与海外农业投资,包括国家专项基金、金融机构开发性基金(如丝路基金、中非合作基金、中葡合作发展基金)、私募基金和国际投资基金等,既保障资金来源,也充分利用多方社会资源。

海外直接投资必然面临汇率波动,海外投资应在首先考虑货币稳定性的同时,借助各种可能的金融工具或金融服务来规避、转移这些价格风险,比如外汇远期合约、外汇期货和期权等。在投资完成后的运营阶段,粮食价值链投资主体还会面临更多的风险,气温、降水、风暴、蝗灾等天灾会影响粮食收成,战争、疾病等人祸也会导致粮食商品价格波动。这些风险需要通过合理的管理策略进行转移、减少或消除,保险、远期合约、期货、期权等都是重要的管理商品价格风险的工具。成熟的风险管理团队除了满足价值链企业自身的需求外,还可以进行服务输出,帮助价值链上合作伙伴进行风险管理,从而密切价值链关系,还可以逐步成为其核心业务。当前全球的跨国性企业都有其内设的金融部门,从 PE/VC、贸易融资、证

券投资基金到衍生品投资。

国内的粮食价值链企业存在着几个与融资和风险管理相关的突出问题,一是资产负债率高,我们通过价值链上游企业比如中化集团、隆平高科、沙隆达,对中游企业中粮集团的杠杆倍数的计算发现远远高于同类跨国企业。二是国内大多粮食价值链企业自身对金融工具的运用不够灵活和丰富,特别是粮食生产企业还没有主动使用衍生品工具和保险对冲风险的习惯和能力,需要来自于金融机构的专业服务。三是粮食价值链长,涉粮主体从金融机构获得融资的渠道不通畅,以粮商为核心企业进行价值链融资时帮助金融机构和涉粮其他主体建立紧密联系的一种重要方式。对外粮食投资涉及到一系列风险,有些可以通过企业内部风险管理和内部控制手段来化解,而很多风险必须借助金融市场和金融机构才能减少和转移。比如外汇风险、利率风险、流动性风险、价格风险和杠杆风险等。投资东道国如果是欠发达国家,本币相对外币的贬值是常态,而且外汇管制比较普遍,这就涉及到汇率风险和外汇可得性风险,如果能够和金融机构之间签订远期外汇合约就能较好地解决这两个风险问题。涉粮商品的平均收益率不高,汇率的波动很容易导致项目运作的可持续性问题。如果没有保持长期战略合作的金融机构,那么一旦项目实施,流动性紧张导致项目中断、利率频繁变动导致财务成本大幅攀升的可能性极大。

(六)发布可持续报告,关注相关者利益、技术和环境包容性

作为负责任投资实体,建立自己顺畅的信息沟通渠道,通过定期发布企业社会责任报告或可持续报告项目让东道国政府、社区、合作伙伴和潜在投资者了解企业的可持续发展战略和措施,获得支持和理解、规避风险和冲突。投资完成后的资产持续运营是包容性价值链构建的不可缺少的环节。坚持负责任投资原则立项、尽职调查、沟通和磋商就为项目的可持续运营奠定了坚实基础,运营过程中企业要密切监测废水、废气和污染物排放对周围环境的影响,要为当地创造就业机会并为当地社区的教育、医疗、文化、慈善事业作出贡献,积极融入当地社会,履行自己的社会责任。以实际行动体现项目对当地政府、社区及环境的包容性。为雇员创造良好工作环境、提供体面的薪酬和福利待遇以及持续的职业技能提升机会,实现对雇员利益的包容性。和合作伙伴之间保持公平平等互惠的合作关系,构建

长期融洽的包容性关系。

　　充分利用大型跨国粮食价值链企业丰富的风险管理经验和渠道,在管理自身风险的同时,开展对外金融服务,这样既能保持粮食价值链的稳定性,还把这项业务变成了一个新的利润增长点。大型跨国粮食价值链企业通过绑定融资、风险管理和营销服务的复杂交易来为他们的顾客服务,通常的结构包括贸易信贷协议、再融资(发新债还旧债)、商品预付和来料加工安排等。虽然银行和其他金融机构是信贷的最终来源,粮食价值链企业却扮演着这些金融机构与他们客户之间的通道。积极主动运用"大智移云物区"等新技术手段实施运营管理、风险管理和内部控制,大数据、人工智能、移动互联、云计算、物联网和区块链等技术的发展给跨国公司管理带来了提高效率的新手段。

　　(七)项目高管全球选聘和项目执行人员本土化策略相结合

　　跨国投资和跨国经营管理活动对人才的专业知识和技能要求很高,要熟悉海外投资的政策、法律法规,有关国际惯例和公约,还要熟悉粮食价值链企业运作的特点,熟悉投资东道国环境等,要善于在经理人市场选聘这样的高级管理人才。通常这样的人才来自于粮食价值链相关跨国企业,对行业状况、全球市场、竞争对手等有比较深入的认识,有利于投资和项目运营。东道国项目执行人才则应该尽量本土化,一方面本土人才更了解东道国的法律法规和政策,更容易和当地人沟通,另一方面也更容易淡化外来投资者的形象,便于运营的可持续性。

第三节　粮食价值链上、中、下游企业包容性海外投资的实施要点

　　新殖民主义的舆论压力,民粹主义的抬头和以美国为代表的逆全球化思潮都给海外粮食直接投资罩上了一层阴影。粮食直接投资要注意投资的类别和形式,比如对于对粮食价值链各投资要进行详尽的尽职调查,国别、政治与社会环境及土地政策等都是经济性评价的先决条件;联合投资、单独投资或者基金投资的方式也都有自己的优缺点。粮食价值链投资要尽量避开容易引起争论的投资领域,

比如上游的土地购买或超长期租赁以及粮食生产等环节,而尽量投资在粮食价值链中基于市场竞争的环节,比如加工、仓储、运输、销售等。

一、粮食价值链上游企业生产资料环节的包容性海外投资实施要点

根据公司整体发展战略、所处价值链的环节和比较优势,选择合适的海外投资方式。从粮食价值链上游所处子行业的自身特点看,具有技术密集和资本密集的双重性。因此,注重研发创新投入和应用、注重人才培养、注重专利权的获取是投资的重要内容。以下分别对种子行业和作物保护行业的中国企业海外投资实施要点进行分析。

(一)种子行业海外投资要点

种子行业存在从种质资源创新、品种培育、种子生产加工到种子销售推广及后续服务等环节的一条全价值链。种子公司准备在海外进行价值链哪些环节的具体投资,必须与公司的总体发展战略、公司的核心或竞争优势、公司的海外投资战略保持一致。从我国目前种种子行业的发展状况看,由于种质资源、研发能力及投入不足,在品牌影响和营销渠道也存在不少的差距,总体而言与国际领先的种子开发跨国公司差距较大。仅在部分产品如杂交水稻种子方面具有一定的竞争力,隆平高科是全球杂交水稻龙头企业,在中信集团控股之后完成了对巴西陶氏的收购,海外拓展战略及路线更为清晰。对中国的大多数种业公司而言,海外业务拓展和海外投资的条件并不成熟。

我们认为进行海外投资的种子公司要具备强大的资本实力、强大的产品研发及销售能力。所以首先应该加大研发力度、增强公司种子库资源和审定种子品种,以质量为先导奠定营销基础;通过增资扩股,提升资本实力,与金融机构和金融市场保持紧密接触,建立通畅的融资渠道;通过有效率地兼并收购,逐步提高公司的市场占有率、营业收入和利润率,持续增加公司研发投入,提升公司发展的可持续能力。在这个基础上,公司进行海外业务拓展,拓展的重点在于技术与产品本地化和营销网络建设。结合前面跨国种业公司海外拓展经验,我们认为有两种模式可以选择,一种是相对比较快捷的并购模式,通过收购已经在当地具有相对比较

成熟的种业经营模式的公司,快速切入到一个新市场,比如隆平高科收购陶氏益农在美洲的玉米种子业务;再比如先正达收购中粮国际的尼德拉种子业务,以增强自己在南美的种业实力。另一种选择是采取新建模式,这种模式也存在前提,也就是东道国和母国之间存在长期友好合作关系,能够减少新建过程的各种不确定性。

进入市场逐步按照以下流程展开,切实体现负责任投资原则和包容性运营原则:开展种子品种的本地化选育,与大学及科研机构开展技术合作;逐步通过代表处、分公司的建立,树立品牌形象,建立营销网络;提供不断成熟和丰富的本地化品种,为客户提供种子推广的全面服务,建立客户忠诚度;不断参与学校、社区的公益活动,提高公司品牌的影响力;符合相关国家对种子选育的规定和要求,尊重当地的生物多样性和当地人的粮食主权。

(二)植物保护企业海外投资要点

植物保护企业要走出国门,必须先抓好内功、强健身体、壮大实力。植物保护行业属于高端制造业,自主创新能力和产品开发能力是企业的核心能力。全球排名前列的植物保护企业一直在积极并购重组、寻求在特定品种品牌和特定区域实现突破。中国国内植物保护企业资本实力和研发实力都比较弱,首先需要通过增资扩股、提升资本对风险的缓冲能力;然后通过并购重组、优胜劣汰,大幅提高市场占有率;同时积极研发投入,降低成本,提供符合国际标准的低毒环保产品,提高门槛使得该行业的企业具备特许权价值,不断改善生存和发展环境。以国际标准进行产业调整和技术产品创新,调整国内和国际市场的产品及剂型结构,比如逐步缩减原药等初级产品的生产和出口,加大制剂等深加工产品,研制和生产。在剂型结构方面,以无溶剂、水基、固体化为主,减少大量的资源浪费和环境危害。加大生物农药的开发和应用力度,以满足世界农业可持续发展的需要。

植物保护企业的现实状况和行业特点决定了中国植保企业的海外投资首选的模式是收购,根据企业所处价值链中原药、制剂或一体化的位置,根据技术、品牌和渠道优势发挥或补短板的需要,选择合适的标的企业进行并购,并顺利完成并购整合。安道麦与沙隆达合并然后被并入先正达集团,在全球植保行业奠定了龙头地位,可见并购是一个快速壮大的途径。要形成强大的自生能力和可持续运营能力，还需要对技术的消化、业务的重组、文化的融合和商业模式的优化，就最近几年中国化工集团的财务指标观察，并购带来的巨大压力尚需要想办法消化。

要实现包容性和可持续发展，海外投资必须尊重东道国法律法规、遵守化工责任关怀全球宪章、负责任投资原则和可持续发展原则，实现经济、社会、环境和技术上的可持续发展。植保产品生产以及使用对环境的影响是植保企业在海外投资要着力解决的四个方面，一是通过开发生物农药、低毒环保产品来解决产品使用对环境的负面影响；二是严格工厂选址和提升环保设施，避免生产过程对环境的污染；三是建立完善的宣传沟通渠道，让东道国政府、社区和居民了解公司的可持续发展策略和措施；四是积极参与当地的教育、慈善、环保活动，融入当地社区，并改善当地就业和提高平均收入水平。

二、粮食价值链中游企业生产环节的包容性海外投资的实施要点

我们首先要强调的是，国内企业尽量不要进行跨国粮食生产环节投资，主要因为：一是粮食生产环节风险大、收益率低、投资回收期长；二是与土地问题联系紧密，涉及面广、不可控的因素太多；三是粮食生产不是一个孤立的问题，要同时考虑粮食的仓储能力、加工能力、运输能力、当地消费能力和对外贸易政策和条件，否则即使粮食丰收，也可能带来损失，从而造成经济上不可持续。跨国粮商几乎不在这个价值链环节开展大规模投资，只是有些特定农产品要形成商品化和规模化效应，不得不通过种植园建设等方式涉足价值链上游的生产环节，比如油棕、咖啡、可可等。国内很多企业积累了丰富的海外农业合作经验，具备农业耕作技术和管理方面的相对优势，因此粮食生产环节的对外投资动机仍然非常强烈。对粮食生产环节而言，投资地理选择和投资方式选择是包容性体现的两个重要方面。为尽量保证粮食生产的投资和运营的可持续性，结合前面的投资原则和策略，特提出粮食生产环节的包容性投资实施要点。

（一）重点地区投资要点

在第四章中我们筛选的中国企业进行粮食生产投资的区域对象，分别是非洲、南美、苏东地区（俄罗斯、哈萨克斯坦和乌克兰）。来自于土地矩阵2020年最新的

前 10 大农地投资国依次是秘鲁、俄罗斯、民主刚果、乌克兰、巴西、菲律宾、苏丹、南苏丹、马达加斯加、莫桑比克，其中非洲 5 国、南美 2 国、苏东 2 国、东南亚 1 国[①]。

首先是非洲，作为农业生产的关键资源，土地在非洲国家处在社会、政治及经济的核心位置，尽管非洲土地曾经被视为一种取之不尽的资源，但是政治、经济、人口增长以及城镇化进程推进使土地资源的稀缺性正不断增强。非洲传统土地管理系统与殖民时期引入的土地产权制度存在冲突，双重土地管理系统造成城市及郊区范围内土地产权的不稳定。通常投资商与本国政府之间达成土地交易，很少考虑当地民众的利益，从而可能损害小农利益，加剧非洲国家政局动荡。非洲的交通基础设施和农业基础设施匮乏，农作物无法顺利运输到各大港口，雨季很容易导致作物损毁，因此在开始种植之前，需要大量投资于土地开垦和公路修建。随着非洲收入水平的提升，粮食与食物消费结构正在发生变化，有利于我国企业加大在非洲当地销售比例。非洲粮食生产能力的提升，必然扩大对粮食价值链下游加工仓储物流投资需求和对上游生产资料需求，所以中游的生产管理服务企业在非洲的投资从价值链一体化视角观察具有重要的意义。

其次是南美洲，南美洲粮食与农业资源丰富，是全球主要跨国粮商的主要原粮基地。南美洲绝大部分地区气候温暖湿润，水土资源丰富，适合农业发展，基础设施相对完善，大规模机械化农业使得粮食价格具有竞争力。巴西、智利和阿根廷在土地政策方面的规定有一定差异，总体而言对外国投资者获得土地的规定越来越严格。南美洲的劳工政策和法律法规比较严格，涉及劳工登记、劳动合同、工作时间、劳工工资、法定最低工资和外籍劳工比例等内容。为促进本地经济发展，南美洲国家制定了吸引外资的投融资政策，以及规范农产品质量的政策，如巴西颁布的《有机农业法》和《农药法》。中国的投资有助于该地区的出口产品开发，实现出口多样化，充分利用与中国的经济互补性提升南美经济实力。

再次是苏东地区（俄罗斯、哈萨克斯坦和乌克兰）。这一地区地广人稀，俄罗斯（远东地区）和哈萨克斯坦国家农业开发潜力很大，农业合作意愿强烈，与我国接壤，很多国内企业在该地区已经积累了投资经验。通过土地开发和农业生产项

---

① https://landmatrix.org/charts/web-of-transnational-deals/[EB/OL].[2020-03-12].

第六章 包容性海外粮食直接投资的原则、策略和实施要点

目合作，配套建设加工和仓储物流体系，可以将其建设成为我国重要的海外粮食基地。乌克兰土地肥沃，地理环境优越，农业用地占整个领土面积的70%，可供耕种的面积多，但不与中国接壤，运输不便。

最后是传统的投资区域东盟，东盟尽管只有10个国家，但其农业在世界农业生产中占据较为重要的地位。泰国、越南是传统粮食生产国，马来西亚和印度尼西亚是世界最主要的棕榈油生产国。我国与东盟国家人文地理相近，资源、资金、技术互补，自贸区建设为双方贸易自由化和投资便利化创造了良好的制度环境。但东盟国家人均耕地面积少，在这些国家大规模粮食生产投资，特别是购买农地和超长期租赁农地容易产生较大冲突，从地理选择的角度看缺乏包容性。

(二)投资方式选择

中资企业首先应该具备明确的海外粮食投资战略，拥有海外投资管理经验、风险管理手段，形成价值链一体化能力；成为耐心的投资者，消除快速、高额回报的思想，对投资对象国理性分析、合理筛选，深耕细作和长期运筹。遵守所在国的法律法规和当地风俗，这样才能得到东道国政府、地方政府、社区和原住民的认可和欢迎。行业内部信息资源共享、建立战略联盟，要避免散兵游勇、避免中国人之间的恶性竞争和内耗，树立统一的声音和形象，在保持良好的国际投资形象中实现经济利益。

粮食生产环节以农业产业园、战略联盟、组团式合作等形式对外投资，就能形成有影响力和话语权的投资力量。一方面具有较大的社会影响力，可以获得更好的东道国政策待遇；另一方面保持同一个声音和形象，对投资企业的行为也起到一个约束的作用，可以更容易获得东道国利益相关者的认同。如果能够将上中下游的大型粮食生产管理企业，生产资料提供商，从事粮食加工仓储贸易业务的粮商很好地结合起来，实现粮食和农业价值链的整合性投资，就如同建造了一艘航空母舰，大大提高对东道国的影响力、可以在谈判中获取更有利的条件、能够更加容易抵御各种风险。

粮食生产环节的投资重点应该放在生产管理和服务，以人才和技术为核心竞争力，轻资产运作。粮食生产环节居于粮食价值链的关键环节，向上可以与生产资料企业合作共同开发市场，向下可以与粮商合作。在对外粮食生产投资环节中，

农业产业园模式具有推广价值,如天津聚龙集团按照"一区多园、合作开发、全产业链构建"模式,开发建设以农业开发、精深加工、收购、仓储物流为主导的农业产业型园区;湖北农垦等企业按照"一园六区"模式(农业产业园、农作物加工区、畜禽养殖区、农资农机交易区、农业科技研发区、市场管区、农作种植示范区),建设高规格高标准对外合作示范区。在当地通信基础设施具备的条件下,推动农业大数据、物联网、移动互联网、人工智能等技术在当地农业领域的应用,让小农户和现代农业连接起来,逐步推动当地"精准农业"和"互联网+农业"的发展。

三、粮食价值链下游粮商企业海外包容性投资的实施要点

粮食价值链下游投资的主体应该是具有较强资本实力、便捷融资渠道、丰富的人才资源和强大的价值链整合能力的大型粮商。当前主要跨国粮商具有从原粮采购到最终消费品的完整价值链,原粮来源地、加工地点、物流基地和小包装基地都经过科学规划,形成一个服务自己战略的有效网络。中国粮商在实施跨国粮食直接投资活动时,要注意这样几个要点:一是投资方式选择,二是投资地理选择,三是兼顾相关者利益和环境的包容性措施。粮食价值链下游的加工环节投资的地理选择主要还是考虑与原粮来源地的关系,与最终消费品市场的远近,加工所在地的投资及运行成本、贸易政策、财税及金融政策的合理性等;粮食价值链物流和贸易环节投资主要考虑消费市场的深度和广度,消费者收入及消费趋势、市场竞争关系、经济社会政治稳定性等。

(一)中资粮商的下游投资的投资方式与地理配置

跨国公司通常占有三种所有权优势,一是包括品牌、专利、技术和嵌于人事中的知识等的资产所有权优势;二是交易性的所有权优势,包括外部市场、制度、关系能力方面的知识、普通治理优势,以及在不同地方有效地组织内部活动的管理能力;三是重组优势(Verbeke 2009;Hennart 2009;Narula 2014)。对于跨国粮商,通常还具有具有两个方面的区位优势,一是与加工产品的原料获取相联系(资源寻求性投资)以降低成本,二是与市场相联系(市场寻求性投资)以更大的销售规模(Narula and Cuervo-Cazurra,2015)。企业获得经济租金的程度取决于它们如何把这些所有权优势和区位优势结合起来。跨国粮商改善了消费者剩余,由于竞争的

第六章 包容性海外粮食直接投资的原则、策略和实施要点

加剧能够刺激国内竞争者改善他们的所有权优势。

选择投资目标时的一个重要判断是区位优势,区位优势可以分为两种类型,一种是外生区位优势,比如肥沃的土地,自然资源的可得性,合适的气候和不熟练劳动力;一种是内生区位优势,如基础设施(道路、港口、电力、通信、教育)、大学、标准、研究机构、有效市场等。区位优势越强,越能吸引跨国粮商,才可能成为跨国粮商的集中之地。

中资粮商在进行粮食价值链海外投资的地理资产配置时要对全球重点地区粮食资源状况、生产水平、开发程度等进行综合分析和规划布局。在粮食及农业潜力大、农业基础设施发达的国家和地区如美国、加拿大、巴西、阿根廷、澳大利亚等国家,主要进行仓储、运输等中下游投资;在粮食资源具有开发潜力的国家,如俄罗斯、乌克兰、哈萨克斯坦等国家,配合国家战略,推动农业基础设施建设和面向中国出口的粮食品种结构调整,逐步扩大这些国家粮源在粮食进口中的份额。对其他自然资源丰富但基础设施不佳的国家,如大多数非洲国家,采取以农业援助(包括资金、技术、设备、设施、农艺示范等)带动农业投资的方式,提高其粮食生产水平和供应能力。

中资粮商粮食价值链下游环节的海外投资方式可以选择并购、新建和战略合作。如果要相对快地进入市场,建议选择兼并和收购方式,但需要强大的业务整合能力和融资能力。在站稳脚跟之后,根据业务发展需要选择新建项目方式或项目收购方式进行补充和完善,逐步增强市场竞争力。在新的业务领域或新的市场,如果不追求控制权,可以通过战略合作的方式介入,先熟悉市场环境和运作模式,然后逐步深入细化展业方式。

中粮国际作为中粮集团的海外投资和管理平台,通过并购方式快速形成了自己的海外资产网络。表6-1是中粮国际的粮食价值链全球分布,仓储设施、加工设施、港口终端及贸易办公室等四大类别资产数量上与ABCD四大粮商相比差距较大,我们认为有几个方面的能力需要加强:一是在南北美仓储设施;二是运输能力;三是在欧洲的粮食加工能力;四是亚洲和非洲的贸易办公室的数量。对标中粮国际,国内粮商的海外粮食直接投资必须要有明确的海外战略筹划、充足的资金保障、扎实的前期尽职调查和强大的资产整合能力。

表 6-1 中粮国际当前的粮食价值链全球资产分布

资产类别	分布地区及数量
仓储设施	北美 5,南美 19,欧洲 6,中东 3,中国 1,印尼 2
加工设施	南美 7,非洲 1,欧洲 1,印度 1,中国 5
港口终端	南美 7,欧洲 2
贸易办公室	北美 2,南美 2,欧洲 2,中东 1,新加坡 1

数据来源：中粮国际网站首页,https://www.cofcointernational.com/.

(二)中资粮商价值链中游仓储物流海外投资地理目标选择

跨国粮商一般都拥有自己的运输资产和仓储资产,粮食价值链下游的仓储物流单元投资具有其特殊性,跨国粮商的物流单元通常不仅服务于粮商自己,也对外提供物流服务。仓储物流业务单元作为生产服务,要与粮食价值链的核心业务紧密联系。粮食物流投资的资产是仓储设施、运输工具(车、船),还是港口和码头,一要结合公司总体发展战略,是走轻资产还是重资产路线,如果是轻资产则侧重于租赁、物流外包或战略合作,如果是重资产则进行大规模自建和采购;二要根据公司的资本结构和财务风险承受能力;三要根据母国在东道国的采购加工分销的规模以及粮食贸易规模;四是东道市场规模、周边辐射能力及市场增长潜力;五是东道国和母国之间的地理距离,地理距离的远近直接关系到运输成本的高低;六是东道国和母国之间政治经济制度差异。

成本上的考虑首先是运输成本,粮源地与海运港口之间距离较近、交通便利,粮源地与加工地及最终消费市场之间交通便利,所以跨国粮商通常选择如阿姆斯特丹、汉堡、新加坡等地作为仓储加工基地以更好辐射临近地区;其次是仓储加工设施投资和运营成本低,包括人力资本;收入上考虑在当地销售与出口贸易的两条腿走路,避免国际市场变化影响到项目的生存。

仓储物流具有向外扩张性的内涵属性,物流的高效快捷取决于其发达的网络,网络资源是物流业务单元的核心优势。它具有显著的网络经济、范围经济和规模经济特征,是粮食价值链企业业务扩展的强大支撑。通过集约化、规模化和网络化服务实现利润增长和可持续发展,而实现网络化的主要途径就是通过外部联合和纵向兼并。

物流单元的海外资产配置要坚持市场导向,严格遵守市场规律和市场规则,以减少发达国家市场经济成熟地区对来自于中国的投资的压力。在投资方式上,要从单一的绿地投资、控股性投资向参股、委托经营、租借、特许经营、缔结友好港等多元化形式转变。投资资金来源上,从单一投资主体向多投资主体联合投资、分担风险的模式进行转变。

第四节 本章小结

海外粮食投资的主体是粮食价值链上游的生产资料供应企业、中游的生产管理企业和下游从事加工仓储销售的粮商,他们基于公司发展战略,基于公司人才、技术和商业模式特点,基于所有权、区位和内部化优势制定海外投资策略及选择合适的海外投资方式。在第三、四、五章按照价值链环节进行理论分析、案例分析、比较分析的基础上,本章提出了中国企业进行海外粮食包容性直接投资的内外部协调建议、投资原则、投资策略及实施要点。

以粮食价值链企业为主体进行包容性海外粮食投资所需要的内外部环境协调机制包括国内政策和法律协调、国内行业组织或协会的协调,也包括国际投资协定、投资目标国政府政策和法律法规的协调,还包括全球粮食价值链运作的行业可持续发展理念及负责任原则实施的协调。内部环境协调主要是政府发挥好引导、监管、协调和服务的角色,行业建立信息共享机制,助力形成战略联盟,通过各种法律、法规、政策和机构协调海外投资的内外部环境;国际协调是指要在粮食与农业全球治理中积极发挥中国作用,提高相关规则制定的主导权和话语权。与东道国的法律法规政策协调是在东道国法律法规政策允许范围内为我国企业的境外投资创造一个相对良好的投资经营环境。

提出海外直接投资包容性价值链构建的六项原则:要符合国家农业和粮食发展的总体战略以及对外投资的总体战略,要符合平等互利共赢原则,要符合粮食来源互补性原则,要坚持项目运营经济可持续性原则,要坚持负责任投资原则,保持社会和环境的包容性,要坚持核心业务的价值链一体化动态调整原则。策略包括环境评估、投资目标和方式选择、融资与风险管理、负责任投资及可持续运营行为、人才准备和本土化策略。

粮食价值链上、中、下游的企业投资要点主要集中于地理选择和投资方式选择。上游的种子及植保公司对外直接投资首先要具备强大的资本实力、产品研发及销售能力,包容性体现在对利益相关者的价值分享和环境保护。粮食生产环节以农业产业园、战略联盟、组团式合作等形式对外投资,投资重点应该放在生产管理和服务,以人才和技术为核心竞争力,轻资产运作。粮食价值链下游投资的主体应该是具有较强资本实力、便捷融资渠道、丰富的人才资源和强大的价值链整合能力的大型粮商,通过发挥所有权优势、区位优势和内部化优势获得经济租金和可持续发展。

参考文献

[1]安琪,朱晶,林大燕.日本粮食安全政策的历史演变及其启示[J].世界农业,2017(2).

[2]陈伟.中国农业对外直接投资研究[M].北京:中国农业出版社,2015.

[3]陈锦,王战.马里农业投资视野[J].中国投资,2018.

[4]陈涛涛,陈忱.拉美区位优势与竞争环境[M].北京:清华大学出版社,2014.

[5]程国强.重塑边界——中国粮食安全新战略[M].北京:经济科学出版社,2013(11).

[6]程国强.全球农业战略——基于全球视野的中国粮食安全框架[M].北京:中国发展出版社,2013(6).

[7]仇焕广,陈瑞剑,廖绍攀,蔡亚庆.中国农业企业走出去的现状问题与对策[J].农业经济问题,2013(11).

[8]查伦·斯普瑞特奈克.真实之复兴:极度现代的世界中的身体、自然和地方[M].张妮妮,译.北京:中央编译出版社,2001.

[9][澳大利亚]大卫·弗罗伊登博格.中国应走后现代农业之路[J].现代哲学,2009(1):102.

[10]方世南.西方建设性后现代主义的生态文明理念[J].上海师范大学学报(哲学社会科学版),2009(3).

[11]国研中心.中国特色农业现代化道路[M].北京:中国发展出版社,2012.

[12]何君,陈瑞剑,杨易.中国农业走出去的成效及政策建议[J].世界农业,2013(1).

[13]黄凯茜、吴红毓然、汪苏.先正达并购博弈,开启农业资产新一轮整合[EB/OL].[2016-10-10].http://weekly.caixin.com/2016-10-07/100994235.html? p2.

[14]黄益平等.中国对外直接投资研究[M].北京:北京大学出版社,2013.

[15]黄宗智.我们要做什么样的学术[J].开放时代,2012(1).

[16]黄贤金.非洲土地资源与粮食安全[M].南京:南京大学出版社,2014.

[17]胡美华.以色列有机农业发展概况及启示[J].世界农业,2012-4-10.

[18]科斯.企业的性质[M]//路易斯·普特曼,兰德尔·克罗茨纳.企业的经济性质[M].上海:上海财经大学出版社,2000.

[19]李江南.美国、德国和日本循环农业模式的实践、经验及其比较[J].世界农业,2017-06-10.

[20]李坤荣.美国农业发展的环境风险及其警示[J].世界农业,2017-11-10.

[21]李丽纯.后现代农业视角下的中国农业现代化效益水平测评[J].农业经济问题,2013(12).

[22]李铁强.改造传统农业——一个学说史的梳理与分析[M].北京:人民出版社,2013.

[23]李援亚.粮食金融化:维度、主体与趋势[J].现代经济探讨,2016(10).

[24]李援亚."粮食银行"的风险规避与制度优化[J].农业经济,2015(9).

[25]李援亚.粮食金融化:界定、背景及特征[J].金融理论与实践,2012(10).

[26]卢新海,韩璟.中国海外耕地投资战略与对策——基于粮食安全的视角[M].北京:科学出版社,2015.

[27]马述忠,段钒.基于粮食安全背景的中国粮食企业"走出去"关键性影响因素研究[J].浙江社会科学,2011.

[28]马述忠,屈艺.中国粮食安全与全球粮食定价权——基于全球产业链视角的分析[M].杭州:浙江大学出版社,2015.

[29]马亚明,张岩贵.技术优势与对外直接投资:一个关于技术扩散的分析框架[J].南开经济研究,2003(4):10-14.

[30]孟凡乔.中国有机农业发展：贡献与启示[J].中国生态农业学报,2019(2):1-8.

[31]王为农.我国农业走出去的战略思考[J].宏观经济管理,2012(6).

[32]王婷.日本农业走出去经验借鉴[J].国际经济合作,2013(8).

[33]王学君,周沁楠.日本粮食安全保障策略的演进及启示[J].现代日本经济,2018(4).

[34]王勇.国际贸易政治经济学-全球贸易关系背后的政治逻辑[M].北京:中国市场出版社,2008.

[35]吴小洢,贺聪志.从反思到实践:有机农业的发展历程与话语变迁回顾[J].中国农业大学学报(社会科学版),2019(4).

[36]西奥多.W.舒尔茨.改造传统农业[M].北京:商务印书馆,2003.

[37]徐建伟,李金峰.我国制造业优势类别与对外直接投资路径研究——基于中间国家情景的比较分析[J].经济纵横,2018(1).

[38]徐振伟,朱增勇.非洲的新圈地运动及对中国"一带一路"倡议的启示[J].教学与研究,2018(5).

[39]杨淑芬.基于核心竞争力的企业价值链整合研究[D].武汉理工大学学位论文,2009.

[40]余莹.西方粮食战略与我国粮食安全保障机制研究[M].北京:中国社会科学出版社,2014.

[41]余永跃,王治河.当代西方的永续农业和建设性后现代主义[J].马克思主义与现实,2008(5).

[42]赵玉敏,唐静.沙特农业"走出去"的经验与启示[J].国际经济合作,2013(2).

[43]张庆萍,朱晶.俄、乌、哈三国农业投资环境比较研究[J].国际经济合作,2014(1).

[44]翟雪玲,张雯丽.中国农业"走出去":特点、问题及发展思路[J].国际经济合作,2013(7).

[45]中国商务部.中国对外投资发展报告2018[R/OL].[2019-06-06].http://images.mofcom.gov.cn/fec/201901/20190128155348158.pdf.

[46]中国出口信用保险公司.国别投资经营便利化状况报告[R/OL].[2019-06-06].

(2015,2016,2017,2018).http://www.sinosure.com.cn/khfw/wytb/tzhzcj/2019/06/197405.shtml.

[47]中国社科院世经所.中国海外投资国家风险评级报告(2018)[R/OL],2019-04.

[48]周伟,吴先明.日本跨国粮商的发展战略及驱动因素研究——基于丸红的案例研究[J].亚太经济,2015(5).

[49]周伟.农业跨国公司垄断对我国农业的影响[J],《西北农林科技大学(社会科学版)》,2015(10).

[50]张宏.中国对外直接投资于全球价值链升级[M].北京:中国人民大学出版社,2013.

[51]张建红,葛顺奇,周朝鸿.产业特征对产业国际化进程的影响——以跨国并购为例[J].南开经济研究,2012(2):3-19.

[52]张永升.以色列现代农业之路[J].世界农业,2014-06-10.

[53]赵雪娇.美国农业化肥非点源污染治理对中国的启示[J].世界农业,2018(3).

[54]赵予新.粮食产业链优化[M].北京:中国农业出版社,2014.

[55]Alan J.Webb,Jerry Sharples,Forrest Holland,and Philip L.Paarlberg.World Agriculture Markets and U.S.Farm Policy[EB/OL].http://www.ers.usda.gov/media/1759805/aer530f.pdf.

[56]Amameishi Noguchi&Tamura.Inclusive development with special consideration to small-scale farmers:addressing land right issues in the Nacala corridor, northern Mozambique[M]. presented at 2015 World Bank conference on land and poverty.

[57]Amanor K.The global land grab:beyond the hype[J].The Journal of Peasant Studies:Vol 44,No 2.

[58]André Devaux,Maximo Torero,Jason Donovan,and Douglas Horton.Innovation for Inclusive Value-Chain Development-Successes and Challenges[R].IFPRI 2016.

[59]ASFG.2013.Executive summary:Supporting smallholder farmers in Africa:A framework for an enabling environment[R].

[60]ASFG.2013.Supporting smallholder farmers in Africa:A framework for an enabling environment[R].

[61]Bachke & Haug.2014.Food Security in a climate perspective: What role could the private sector play regarding investment in smallholder agriculture in Ethiopia, Malawi, Mozambique, Tanzania and Zambia? [R].2014, Noragric Report No.72.

[62]Bart Minten, K.A.S. Murshid, Thomas Reardon.The Quiet Revolution in Agrifood Value Chains in Asia[R/OL].IFPRI Discussion Paper 01141, December 2011, http://www.ifpri.org/sites/default/files/publications/ifpridp01141.pdf.

[63]Berry, E.M., S.Dernini, B.Burlingame, A.Meybeck and P.Conforti.Food security and sustainability: can one exist without the other[J]. Public health nutrition, 2015, 18: 1-10.

[64]Benkahla.Analysing Agricultural Investment Projects that Affect Land and Property Rights: From International Principles to Operational Tools[J].Comité technique "Foncier et développement", 2015.

[65]Beske, P, A.Land and S.Seuring.Sustainable supply chain management practices and dynamic capabilities in the food industry: a critical analysis of the literature[J].International Journal of Production Economics, 2014: 131-143.

[66]Blackmore, Bugalski & Pred.Following the Money: an Advocate's Guide to securing accountability for agricultural investment[R].London: IIED, 2015.

[67]Bloemhof, J M., J.G.A.J.Van der Vorst, M.Bastl and H.Allaoui.Sustainability assessment of food chain logistics[J].International Journal of Logistics Research and Applications, 2015: 101-117.

[68]Bocken, N.M.P., S.W.Short, P.Rana and S.Evans.A value mapping tool for sustainable business modelling[J].Corporate Governance, 2013, 13: 482-497.

[69]Boons, F.Sustainable innovation, business models and economic performance: an overview[J].Journal of Cleaner Production, 2012(45): 1-8.

[70]Bruinsma, J.Looking ahead in world food and agriculture: perspectives to 2050. In: Looking ahead in world food and agriculture: perspectives to 2050[R], edited by P.Conforti.Food and Agriculture Organization of the United Nations, Rome, Italy, 2011.

[71]Breu, Bader, Messerli et al.Large-Scale Land Acquisition and Its Effects on the

Water Balance in Investor and Host Countries[R],2016.

[72]Casadesus-Masanell R,J.E.Ricart.From strategy to business models and onto tactics[J].LongRange Planning2021(43):195-215.

[73]Chris Stirling."The agricultural and food value chain:Entering a new era of cooperation", KPMG International[R/OL],2013,http://www.amcham.ge/res/news/0083/agricultural-and-food- value -chain.pdf.

[74]Cotula & Berger.Land deals and investment treaties:Visualising the interface[R].London:IIED,2015.

[75]Cuffaro,N.& Hallam,D."Land Grabbing" in Developing Countries:Foreign Investors[R].Regulation and Codes of Conduct,2011.

[76]Daridan,D.and J.M.Gil.La production porcine Espagnole,entre croissance et consolidation[J].Journées Recherche Porcine,2007(39):301-310.

[77]Davis,Yu et al.Accelerated deforestation driven by large-scale land acquisitions in Cambodia.[J].Nature Geoscience,2015(8).

[78] Deininger Xia, Mate & Payongayong. Quantifying spillover effects from large farm establishments:the case of Mozambique[R].World Bank Policy Research working paper,no.WPS 7466,2015.

[79]Di Matteo,F.& Schoneveld,G.C.Agricultural investments in Mozambique:An analysis of investment trends,business models and social and environmental conduct[EB/OL].CIFOR Working Paper 2016,no.201.

[80]Deloitte."The food value chain:A challenge for the next century"[EB/OL].2013, https://www2.deloitte.com/content/dam/Deloitte/global/Documents/Consumer-Business/dttl_cb_Food%20Value%20Chain_Global%20POV.pdf.

[81] El Ouaamari. Reinstating Economic Evaluations as a Means of Determining whether Agricultural Investment Projects Will Serve the Common Interest[J].Comité technique "Foncier et développement",2015.

[82]FAO,IFAD,UNCTAD & the World Bank.2010.Principles for Responsible Agricultural Investment that Respects Rights,Livelihoods and Resources (PRAI)[R].

[83]FAO,2012.The Gender and Equity Implications of Land-Related Investments on Land Access and Labour and Income-Generating Opportunities: A Case Study of Selected Agricultural Investments in Northern Tanzania[R].

[84]FAO,2012.Large agricultural investments and inclusion of small farmers: lessons of case studies in 7 countries[R].

[85]FAO, 2012.FAO Statistical Yearbook. World Food and Agriculture[R], Rome, Italy.

[86]FAO,2013.Report of Workshop on Private Corporate Sector Investment in Agriculture in Southeast Asia[R].

[87]FAO,2013.Smallholder Integration in Changing Food Markets[R].

[88]FAO,2013.Sustainability assessment of food and agricultural system: indicators [R].Rome, Ital.Available at: http://tinyurl.com/k77fmhu.

[89]FAO,2014. Building a common vision for sustainable food and agriculture Principles and approaches[R].Available at: http://tinyurl.com/kqq7uu4.

[90] FAO, 2014. Developing sustainable food value chains-guiding principles [R]. Available at: http://www.fao.org/3/a-i3953e.pdf.

[91]FAO,2014.The land market in Latin America and the Caribbean: concentration and foreignization[R].

[92]FAO,2014. Impacts of foreign agricultural investment in developing countries: evidence from case studies[R].

[93] FAO, 2014. Challenges and opportunities of foreign investment in developing country agriculture for sustainable development[R].

[94]FAO,2015.Summary report: Technical workshop on principles guiding new investments in agriculture[R].Accra,29-30 September,2015.

[95]FAO,2015.Facilitating market linkages for family farmers[R].

[96]FAO,2015.Designing nutrition-sensitive agriculture investments: Checklist and guidance for programme formulation[R].

[97]FAO,2015.Implementation of the Voluntary Guidelines on Responsible Govern-

ance of Tenure in the Land Legislation of Sierra Leone[R].

[98]FAO,2015.Safeguarding land tenure rights in the context of agricultural investment[R].

[99]FAO,IFAD & WFP.2015.Achieving Zero Hunger: The critical role of investments in social protection and agriculture[R].

[100]FAO,2016.Enabling women to benefit more equally from agrifood value chains [R].

[101]FAO,2016.Trends in Foreign Direct Investment in Food, Beverages and Tobacco [R].

[102]FAO,2016.Responsible Governance of Tenure and the Law: A guide for lawyers and other legal service providers[R].

[103]FAO,2016,Home country measures that promote responsible foreign agricultural investment: vidence from selected OECD countries[R].

[104]FAO,2016.Summary report: Technical workshop on principles guiding new investments in agriculture[R],Lilongwe,Malawi,18-19 May 2016.

[105]FAO,2017.Screening of prospective investors and investment proposals[R], Lilongwe,Malawi,26-27 September 2017.

[106]FAO,2017.Workshop on involvement of women and youth in agricultural investment[R],Accra,13-14 September 2017.

[107]FAO,2017.Summary report: Technical workshop on principles guiding new investments in agriculture[R],Dakar, Senegal,27-28 March 2017.

[108]Feintrenie,Roda & Rival.Industrial investments in agriculture in Central Africa. Establishing the conditions for sustainability and equity[R].Perspective No.7 (CIRAD), 2016.

[109]Fielding et al. Agricultural investment and rural transformation: a case study of the Makeni bioenergy project in Sierra Leone[R].Stockholm Environment Institute (SEI) Project Report,2015-09.

[110]Ferrando,T.Legitimizing Accumulation by Dispossession: The State/Capital Ne-

xus in Land-Related Investment Agreements[R].2013.

[111]Garnett, T.Food sustainability: problems, perspectives and solutions[J]. Proceedings of the Nutrition Society, 2013(72): 29-39.

[112]GRAIN.Trade deals criminalise farmers' seeds[EB/OL], 12th December 2014 https://www.grain.org/article/entries/5070-trade-deals-criminalise-farmers-seed.

[113]Hall, Scoones & Tsikata.Plantations, outgrowers and commercial farming in Africa: agricultural commercialisation and implications for agrarian change[J], The Journal of Peasant Studies, 2017: Vol 44, No 3.

[114]Hall, Gausi, Matondi et al.Large Scale Land Deals in Southern Africa: Voices of the people.PLAAS-Institute for Poverty[J], Land and Agrarian Studies, 2015.

[115]Hart, S.L.and M.B.Milstein.Creating sustainable value[J].Academy of Management Executive, 2003(17): 56-67.

[116]Hartmann, M.Corporate social responsibility in the food sector[J].European Review of Agricultural Economics, 2011(38): 297-324.

[117]Heikkurinen, P., L.Jalkanen, K.J? rvel? and M.J? rvinen.Corporate responsibility in the food chain: the criteria and indicators[J].In: Proceedings of the 6th International European Forum on System Dynamics and Innovation in Food Networks, edited by.U.Rickert and G. Schiefer. Universit? t Bonn-ILB Press, Bonn, Innsbruck-Igls, Austria, 2012:. 653-666.

[118]Hundbaek, R.& Buur, L.Beyond land grabbing.Old morals and new perspectives on contemporary investments[J].ScienceDirect, 2016.

[119]Humphrey, J.and O.Memedovic.2006. Global value chains in the agrifood sector [R]. Available at: http://tinyurl.com/m4xjbcb.

[120]IFPRI. 2013. From subsistence to profit: Transforming smallholer farms[R].

[121]IFPRI.2013.Blue Skies: How One Firm Overcame "Binding" Constraints[R].

[122]IFAD.2013.The power of partnerships: Forging alliances for sustainable smallholder agriculture[R].

[123]Iff & Joras.2015.Agribusiness: Risks and impacts in conflict-affected areas[R].

International Alert Background Paper.

[124]IIED.2016.Foreign investment, law and sustainable development: A handbook on agriculture and extractive industries[R].

[125]IIED.2016.Land investments, accountability and the law: lessons from Senegal [R].

[126]IIED.2016.Land investments, accountability and the law: lessons from Cameroon[R].

[127]IIED.2016.Land investments, accountability and the law: Lessons from West Africa[R].

[128]IISD.2015.Financing for Agriculture: How to boost opportunities in developing countries[R].Investment in Agriculture Policy Brief 3.

[129]Johan F.M.SWINNEN and Miet MAERTENS, Globalization, Privatization, and Vertical Coordination in Food Value Chains in Developing and Transition Countries[EB/OL], June 17, 2006, http://ageconsearch.umn.edu/bitstream/25626/1/pl06sw01.pdf.

[130]John B.Cobb, JR.Constructive Postmodernism[J].New York: Social Science Abroad, 2003, No.2.

[131]John Humphrey, Olga Memedovic, "The agricultural and food value chain" [EB/OL] .http://www.unido.org/fileadmin/import/60026_01_global_value_chains_agrifood_sector.pdf.

[132]Kaplinsky, R.and Morris, M.2001."A Handbook for Value Chain Research"[R].

[133]Kanu B., Salami A.& Numasawa K.2014.Inclusive Growth-An Imperative for African Agriculture[R].African Development Bank.

[134]Keith Fuglie, John King, Rising Concentration in Agricultural Input Industries Influences New Farm Technologies[EB/OL].http://ageconsearch.umn.edu/record/142404/files/ 4risingconcentration. pdf.

[135]Kothari & Vasquez.The UN Guidelines on Forced Evictions: A Useful Soft-Law Instrument?[J] International Development Policy, 2015, 6.2./2015.

[136]Krantz, L.2018.Applying a Community-Based Approach to Tenure Formaliza-

tion A Case Study from Northern Mozambique[R].University of Gothenburg,Sweden.

[137]Lassale-de Salins,M.,G.Bertoluci and A.Chapdaniel.2014.Managing sustainability in supply chains: the sustainable demand-supply chain approach, a proposal for a pragmatic approach in the food sector[R].Available at:http://tinyurl.com/ldqef3j.

[138]Liversage & Jonckheere.2014.Securing Livelihoods, Land and Natural Resource Rights Through Inclusive Business Models:Lessons From Swaziland and Sao Tomé and Principe[R].

[139]Maloni,M.J.and M.E.Brown.Corporate social responsibility supply chain: an application in the food industry[J].Journal of Business Ethics,2006(68):35-52.

[140]Malabo Montpellier.2018.Nourished:How Africa Can Build a Future Free from Hunger and Malnutrition[R].

[141]Marina Papanastassiou and George Mergos,Global Value Chains,Multinational Corporations and Food Security:Essential Theoretical and Methodological Challenges for a Sustainable Policy Agenda ,Food Security and Sustainability Investment and Financing along Agro-Food Chains[EB/OL].2017, DOI 10.1007/978-3-319-40790-6.

[142]Mungandia,S.Conforteb, D.& Shadbolt,N.M.2012.Integration of Smallholders in Modern Agri-food Chains:Lessons from the KASCOL Model in Zambia[R].

[143]Nicholas Kalaitzandonakes and Kenneth A.Zahringer,Structural Change and Innovation in the Global Agricultural Input Sector[EB/OL].https://doi.org/10.1007/978-3-319-67958-7,2018.

[144]ODI.2013.Leaping & learning-Linking smallholders to markets[R].

[145]OECD & FAO.2016.OECD-FAO Guidance for Responsible Agricultural Supply Chains[R].

[146]Pascal Liu,Impacts of Foreign Agricultural Investment in Developing Countries Evidence from Case[R],Food and Agriculture Organization of the United Nations,Rome 2014.

[147]Pelletier,N.Life cycle thinking,measurement and management for food system sustainability[J].Environmental Science and Technology,2015(49):7515-7519.

[148] Porter, M.and M. Kramer. Creating shared value[J]. Harvard Business Review January-Fe,2010:2-17.

[149]Ruete.2014.Inclusive Investment in Agriculture: Cooperatives and the role of foreign investment[R].IISD Policy Brief #2 Investment in Agriculture (available in French & English).

[150]Sambo, Haywood, et al.Enabling legal frameworks for sustainable land use investments in Zambia: Legal assessment report[R].IDLO & CIFOR, 2015.

[151]Stubbs, W.and C.Cocklin.Conceptualizing a sustainability business model[J].Organization and Environment,2008(21):103-327.

[152]The Interlaken Group and the Rights and Resources Initiative (RRI).Respecting Land and Forest Rights: A Guide for Companies[R].Washington, D.C.The Interlaken Group and RRI,2015.

[153]The World Bank.2013.Securing Africa's land for shared prosperity: a program to scale up reforms and investments[R].

[154] The World Bank & UNCTAD. 2014. The Practice of Responsible Investment Principles in Larger-Scale Agricultural Investments--Implications for corporate performance and impact on local communities[R].

[155]UNCTAD and the World Bank.2017.The impact of larger-scale agricultural investments on local communities: updated voices from the field[R].

[156] UNCTAD, Principles for Responsible Agricultural Investment that Respects Rights, Livelihoods and Resources[EB/OL].https://unctad.org/en/docs/diaemisc2010d2_en.pdf.

[157]UNIDROIT,2012.Preparation of a Legal Guide on Contract Farming-A preliminary outline of issues[R].

[158]UNIDROIT, FAO & IFAD.2015.Legal Guide on Contract Farming[R].

[159]UNEP.2015.Bank and Investor Risk Policies on Soft Commodities-A framework to evaluate deforestation and forest degradation risk in the agricultural value chain[R].

[160]USAID.2015.Operational Guidelines for Land-Based Investment[R].

[161]Valeria Sodano, Food Policy Beyond Neo-Liberalism, "Sociological Landscape-Theories, Realities and Trends"[R]. March 2012, http://www.intechopen.com/download/pdf/34155.

[162] Wes Harrison and Desmond Ng, The Scientific Pluralism of Agribusiness A Special Issue on Theory and Practice Forward[J].International Food and Agribusiness Management Review/Volume14, Issue5, 2011, http://ageconsearch.umn.edu/record/119965/files/EditorForward.pdf.

[163]Wieck, Rudloff & Heucher.Agri-investments and public spending in selected vulnerable countries-will they contribute to reduce food insecurity? Agricultural and Resource Economics Discussion Paper [EB/OL]. 2014: 1, https://ideas.repec.org/p/ags/ubfred/163043.html.

[164]World Bank, UNCTAD & IISD.2015.Investment contracts for agriculture: maximizing gains and minimizing risks[R].

[165]Zhan, Mirza & Speller.2015.The Impact of Larger Scale Agricultural Investments on Communities in South East Asia: A First Assessment[R].

附表1 一带一路沿线国家

区域(76国)	国　家	备　注
东北亚2国	蒙古国、韩国	古"东北亚丝绸之路"国家
东南亚11国	新加坡、马来西亚、印度尼西亚、缅甸、泰国、老挝、柬埔寨、越南、文莱和菲律宾	古海上丝绸之路国家
西亚18国	伊朗、伊拉克、土耳其、叙利亚、约旦、黎巴嫩、以色列、巴勒斯坦、沙特阿拉伯、也门、阿曼、阿联酋、卡塔尔、科威特、巴林、希腊、塞浦路斯和埃及的西奈半岛	古丝绸之路多次通达地区
南亚8国	印度、巴基斯坦、孟加拉国、阿富汗、斯里兰卡、马尔代夫、尼泊尔和不丹	古陆上和与海上丝绸之路通达高频国家
中亚5国	哈萨克斯坦、乌兹别克斯坦、土库曼斯坦、塔吉克斯坦和吉尔吉斯斯坦	古陆上丝绸之路必经之地
西欧4国	比利时、法国、德国、荷兰	重点邀请国
南欧2国	意大利、希腊	重点邀请国
中东欧23国	俄罗斯、乌克兰、白俄罗斯、格鲁吉亚、阿塞拜疆、亚美尼亚、摩尔多瓦、波兰、立陶宛、爱沙尼亚、拉脱维亚、捷克、斯洛伐克、匈牙利、斯洛文尼亚、克罗地亚、波黑、黑山、塞尔维亚、阿尔巴尼亚、罗马尼亚、保加利亚和马其顿	《一带一路愿景与行动》重点指向国
非洲3国	埃及、埃塞俄比亚、南非	重点邀请国